ENGELSTALIGE LITERATUUR NA 1945

DEEL 1: PROZA
DE BRITSE EILANDEN

ENGELSTALIGE LITERATUUR NA 1945

DEEL 1: PROZA
DE BRITSE EILANDEN

Elke D'HOKER & Ortwin DE GRAEF (red.)

PEETERS
2004

D. 2004/0602/32
ISBN 90-429-1425-4

INHOUDSTAFEL

VOORWOORD

In 1983 publiceerde het literaire tijdschrift *Granta* een geruchtmakende lijst van "Best of Young British Novelists". De context was een verhit debat over het al dan niet nakende einde van de roman in een tijd van postmodernisme en deconstructie. De mogelijke uitverkorenen moesten wel aan enkele voorwaarden voldoen. Ze moesten Brits zijn, één of meer romans gepubliceerd hebben, en niet ouder dan veertig zijn in 1983. Van de twintig beloftevolle schrijvers die toen geselecteerd werden, blijkt nu, twintig jaar later, een kleine helft die belofte in binnen- en buitenland te hebben waargemaakt. En van die negen succesvolle schrijvers, hebben wij alvast de zes besten opgenomen in deze bundel: Martin Amis, Julian Barnes, Kazuo Ishiguro, Ian McEwan, Salman Rushdie en Graham Swift. Dat andere verdienstelijke laureaten als Pat Barker, Rose Tremain en William Boyd uit de boot vielen, is ten dele te wijten aan het feit dat de *Granta*-lijst een veel beperkter domein bestrijkt dan we in deze bundel over 'Engelstalige proza na 1945: Britse Eilanden' willen presenteren. Om te beginnen ontbreekt de Ierse literatuur die met name vanaf de jaren tachtig een enorme opgang gemaakt heeft: in onze selectie wordt die vertegenwoordigd door John Banville en Roddy Doyle. Ten tweede zijn er de auteurs die in 1983 al te oud waren voor *Granta* om nog als beloftevol en jong geklasseerd te worden, maar die duidelijk hun stempel hebben gedrukt op de naoorlogse romantraditie. Van de vele schrijvers voor wie dit opgaat, hebben we Doris Lessing en Iris Murdoch gekozen omdat zij ook vandaag nog veel gelezen worden. Aan de andere kant zijn er natuurlijk ook auteurs die in 1983 nog niets (of niet genoeg) gepubliceerd hadden, zoals de in deze bundel voorgestelde schrijvers Caryl Phillips en Alan Hollinghurst (die overigens wel op de ietwat minder befaamde *Granta*-lijst van 1993 stonden). Tenslotte zijn er die schrijvers wiens oeuvre te excentriek, buitenissig of vernieuwend is om in een lijstje ingepast te kunnen worden, maar die precies omwille van hun afwijkende schriftuur of genreoverschrijdende projecten gelezen en gewaardeerd worden. Bruce Chatwin en Alasdair Gray zijn zonder twijfel goede vertegenwoordigers van deze categorie.

Het is de voornaamste doelstelling van dit eerste deel van *Engelstalige literatuur na 1945* om een representatief beeld te geven van wat het Ierse en Britse proza sinds 1945 te bieden heeft. De diversiteit aan invalshoeken, stijlen en onderwerpen in de hedendaagse Engelstalige roman is enorm en we hebben dan ook getracht om in de keuze van auteurs deze diversiteit zo goed mogelijk weer te geven. Dat is de reden waarom we bijvoorbeeld wel Salman Rushdie en Caryl Phillips maar niet Hanif Kureishi, Thimothy Mo of V.S. Naipaul hebben opgenomen; wel Martin Amis, maar niet William Boyd of Will Self. Naast representatief en divers, moesten de hier voorgestelde schrijvers ook, en misschien vooral, goed zijn: nationaal en internationaal gerenommeerde auteurs die ook in het Nederlandse taalgebied voldoende vertaald en bekend zijn. Hierdoor werden niet alleen beloftevolle, jonge auteurs als Zadie Smith, Robert McLiam Wilson, Alan Warner of A.L. Kennedy uitgesloten, maar ook enkele schrijvers van de oudere generatie die nauwelijks nog gelezen worden (denk maar aan Angus Wilson, Muriel Spark of Kingsley Amis).

Omdat het aantal essays hoe dan ook beperkt moest blijven, is deze bundel in elk geval verre van exhaustief. Belangrijke auteurs als Jeanette Winterson, David Lodge, Pat Barker, A.S. Byatt, John McGahern en William Trevor konden hier jammer genoeg niet worden besproken. We moesten immers keuzes maken. En behalve door de persoonlijke voorkeuren van de samenstellers, werden die keuzes grotendeels bepaald door de expertise die in België en Nederland voorhanden is. Een bijkomende doelstelling van de bundels *Engelstalige Literatuur na 1945* is immers om ook de ruime en goede academische kennis over de Engelse literatuur die in onze universiteiten en hogescholen bestaat, voor een groter publiek beschikbaar te maken. Al te vaak blijft die kennis en expertise beperkt tot een kleine groep studenten en internationale onderzoekers, en dat terwijl er in Vlaanderen en Nederland een uitzonderlijk groot lezerspubliek is dat Engelse romans, in het origineel of in vertaling, verslindt.

Omdat we hopen om naast studenten en critici, vooral die geïnteresseerde lezer aan te spreken, zijn de essays in deze bundel nadrukkelijk inleidend gebleven. Al de medewerkers van deze bundel hebben getracht het leven en werk van 'hun' auteur op een informatieve en onderhoudende wijze voor te stellen. Naast een biografische schets en een overzicht van het oeuvre, bevatten de essays veelal een thematische bespreking van één of meer romans, een contextuele situering van de auteur in het literaire veld en een algemene appreciatie van het oeuvre. Tevens wordt met verscheidene citaten geprobeerd een goed stilistisch beeld van het werk van de auteur op te roepen. Voor de citaten werd de Nederlandse vertaling gebruikt zo die voorhanden was, zoniet is de vertaling van de hand van de auteur van de bijdragen zelf. De essays worden telkens afgesloten met een beknopte bibliografie van zowel het werk van de auteur, als van de secundaire literatuur die over dit werk verschenen is. We hopen dan ook dat de lezer in deze essays niet alleen een verdere uitdieping van zijn of haar lectuur vindt, maar ook een aansporing om verder te lezen.

Of de lezer uit al die essays ook een gemeenschappelijk beeld van het 'proza van de Britse eilanden' kan distilleren, is echter een andere vraag. Vaak wordt gezegd dat de roman het literaire genre bij uitstek is dat een bepaalde maatschappij en cultuur weerspiegelt. En in dit opzicht zou je kunnen stellen dat de diversiteit en het pluralisme van de hedendaagse Britse en Ierse fictie een perfecte afspiegeling is van de versnippering en verscheidenheid van het vroegere Britse Rijk. In de negentiende-eeuwse gloriedagen van het Britse Rijk, vormde de Engelse realistische romantraditie min of meer één geheel. De 'Engelse' roman werd gelezen, gewaardeerd en vaak ook geïmiteerd van Ierland tot Indië en van Zuid-Afrika tot Australië. Na de tweede wereldoorlog is aan het Brits Imperium echter definitief een einde gekomen en dat had ook gevolgen voor de roman. In de jaren vijftig, zestig en zeventig leek het nog twijfelachtig of de Britse roman deze schok wel te boven zou komen. Misschien betekende het einde van het Britse Rijk ook wel het einde van de realistische roman. Vanaf de late jaren zeventig, echter, kwam de vernieuwing uit onverwachte hoek. Engelstalige schrijvers van Britse ex-kolonies gaven de roman niet alleen nieuwe onderwerpen en invalshoeken, maar zorgden met hun eigenzinnige vermenging van inheemse en Engelse elementen ook voor een nieuwe impuls qua taal en stijl. Kazuo Ishiguro uit Japan, Salman Rushdie uit Indië en Caryl Phillips uit de Caraïben – het zijn allemaal auteurs die hebben bijgedragen tot het nieuwe élan dat de Britse roman de laatste decennia kenmerkt. Zeker even belangrijk is de inbreng vanuit Ierland, want met de secularisering van de maatschappij en de heropleving van de economie, ging ook de Ierse roman zich nadrukkelijker als Iers én internationaal profileren. Ierse auteurs als John Banville, Roddy Doyle, William Trevor en Edna O'Brien werden ook, en misschien vooral, in Londen heel populair. Met de verdere versnippering van het Verenigd Koninkrijk, lieten ook de Schotse, de Noord-Ierse, en in mindere mate de Welshe auteurs hun stem luider klinken en hebben ook zij hun eigen stempel gedrukt op de Britse roman. De Engelse romanschrijvers zelf konden natuurlijk niet achterblijven. Van oer-Britse auteurs als Swift, McEwan en Barnes kan men dan ook zeggen dat ze de Britse roman van binnenuit vernieuwen en verruimen, wat in het bijzonder rijke en gevarieerde oeuvre van deze schrijvers duidelijk tot uiting komt. Kortom als er iets is dat het proza van de Britse eilanden vandaag kenmerkt is het vooral pluralisme, vernieuwing en diversiteit. En we durven hopen dat de verschillende essays in deze bundel hiervan het bewijs zullen vormen

MARTIN AMIS
(1949-)

Aleid FOKKEMA

Martin Amis behoort tot een generatie schrijvers die sinds het begin van de jaren tachtig het literaire veld in Groot Brittannië domineert. Samen met Julian Barnes, Salman Rushdie en Ian McEwan, die net als hijzelf in 1983 door het tijdschrift *Granta* werden uitgeroepen tot de "Best of Young British Novelists", heeft hij met zijn romans en zijn scherpe literaire kritieken een enorme vernieuwingsimpuls gegeven aan de Britse literatuur. Hij heeft het postmodernisme in Engeland mede vormgegeven en de Britse fascinatie met de dood, seksualiteit en het kwaad, die met het verdwijnen van de *gothic novel* aan het eind van de negentiende eeuw nog slechts latent aanwezig was, weer nieuw leven ingeblazen. Zijn perspectief is, op één opvallende uitzondering na (*Nighttrain,* 1997), onverholen masculien en onverbloemd seksistisch, hoewel het clichématige van zo'n perspectief zo excessief is dat het ook weer in het werk wordt gedeconstrueerd. Zijn werk is dermate controversieel dat hij nooit de grote literaire prijzen heeft gekregen die de andere beroemde auteurs uit zijn generatie wel werden toebedeeld. In zijn autobiografisch werk, *Experience* (2000), zegt Amis daar het volgende over:

> De Noorse vertaler van *The Information* ontving niet zo lang geleden een peulschil voor zijn werk aan dat boek, maar dat is het dichtst dat ik bij een literaire prijs kwam sinds 1974. Kingsley won er ook maar twee: de Maugham en dan de Booker, toen hij halfweg de zestig was. Ik maak eruit op dat onze romans niet gemakkelijk consensus creëren. En ik stel verder dat dat in bepaalde opzichten een deugd is. (*Experience*, p. 46)

Het gebrek aan consensus, aan een algemene en publiekelijk gedeelde waardering voor zijn werk, wordt vermoedelijk veroorzaakt door het fenomeen van schuldig lezen. Net als de door hem bewonderde Vladimir Nabokov wordt de lezer vakkundig en meeslepend meegevoerd in een belevingswereld die moreel uit het lood ligt. Identificatie met personages die strikt gesproken geen enkele sympathie verdienen is onvermijdelijk, waardoor de lezer zich ongemakkelijk voelt en de oorzaak van dit ongemak tracht te verdringen. Overigens kreeg juist *Experience* de James Tait Black Memorial Prize (ter waarde van drieduizend pond) voor de beste biografie van 2000.

Martin Amis werd op 25 augustus 1949 geboren in Oxford, als zoon van Kinsgley Amis, die in 1954 met zijn debuut *Lucky Jim* in één klap afrekende met de naoorlogse conformistische gezapigheid in de Britse literatuur. Later zou Kingsley zich ontwikkelen tot een nukkige conservatief die regelmatig met zijn zoon ruziede over bijvoorbeeld kernwapens. De relatie tussen vader en zoon was ingewikkeld en getroebleerd, en werd pas gelouterd in het liefdevolle eerbetoon dat Amis in *Experience* aan zijn zieke en stervende vader wijdt. Vader en zoon delen een satirische inslag, maar verder hebben zij minder gemeen dan het citaat hierboven doet vermoeden. Het is bepaald geen familiebedrijf wat in de familie Amis wordt gerund, zoals het personage Martin Amis (die van beroep schrijver is) ironisch aangeeft in een conversatie met de protagonist van *Money*, John Self:

> "Hé", zei ik. "Je pa, die is ook schrijver, niet? Dat zal het wel gemakkelijker gemaakt hebben."
> "Oh, natuurlijk. Het is net alsof je het familiecafé overneemt."
> "Euh?" (*Money*, p. 88).

De zoon die het literaire vak van de vader "overneemt" moet zich onderscheiden en zijn eigen terrein vinden. James Diedrick, één van de weinige echte Amis specialisten tot nu toe, komt tot de interessante observatie dat de zoon als schrijver gemotiveerd wordt door zowel rivaliteit als angst om door de vader beïnvloed te worden. Een dergelijke "anxiety of influence", zoals Harold Bloom dit mechanisme in de evolutie van literaire stromingen noemde, heeft ertoe geleid dat Martin het realisme van zijn vader vermeed en de kant opging van het postmodernisme (Diedrick, pp. 5-9). Er zijn echter natuurlijk ook allerlei sociale en culturele ontwikkelingen die Martin Amis tot het postmodernisme gebracht hebben.

Amis en het postmodernisme

In de romans die Amis in de jaren zeventig schreef is er eigenlijk nog geen sprake van postmodernisme, maar wanneer men terugblikt op zijn vroege werk dan herkent men wel de postmoderne kiemen die later tot wasdom zouden komen. Amis groeide op in een milieu van schrijvers en andere kunstenaars, en studeerde tussen 1969 en 1972 in Oxford Engelse literatuur. Direct na zijn studie kon hij als literair criticus aan de slag bij de zondagskrant *The Observer*, later kwamen daar nog de *Times Literary Supplement* en het linkse weekblad *The New Statesman* bij. In 1973 debuteerde hij met *The Rachel Papers*, waarvoor hij de Somerset Maugham prijs kreeg. Het is een typische debuutroman die stoelt op autobiografische ervaringen: de hoofdrol wordt ingenomen door een jonge literaire recensent die nog volwassen moet worden. Amis zet een absoluut onsympathiek personage neer die onder andere de talenten van zijn vriendinnetje gebruikt om zelf succes te hebben, een voorloper van latere Amis personages die uitblinken in egocentrisme en een vergaande preoccupatie met het eigen gewin.

Kort hierna volgde *Dead Babies* (1975). In deze amorele twintigste-eeuwse variant op het werk van Jane Austen worden de eerste *gothic* elementen zichtbaar. De roman speelt zich af op een Engels landgoed, waarvan de eigenaar een typische vertegenwoordiger van de Engelse beschaving mag lijken maar intussen een echte slechterik is, terwijl de gasten op dit verblijf de losgeslagen 'moderne jeugd' vertegenwoordigen. Het weekend op het buitenverblijf eindigt in een slachtpartij. In 1978 verscheen *Succes* en in 1981, het jaar nadat Amis zijn vaste contracten met kranten en tijdschriften had opgezegd om fulltime schrijver te worden, *Other People, a Mystery.* Dit is de eerste roman waarin Amis een rol schept voor een manipulerende en onbetrouwbare verteller, waardoor de comfortabele illusie van fictie op postmoderne wijze wordt aangetast en de lezer in onzekerheid wordt gelaten over de precieze toedracht van het gebeurde – een moord op een vrouw door haar minnaar.

In 1984 wordt het postmoderne spel verder uitgebreid met de roman *Money: A Suicide Note.* De onbetrouwbare verteller is John Self, enerzijds een moderne Elkerlyc en anderzijds een personage zonder identiteit, zonder een 'zelf.' Om indruk te maken op een vrouw geeft Self zich een keer uit voor 'Martin Amis', een schrijver die hij in de pub heeft leerde kennen:

> "Hé. Hoe heet jij."
> "Ik ben Martin," zei ik onmiddellijk... Ik haat mijn naam. Ik bedoel maar, je hebt een kind, een baby'tje en het beste dat je ermee kan doen is het John noemen? Ik heet John Self. Maar wie niet?
> [...]
> "Wat voor werk doe je, Martin?"
> "Ik ben schrijver, Moby." (*Money*, p. 100)

De verwarring over wie nu eigenlijk de touwtjes in handen heeft wordt onder andere in de conversaties die personage en schrijver hebben verder uitgebreid, zodat er een twijfel ontstaat, typisch voor het postmodernisme, over hoe de fictionele wereld nu eigenlijk geordend is. Er is dan ook sprake van metanarratief commentaar, bijvoorbeeld aan het einde van het boek wanneer de kwestie van 'motivatie' aan de orde wordt gesteld. John Self wordt kapot gemaakt door een maatje, en vraagt zich af waarom. Martin Amis denkt dat er geen speciale reden is. De reactie van Self is dat alles dan zinloos is, en Amis antwoordt:

> "Is dat zo? Tegenwoordig? Ik denk soms dat motivatie, als een controlerende kracht in menselijke zaken, zo goed als uitgeteld is. Ze slaagt er niet meer in mensen te motiveren. Ga eens wandelen op straat. Hoeveel motivatie zie je?"
> "Waarom ik? Dat wil ik weten. Ik, waarom ik?" (*Money*, p. 359).

Het antwoord dat de schrijver niet geeft op deze vraag, maar wel had kunnen geven, is het "Vy you? Vy anybody?" van de nazieofficier die in Kurt Vonneguts postmoderne oorlogsroman *Slaughterhouse Five* een Amerikaanse krijgsgevangene tegen de grond slaat: er is geen persoonlijk motief. Waar het om gaat is dat bij het ontbreken van een begrijpelijke psychologische motivatie personages lege hulzen worden, Elkerlycs, "anybodies" die kunnen overlopen in de verteller, de schrijver, en elkaar. Naast het probleem van de narratologische structuur is er dus ook de vraag naar wat voor ordeningsprincipe er is als de logica van psychologische motivatie en van oorzaak en gevolg uitgeteld ("shagged out") is.

In *Money* en volgende romans is het regulerende principe oncontroleerbaar, onnavolgbaar en onbeïnvloedbaar door mensen. Zo'n irrationeel systeem is in *Money*, de titel zegt het al, de onbevattelijke logica van geld, een wetteloze en chaotische 'financiële wereld' die zijn eigen ontologie schept waar personages deel van uitmaken zonder dat zij die kunnen controleren. In latere werken wordt het irrationele systeem vertegenwoordigd door onder meer het begrip entropie, de abstracte massa van informatie, het principe van het kwaad, of het universum.

Money was de eerste van een reeks 'megaromans' die Amis publiceerde: romans die juist door de postmoderne combinatie van de thema's orde, chaos, controle en paranoia, ook wel overvol en wijdlopig moesten zijn. Amis staat met deze thematiek dichterbij het Amerikaanse postmodernisme van bijvoorbeeld Thomas Pynchon, Robert Coover of Don Delillo, dan zijn Britse collega's, die zich voornamelijk bezig houden met het *herschrijven* van 'het verhaal' vanuit een onderdrukt of veronachtzaamd perspectief. Behalve *Time's Arrow* (1991), een onconventionele holocaust roman, speelt het werk van Martin Amis zich af in het heden of in een nabije, dystopische toekomst. Zijn fictionele wereld is op verschillende manieren instabiel en niet logisch te ordenen, waardoor het goed past in het kader van de "ontlogische dominant" die Brian McHale kenmerkend acht voor het postmodernisme.

De fictionele wereld van de romans van Amis is onsamenhangend, maar juist door het gebrek aan samenhang, of aan een begrijpelijke en manipuleerbare orde, lijkt er soms sprake te zijn van een samenzwering. De personages die zijn wereld bevolken hebben geen autonomie en kunnen op een fundamentele manier hun wereld niet begrijpen omdat het onduidelijk is hoe controle wordt uitgeoefend. Verklaringen zijn onbestemd en onbestendig. Daardoor is een 'totaliserende' interpretatie van zijn werk feitelijk uitgesloten. Diedrick brengt dit afzien van de realistische conventies van motivatie, orde en helderheid in verband met het afwijzen van het Verlichtingsideaal van de ratio, dat door de Duitse filosoof Adorno (tevens de naam van een personage in *Dead Babies*) in verband werd gebracht met het totaliserende systeem van het nationaal-socialisme en de holocaust – een combinatie waar Amis in het nawoord van *Time's Arrow* ook naar verwijst (Diedrick, p. 10).

Met het afzien van de orde van rede en redelijkheid heeft het postmodernisme van Martin Amis een drietal kenmerken: een ontologische instabiliteit die veroorzaakt wordt door een onduidelijkheid over de vertellaag waar vertellers en auteurs zich bevinden; het etaleren van een gebrek aan psychologische motivatie; en de suggestie dat de enige orde die er is een entropie is of een irrationeel, niet te controleren systeem zoals het geld, de informatie, het kwaad of het universum. Dit derde kenmerk is verreweg het meest interessante en kan als een algemeen regulerend principe van zijn werk beschouwd worden. In zijn latere werken, de 'megaromans' *Money*, *London Fields* (1989) en *The Information* (1995), de novelle *Nighttrain* en het autobiografisch werk, *Experience*, is dit principe te herkennen aan de dominantie van *exces*, *entropie*, en de rol van het *universum*.

In literaire zin wordt de term *exces* gebruikt om een overvloedigheid aan materiaal, aan woorden, aan informatie, aan signalen, en aan mogelijke interpretaties aan te geven. Exces is de postmoderne metafoor voor een wereld waarin elke vorm van hiërarchie of moreel gezag ontbreekt, waar "anything goes" (*Money*, p. 87). Exces en *entropie* staan met elkaar in verband omdat entropie, op zichzelf een tamelijk moeilijk aan te wijzen proces, zichtbaar en tastbaar wordt gemaakt door exces. Entropie is een term uit de thermodynamica die in een onomkeerbaar thermodynamisch proces de mate van een afnemende orde of samenhang tussen moleculen, ofwel een toenemende wanorde en uitputting, aangeeft. Ontploffing of implosie is het eindpunt van zo'n proces. Bij sommige postmodernistische auteurs, waaronder Martin Amis, wordt deze term als metafoor gebruikt voor een wereld die op haar einde afstevent en waar de principes van logica, of van oorzaak en gevolg niet meer gelden, waardoor er chaos ontstaat. Het *universum* krijgt een steeds grotere rol in het werk van Amis: de onzekerheid over de zin van het menselijk bestaan in het licht van een uitdijend heelal en de abstracte mechaniek van de constellatie van sterren en hun zwarte gaten leiden tot vragen over plot, zingeving en betekenis.

Exces

Exces is functioneel in het werk van Amis en komt voor op alle vertellagen. Het begint al met zijn taalgebruik, een handelsmerk dat jongere schrijvers zoals Will Self of Jonathan Coe vergeefs trachten te imiteren. Dit is geen auteur die zich inhoudt of die korte en heldere zinnen schrijft. Amis verlustigt zich in opeengestapelde adjectieven, speelse neologismen en uitgebreide, maar effectieve metaforen. Zijn symboliek en allegorie zijn dermate nadrukkelijk aanwezig dat betekenis soms paradoxaal genoeg wordt uitgehold: door de informatiedichtheid aan mogelijke betekenissen helpt de symboliek niet in het ordenen van het verhaal. Er is bijvoorbeeld sprake van een overmatige duiding van het dartbord in *London Fields,* of in diezelfde roman, van de naam van de pub waar alle kwade krachten samenkomen: *The Black Cross.*

De plots van zijn romans zijn gericht op destructie, en in structurele zin niet erg ingewikkeld, waardoor de aandacht verschuift naar de narrativiteit, naar hoe het verhaal verteld wordt. Het principe van herhaling zorgt er voor dat ook in het verhalen zelf exces nadrukkelijk aanwezig is. In *The Information* wordt het manuscript van Richards roman niet door één of twee lezers beoordeeld, maar door vijf: alle vijf krijgen ze op pagina negen een steeds ergere aanval van hoofdpijn – de laatste lezer moet met spoed naar het ziekenhuis. De titel, *The Information,* verwijst niet naar informatie die zinvol is en tot een oplossing leidt, maar slaat juist op de excessieve hoeveelheid ongestructureerde informatie die niet verwerkt kan worden. Ook het gebruik van lijsten of opsommingen trekken de aandacht naar de vertellaag, naar de tekst zelf als medium. Opsommingen zijn overal te vinden, maar het mooiste voorbeeld is de "concordantie van de kussen van Nicola Six" dat het gehele hoofdstuk elf van *London Fields* beslaat en waarin de schier eindeloze, steeds obscenere "kusstandjes" uit het repertoire van Nicola beschreven worden.

Het principe van exces functioneert ook op het niveau van het personage. Deze zijn grotesk: ze hebben geen hobby's maar obsessies, geen karaktereigenschappen maar excessieve driften. In *The Information* wordt Richard Tull, schrijver van onleesbare romans, verteerd door jaloezie op zijn vriend Gwyn Barry die tot zijn verbazing en woede extreem veel succes heeft met een zoetsappige politiek correcte utopische roman. Hij stelt gedurende een kleine 500 bladzijden alles in het werk om de reputatie van Gwyn te vernietigen (wat niet lukt), zijn vrouw te verleiden (wat ook al niet lukt) en huurt tenslotte enkele lugubere jongens uit het criminele circuit in om Gwyn in elkaar te slaan en het leven zuur te maken. Uiteraard is het Richard zelf die een keer per ongeluk verwisseld wordt met Gwyn en het slachtoffer wordt van zijn eigen opzetje. John Self in *Money* is dan weer geobsedeerd door geld en ziet in elke vrouw een hoer, terwijl Keith Talent in *London Fields* naast zijn eigen vrouw nog een stuk of zes andere vrouwen en meisjes heeft bij wie hij serieel zijn gerief komt halen. Er zijn soms overheersende seksuele obsessies en frustraties. Nicola Six, wiens achternaam zowel op 'seks' duidt als op het getal van het beest, ziet zichzelf als een "zwart gat" – niet alleen in kosmologische maar ook in seksuele zin (66-69) – terwijl haar sukkelige minnaar Guy geen weet heeft van deze anale fixatie, en uit hoffelijkheid niet met haar naar bed gaat waardoor hij gedurende de tweede helft van het boek een permanente, steeds pijnlijker erectie heeft. Personages met een bijrol zijn, zoals bij Charles Dickens, te herkennen aan één excessieve eigenschap: de vrouw van Guy, Hope, besteedt haar tijd alleen maar aan tennis, haar zuster Lizzy heeft boulimia en vreet zich vol, hun kind Marmaduke is monsterlijk hyperactief, slaapt nooit, en jaagt zijn *nannies* weg door ze te knijpen, te slaan en te bijten.

Of het nu om geweld gaat of om seks, om een partijtje tennis of om het krijgen van kinderen (*alle vier* de zusters van Demeter, de kinderloze vrouw van Gwyn, hebben tegelijkertijd hun kind aan de borst), exces is het thema. Alleen de liefde is niet excessief, alleen van kinderen wordt onvoldoende gehouden: er is een constante, aangrijpende sub-tekst vol angst voor een mogelijke bedreiging van het onschuldige in *London Fields* en in *The Information*. In het spectrum van goed en kwaad heeft exces daarom een morele functie, als een kanttekening bij het postmoderne dictaat dat *anything goes*.

In het licht van de controverse tussen *anything goes* en een *bottom-line* van morele beginselen kan ook duidelijkheid worden geschapen over het thema van masculiniteit dat zo overheersend is in zijn romans: van de seksuele en financiële driften van John Self tot de mannelijke *midlife crisis* in *The Information*. Vooral bij de receptie van *London Fields* werd Amis een excessieve preoccupatie met masculiniteit aangerekend. Verwijten van seksisme of gewoon vrouwenhaat waren niet van de lucht, vooral omdat Nicola Six haar eigen dood regisseert door een moord op zichzelf te beramen. Dat een vrouw zich als lustobject etaleert en ook nog een gewillig slachtoffer van moord is ging wel erg ver.

Een dergelijk verwijt is echter moeilijk vol te houden in het licht van het groteske, de sterk uitvergrote eenzijdige trekken van de personages. Nicola Six zelf is overduidelijk een constructie, een zwart gat waarop mannen hun verlangens en fantasieën projecteren: "Altijd het simulacrum, nooit het echte ding" (*London Fields*, p. 131). Zij is de muze voor de verteller Samson Young, pornoster voor de cockney Keith Talent, en maagdelijke romantische heldin voor Guy Clinch. Deze mannen belichamen op hun beurt ieder een ander masculien stereotype. Young streeft een intellectuele liefde na en wil vooral eindelijk weer eens een boek schrijven zodat hij net zo'n leuk en geslaagd leven kan lijden als zijn rivaal Mark Asprey. Keith baseert zich voor zijn masculiene identiteit op de conventies van zijn eigen sociale milieu, die overigens gevoed worden door de pornoprogramma's op televisie en de wedstrijdverslagen van voetbal en darts die hij, onbewust, naadloos imiteert. Een man moet sterk zijn, en dit moet blijken uit zijn daden: een overvloedig seksleven, vechten, heel veel drinken, vrouwen in elkaar slaan, en stoer de heetste curries eten. Guy leeft in het beschermde wereldje van zijn geprivilegieerde klasse (het familiefortuin is ontstaan door het profijt van anderhalve eeuw kolonialisme). Hij kijkt neer op Keith, voor wie, zo denkt hij, Nicola onbereikbaar is. Zijn masculiniteit is gestoeld op een achterhaalde hoofse traditie. Hij is een goed mens, maar wel, zo lijkt het, de laatste op aarde: als hij een blinde man helpt oversteken blijkt dat deze zo'n eenvoudige daad van medemenselijkheid dermate ontwend is dat hij in huilen uitbarst. Zijn goedheid is betekenisloos omdat hij verder zo ongelooflijk naïef is. Als hij aan Nicola denkt is het vooral in termen van ridderlijke fantasieën: "adolescente verhaallijnen van bescherming, voogdij, briljante reddingen (roeiboten, de platte band van een auto op magische wijze hersteld en vervangen)" (*London Fields*, p. 216). Zijn permanente erectie is zeer pijnlijk omdat hij Nicola's vermeende maagdelijk wenst te respecteren en zich niet wil 'verlagen' tot zelfbevrediging. Niet voor niets wordt hij geassocieerd met de bleke ridder uit het gedicht van Keats, "La belle dame sans merci".

Deze masculiene stereotypen worden gedeconstrueerd. Nicola maakt deze mannen stuk voor stuk kapot door hun droombeelden te verstoren. Ze vernietigt het manuscript van Sam Young – de vraag of dit het manuscript is dat wij lazen, zoals regelmatig wordt gesuggereerd, dan wel het mansucript dat wij uiteindelijk niet te lezen krijgen omdat Nicola of Mark Asprey of een andere verteller de touwtjes in handen heeft, wordt als een postmoderne aporie niet opgelost.

Keith, die zijn identiteit ontleent aan de dartsport en het 'bezit' van vele vrouwen denkt haar te 'hebben' op de avond van zijn dartskampioenschap. Juist dan echter laat Nicola hem openlijk zitten voor zijn rivaal, waardoor Keith natuurlijk ook de wedstrijd verliest. Guy wordt eindelijk ook wakker en wordt ruw geconfronteerd met Nicola's seksuele en berekenende kanten. Haar eigen dood heeft alles te maken met haar papieren, metaforische constructie: haar dood betekent een ommekeer. Zij symboliseert een zwart gat dat de beschaving, de wereld, zal verzwelgen als zij niet vernietigd wordt. Niet het feit dat zij zo'n gewillig slachtoffer is, dat "erom vraagt" of "er klaar voor is" is het probleem, maar misschien wel het feit dat het precies een vrouw is die symbool staat voor het kwaad of voor de dood. Het getal van het beest is al genoemd. Keith noemt haar het liefst "Nick" – één van de woorden voor duivel in het Engels. Nicola Six luidt het einde der tijden in.

Entropie

In het latere werk van Amis stevent de wereld af op een naderend einde, een implosie veroorzaakt door een kosmologisch onheil, of een totale explosie veroorzaakt door een oorlog die met kernwapens beslist zal worden. In *Money* blijkt een naderende uitputting van de wereld uit de afwezigheid van het weer: in plaats van de natuurlijke afwisseling van seizoenen en weertypen is er nu geen verandering meer, waardoor 'het weer' ook geen onderwerp meer is. Wat rest is een betekenisloze grauwheid die symbolisch is voor de toenemende vervuiling op aarde en de corruptie van de mensheid:

> Ineengekrompen kijk ik omhoog: nog steeds geen weer. Soms, wanneer de hemel zo grijs is als dit – vlekkeloos grijs, echt een ontkenning van het concept kleur – en de gebogen miljoenen hun hoofd opheffen, is het moeilijk om de lucht van de onzuiverheden in onze menselijke ogen te onderscheiden, alsof de zinkende klimmende krulletjes grind deel uitmaakten van de elementen zelf, regen, sporen, tranen, waas, vuil. Misschien is op zulke momenten de hemel niet meer dan het totaal aan vuil dat in onze menselijke ogen leeft. (*Money*, pp. 71-72)

In *London Fields* manifesteert entropie zich zowel in het weer als in de wereldpolitiek, "the weather" en "the world situation". Deze roman uit 1989 is gesitueerd in 1999 en is derhalve een millenistische roman met dystopische trekjes. In plaats van grauwheid zijn er nu langdurige regenbuien gevolgd door een wel zeer nabije, laaghangende zon die maar niet weg lijkt te gaan. Wolken lijken dood en hangen laag in de straten. De zwaartekracht neemt toe, rechtop lopen is nauwelijks nog vol te houden. Het eens zo veilige, mooie huis van de welgestelde Guy Clinch is het punt van orde voorbij en lijkt nu welhaast uit elkaar te spatten van "negative entropie" (*London Fields*, p. 276). "Overal nam de druk toe, in kilo's per vierkante meter" (p. 317) De toenemende zompige hitte leidt tot ongeneeslijke nieuwe ziektebeelden, zoals bij de verteller, Samson Young, en tot afschuwelijke eczemen, zoals bij de monsterlijke baby Marmaduke. Het weer is zo bedreigend dat in de evacuatie van Londen wordt voorzien en weerberichten pas 's avonds laat worden uitgezonden als de kleine kinderen in bed liggen. Tegelijkertijd stevent de constellatie van wereldmachten op een confrontatie af door een oncontroleerbaar conflict in Azië – in Cambodja vinden slachtingen plaats waarbij de excessen van de "killing fields" van de Rode Khmer verbleken. De Amerikanen zinspelen op een "cathartic war". Behalve zo'n louterende oorlog zijn er gevaarlijke, maar misschien wel noodzakelijke ingrepen in de kosmos op handen, want aarde en zon moeten weer op het rechte pad komen. Het eindpunt van de entropie is voorzien op 5 november, op Guy Fawkes Night (een avond die tot op heden in Engeland met vuurwerk wordt gevierd om de verijdelde aanslag van Guy Fawkes op het Engelse Parlement en de koning (in 1605) te herdenken). De verteller signaleert het onafwendbare proces van entropie regelmatig:

> We zitten nu allemaal in hetzelfde schuitje. Zoals met de toestand van de wereld, zal er iets moeten barsten, en snel ook. Het zal allemaal veel wolliger, smeriger worden. Alles is aan het wegzakken, ik, dit, moeder aarde. Meer nog: het universum, hoewel het ruim genoeg lijkt, stevent af op hittedood. Ik hoop dat er parallelle universums zijn. Ik hoop dat er alternatieven bestaan. Wie heeft ons opgezadeld met al die productiefouten? Entropie, de pijl van de tijd – vraatzuchtige wanorde. (p. 239).

In de natuurwetenschappen hangen entropie en "time's arrow" (de pijl van de tijd), nauw met elkaar samen omdat er sprake is van een proces. Als het eindpunt van entropie bereikt wordt en "heat death" (hittedood) ontstaat dan is er ook geen sensatie meer van tijd, dan is er werkelijk slechts sprake van een "vraatzuchtige wanorde".

Dat dit voor Amis werkelijk een belangrijk thema is blijkt wel uit het feit dat met "time's arrow" vooruit wordt gelopen op de titel van zijn volgende roman waarin de tijd wordt omgekeerd om zowel het onbegrijpelijke als het onafwendbare van de holocaust te illustreren. Het is ook frappant dat hij in het voorwoord tot *London Fields* schrijft lang getwijfeld te hebben over de titel, waarvoor ook "Time's Arrow" een goede kandidaat was. Entropie is dus echt *het* sturende principe. Alles wordt "wolliger, smeriger": entropie houdt direct verband met verwarring, chaos en onduidbaarheid, een negatieve energie die alles opzuigt zoals een zwart gat in het universum.

Het kosmologische begrip van het zwarte gat (een krachtveld ontstaan uit een uitgedoofde ster) wordt door Amis gebruikt als een eindresultaat van entropie. De menselijke orde, waarin onder andere motief, begrip en ethiek een sturende rol hebben, kan worden opgezogen door het krachtveld van het zwarte gat om op te gaan in een betekenisloze kosmische soep. Dat zou, in meer dan één opzicht, het einde van het verhaal zijn. Maar Nicola Six, aanhanger van sodomie en begiftigd met een onweerstaanbaar "forcefield", symbool van het zwarte gat, de duivel en het kwaad, heeft haar moord gepland op 5 november. De wereld ontkomt aan een ramp. Nog wel.

De expansie van het universum: het einde van het verhaal

In de romans na *London Fields* slaat de balans tussen orde en entropie steeds vaker over naar de kant van entropie. Niet de wereld zelf is aan de orde, maar de toevalligheid van het aardse bestaan als men zich rekenschap geeft van de plek van de wereld in het universum. Entropie is dan het onafwendbare proces van voortdurende expansie van het heelal: "Astronomisch gezien, gaat alles steeds verder weg van al het andere" (*The Information*, p. 65). Dat inzicht in de onbevattelijke afmetingen van het heelal is tamelijk recent: "Het universum was nog de grootte van je woonkamer tot de grote telescopen er aan kwamen. Nu hebben we pas een idee van hoe breekbaar en geïsoleerd onze situatie werkelijk is" (*Nighttrain*, p. 93). Het ontluikende thema in het latere werk van Amis is de fragiliteit van het bestaan, waartegenover het heelal totaal en absoluut onverschillig is: "Het universum blijkt dertig biljoen lichtjaren van ons verwijderd te zijn en elke centimeter daarvan zou ons doden als we er heen gingen. Dat is de positie van het universum tegenover het menselijk leven" (*The Information*, p. 202). Door die expansie is de massa aan onkenbare donkere materie steeds groter, terwijl zwarte gaten ook hun onberekenbare werk blijven doen. In het licht van die enormiteit van het heelal is het menselijke bestaan nietig en irrelevant. Iedere poging hier zin aan te ontlenen is niet meer dan een constructie, een verhaal. Een verhaal dat het onbegrijpelijke, het onkenbare moet toedekken.

Het mooie afgeronde utopische verhaal dat door de fictionele auteur Gwyn Barry wordt geschreven in *The Information* ontstaat uit een behoefte om het universum weer bevattelijk te maken, "om het kleiner te doen *lijken*" (p. 437) Maar is het juist om het onkenbare toe te dekken? Worden we dan als lezer niet in slaap gesust? Gaat het er niet om juist te laten zien wat het donkere gat is – wat er overblijft van definities van het kwaad als de morele context van goed en kwaad in het licht van het onverschillige universum wegvalt? Met al zijn nijd en afgunst lijkt zijn rivaal Richard Tull toch het morele en artistieke gelijk aan zijn kant te hebben als hij dergelijke literatuur afwijst: dit is te gemakkelijk. Richard staat voor "het niet-zo-wereldse, het verwrongen, het moeilijke" (p. 364).

Amis lijkt te zeggen dat de behoefte aan het afgeronde en rationele verhaal groot moge zijn, maar dat de werkelijke uitdaging voor de contemporaine auteur ligt in de onthulling van de "gaten" in het verhaal. Hij demonstreert dat heel mooi in de spaarzaam vertelde novelle *Nighttrain*. Mike Hoolihan is een vrouwelijke detective bij de politie die het moeilijkste geval uit haar carrière aan de lezer voorlegt: de zelfmoord van een mooie, gelukkige, intelligente vrouw. De zelfmoord is zo onbegrijpelijk dat gezocht wordt naar schuldige daders en, wanneer deze lijken te ontbreken, naar een motief. Gaandeweg blijkt dat elk motief een potentieel verhaal is maar wel een vals spoor, en dat er geen motief of verklaring gevonden kan worden. Er is geen verhaal, er zijn alleen gaten. Om dit uit te leggen haalt Hoolihan een anekdote op die eindigt met de woorden "awl awl." Deze schijnbaar betekenisloze klanken betekenen wel iets, maar ook dit spoor leidt alleen maar tot verdere vragen: "Allemaal gaten [*All hole*]. Dat is wat ik vaak denk dat dit geval is. Allemaal gaten" (*Nighttrain*, p. 110). Het doet denken aan *Flaubert's Parrot* van Julian Barnes, waarin een visnet wordt gedefinieerd als "een verzameling gaten verbonden met een touw". Het verhaal zit vol gaten, maar de gaten bij Amis zijn nog wat specifieker: het zijn *zwarte gaten*.

Amis nodigt zijn lezers uit om te *kijken* naar de zwarte gaten van het universum, zoals de astronoom Stephen Hawking dat in werkelijkheid ook heeft gedaan:

> Weet je wie Stephen Hawking is, inspecteur?
> Hij is die ... die man in de rolstoel. Praat als een robot.
> [...]
> Waarom was het Hawking die de zwarte gaten ontdekte?
> [...]
> Ik gaf het antwoord van de fysicus: Omdat hij de slimste was. Maar Jennifer wou me een uitleg doen overwegen die meer – romantisch was. Ze zei: Hawking begreep de zwarte gaten omdat hij er naar kon *staren*. Zwarte gaten betekenen vergetelheid. Betekenen dood. En Hawking staart al heel zijn volwassen leven de dood in het gezicht. Hawking kon zien. (p. 95)

Deze sleutelpassage toont aan dat de obsessie met het zwarte gat (in alle denkbare metaforische betekenissen) een interpretatiekader vormt voor het latere oeuvre van Amis, waarin zowel de angst dat onschuld en schoonheid bedreigd worden voelbaar en meeslepend aanwezig is, als een bravoureachtige, groteske flirt met de dood, het kwaad, en de vergetelheid zelf. Een biografische verklaring voor dit tandem van angst en bravoure kan men vinden in *Experience*, waarin Amis omzichtig, in cirkels, de lustmoord op zijn nichtje Lucy Partington memoreert. Maar de obsessie en fascinatie met het zwarte gat zijn ook te verklaren door de welhaast sublieme ervaring die Amis het beschouwen van het universum toedicht:

> Nog recenter heb ik me herbepaald als een agnost. Atheisme, zo blijkt, is ook niet echt redelijk. De meest beperkte kennis van de kosmologie zal je vertellen dat het universum niet, of nog niet, verklaarbaar is door de mens. Het zal je vertellen dat het universum meer bizar, wonderbaarlijk en onmetelijk groots is dan om het even welke doctrine, en dat de loutere contemplatie ervan aan spirituele noden kan voldoen. ("The voice of the Lonely Crowd").

Amis schrijft dit in een terugblik op de terroristische aanval van 11 september 2001. Het wekt de nieuwsgierigheid op naar zijn komend werk.

BEKNOPTE BIBLIOGRAFIE

Primaire literatuur

The Rachel Papers. London: Cape, 1973. (*Rachel, een document*, vert. R.J.H. Jonkers, Amsterdam: Contact, 1975.)

Dead Babies. London: Cape, 1975.

Success. London: Cape, 1978.

Other People: A Mystery Story. London: Cape, 1981.

Money: a Suicide Note, London: Penguin, (1984) 1987. (*Geld: afscheidsbrief van een zelfmoordenaar*, vert. Guido Golüke, Amsterdam: Contact, 1986.)

Einstein's Monsters, London: Cape, 1987. (*Einsteins monsters*. Marion Op den Camp, Amsterdam: Contact, 1987.)

London Fields, London: Vintage, 1989. (*London Fields*, vert. Gerrit de Blaauw, Amsterdam: Contact, 1990.)

Time's Arrow: Or the Nature of the Offence. London: Cape, 1991. (*De pijl van de tijd*, Gideon den Tex, Amsterdam: Contact, 1991.)

The Information. London: HarperCollins/Flamingo, 1995. (*De informatie*, vert. Gerrit de Blaauw, Amsterdam: Contact, 1995.)

Nighttrain. London: Cape, 1997. (*Nachttrein*, vert. Gerrit de Blaauw, Amsterdam: Contact, 1997.)

Experience. London: Cape, 2000. (*Ervaring*, vert. Tinke Davids, Amsterdam: Contact, 2000.)

The War Against Cliché: Essays and Reviews 1971-2000. London: Vintage 2002.

"The Voice of the Lonely Crowd", *The Guardian* Zaterdag 1 juni, 2002, http://books.guardian.co.uk/review/story/0,12084,725608,00.html, 24/03/2003.

Secundaire literatuur

BERNARD, Catherine. "Dismembering/Remembering Mimesis: Martin Amis, Graham Swift," in Theo D'haen en Hans Bertens (red.), *British Postmodern Fiction*, Amsterdam: Rodopi, 1993, pp. 121-44.

DERN, John. *Martians, Monsters and Madonna: Fiction and Form in the World of Martin Amis*. New York: Peter Lang, 2000.

DIEDRICK, James. *Understanding Martin Amis*. Columbia: University of South Carolina Press, 1995.

EDMONSON, Elie A. "Martin Amis Writes Postmodern Man", *Critique* 42,2 (2001), pp. 145-54.

MENKE, Richard. "Narrative Reversals and the Thermodynamics of History in Martin Amis's Time's Arrow", *Modern Fiction Studies* 44,4 (1998), pp. 959-80.

STOKES, Peter. "Martin Amis and the Postmodern Suicide: Tracing the Post-nuclear Narrative at the Fin the Millenium", *Critique* 38,4 (1997), pp. 300-11.

JOHN BANVILLE
(1945-)

Elke D'HOKER

IERLAND EN HET (POST)MODERNISME

De aandacht en bewondering die de schrijver John Banville tegenwoordig te beurt valt is ten dele die van Amerika en Europa voor de Ierse cultuur, muziek en literatuur in het algemeen. Net als Ierse folk, Ierse mythen en Ierse schaapwollen truien verkopen Ierse auteurs goed en uitgevers spelen maar wat graag in op die trend. In recente Nederlandse vertalingen van Banvilles werk wordt de auteur dan ook voorgesteld als "de ongekroonde koning van de huidige Ierse literatuur". Of Banville zelf blij is met die Ierse stempel is echter zeer de vraag. In interviews neemt hij met klem afstand van Ierland en de Ierse literatuur en in zijn romans benadrukt hij zijn banden met de internationale literaire en filosofische traditie. Hij verwerkt in zijn werk allusies naar andere Europese schrijvers, hij flirt graag met Duitse filosofen en hij schrijft boeken over wetenschappers als Newton, Kepler en Copernicus.

Het mag dan ook niet verwonderen dat de literaire goegemeente Banville als snel uitriep tot internationaal postmodernist bij uitstek. In verschillende artikels en studies uit de jaren tachtig werd Banville bejubeld als zowat de enige Ierse auteur die het provincialisme en realisme van de Ierse literatuur wist te overstijgen en zich in de internationale avant-garde wist te profileren. Vanuit Ierse hoek kwam natuurlijk reactie op wat gezien werd als een nieuwe vorm van Europees kolonialisme. Verschillende Ierse critici speurden vervolgens in Banvilles romans naar typisch Ierse interesses, landschappen of motieven en Banville werd als Iers auteur geclaimd. Zijn postmoderne affiliatie werd ontkend en de moderne erfenis van James Joyce in zijn werk in de verf gezet. Andere critici beargumenteerden dan weer dat het precies de Ierse context is die Banville tot uitgelezen vertegenwoordiger van het postmodernisme maakt omdat de gespleten Ierse identiteit het postmodern gevoel weerspiegelt. Zoals gewoonlijk ligt de waarheid ergens in het midden. Banvilles werk is ontegensprekelijk getekend door de geschiedenis van Ierland en diens ambigue verhouding tot Engeland en de Engelse taal. Tegelijk echter, probeert Banville onder meer door zijn intertekstuele verwijzingen naar het Westerse culturele erfgoed deze context te overstijgen en zijn boeken een universele uitstraling mee te geven. Banville zelf vat de ambiguïteit van zijn positie als volgt samen: "Ik blijf in dit land maar ik ben geen Iers auteur. *I'm not going to do the Irish thing*" (Schwall, p. 19).

Dat het Ierse huis vele kamers en het Ierse ding vele kanten heeft, wordt bovendien duidelijk wanneer Banville in hetzelfde interview naar zijn literaire voorvaders wordt gevraagd. Het antwoord luidt: "elke Ierse schrijver moet één van die twee wegen kiezen: de weg van Joyce of de weg van Beckett. Ik ga de weg op van Beckett." Wanneer deze twee wegen, met enig voorbehoud, in termen van literaire stromingen worden gelezen, zou men hier opnieuw een eenvoudig argument in kunnen vinden om Banville als postmodernist te claimen. Bij Banville is echter niets eenvoudig. Door hun besef van de grenzen van menselijke taal, kunst en kennis, sluiten Banvilles experimentele en zelf-reflexieve romans enerzijds aan bij het postmodernisme dat voortbouwde op Becketts kunst van de mislukking. Maar anderzijds blijven zijn romans ook een Joyceaans eerbetoon aan kunst, verbeelding en de grootsheid van de menselijke geest. Joseph McMinn schrijft hierover:

> Banville kan deconstrueren als de beste, maar zijn werk geeft nooit het gevoel dat deze ontmanteling van mythische constructies als identiteit en natuur een reden tot feestvieren geeft. Eerder het tegenovergestelde [...]. Er mag dan niet langer hoop zijn op een overtuigend groot verhaal, maar de meeste van Banvilles personages zouden wensen van wel. (McMinn, p. 7)

Opnieuw blijkt Banville niet te kunnen kiezen. Hij gaat noch de weg op van Beckett noch die van Joyce, maar probeert in een moeilijke evenwichtsoefening beide te combineren.

Deze dualiteit kenmerkt wel meer aspecten van John Banvilles oeuvre. Zo worden zijn personages typisch heen en weer geslingerd tussen twee opties – kunst of leven, orde of chaos, lichaam of geest –

waarbij uiteindelijk het ene noch het andere de bovenhand haalt en beide polen in permanente spanning blijven bestaan. Ook wat vrouwen betreft blijken Banvilles steevast mannelijke hoofdpersonages moeilijk keuzes te kunnen maken. Wordt het de wulpse blondine of de artistieke brunette, de maagd of de hoer? Ontelbaar zijn bovendien de dubbelgangers in Banvilles romans die de innerlijke gespletenheid van de personages vertolken. En hoe zeer ze het ook mogen verlangen, de ik-vertellers kunnen uit die versnippering maar moeilijk een coherent en eenduidig zelfbeeld construeren.

Overigens wordt ook het leven van de auteur zelf wordt door hybride dualiteit gekenmerkt. Zo voelde Banville zich naar eigen zeggen nooit thuis in het Wexford waar hij in 1945 geboren werd. Hij vluchtte zo snel hij kon naar Dublin en vandaar zelfs naar Amerika, waar hij zijn vrouw Janet Dunham leerde kennen. Het paar vestigde zich echter terug in Dublin, waar het twee zonen grootbracht. Banville werkte als recensent en redacteur voor literaire tijdschriften, waaronder de literatuurbijlage van de *Irish Times*. En met het toenemend succes van zijn romans leek zijn positie als één van de meest gerespecteerde Ierse auteurs verzekerd. Groot was dan ook de consternatie in het nog steeds vrij katholieke Ierland toen Banville in de jaren negentig er plots nog een ander gezin met twee kinderen bleek op na te houden. Huwelijksproblemen en een dubbelleven ook hier. Hoewel deze persoonlijke elementen natuurlijk geen verklaring geven voor Banvilles fascinatie voor dualiteit en ambivalentie is de – wederzijdse – beïnvloeding van leven en werk toch treffend. Banville zelf zegt over die beïnvloeding het volgende:

> Mijn leven is bijzonder gecompliceerd en er zijn allerlei relaties die ik in evenwicht moet houden. Maar ik zou er zeker nooit over schrijven in mijn romans. Niet omdat het een te delicaat of gevoelig onderwerp zou zijn. Maar ik beschouw het als te dicht bij het oppervlak, te banaal. Kunst moet bemiddeld, afstandelijk, gedifferentieerd zijn. Dus ja, de omstandigheden van mijn leven sluipen wellicht binnen in mijn romans, maar, zoals ik zei, ik *stop* ze er niet in. (Joe Jackson, p. 60)

Nochtans begon Banvilles literaire loopbaan vrij bescheiden. In 1965, hij was toen twintig, verscheen een kortverhaal van zijn hand in de *Kilkenny Magazine*. Een jaar later volgde er nog één, en op basis hiervan kreeg Banville in 1967 de Allied Irish Banks and Irish-America Foundation Literary Award, wat hem toeliet verder te werken aan een bundel kortverhalen, in 1970 als *Long Lankin* gepubliceerd. De titel verwijst naar een oude Engelse ballade die verhaalt van de gruwelijke moord van de bediende Long Lankin op de baby van zijn vroegere baas. Banville gebruikt dit gewelddadig verhaal als leiddraad voor een reeks Joyceaanse kortverhalen die zich afspelen in Ierland. In elk van de verhalen verstoort een Long Lankin-achtige buitenstaander de relatie tussen twee andere personen, wat de aanleiding vormt voor Banville om de psychologie van angst en melancholie van de personages te ontleden. In sommige verhalen vangen we reeds een glimp op van de artistieke ernst en poëtische rijkdom die Banvilles oeuvre verder zal kenmerken, maar als geheel zijn de kortverhalen net iets te gekunsteld om echt aan te spreken.

Hetzelfde geldt ook voor de roman *Nightspawn* die een jaar later verscheen. *Nightspawn* vertelt een onwaarschijnlijk verhaal van liefde, verraad en politieke intrige in Griekenland, waarbij Banville zoveel mogelijk literaire conventies parodieert en ondermijnt. *Nightspawn* wordt zo bovenal een frustrerende ervaring voor de lezer die probeert er lijn of betekenis in te vinden. Banville zelf erkent dat de roman een vorm van verraad is: "verraad van het vertrouwen van de lezer in de goede trouw van de schrijver, evenals een verraad van de gilde van romanschrijvers met zijn geheime tekens en strategieën. Het is een binnenste-buiten-roman, die zijn skelet en zijn zenuwen aan de buitenkant draagt" (Imhof 1981, p. 6). Na dit traditie verbrandend experiment leek Banville de weg te hebben vrijgemaakt voor zijn eigen stem, die hij vond met *Birchwood* (1973). Deze roman speelt zich opnieuw af in Ierland en parodieert onder meer het Ierse genre van de *Big House novel* dat de teloorgang van de Anglo-Ierse grootgrondbezitters beschrijft. Zoals zo veel van Banvilles romans is *Birchwood* het verhaal van een zoektocht: de zoektocht van Gabriel naar zijn verloren tweelingzus, naar de mythische Prospero die de wijsheid in pacht heeft, naar de ware toedracht van zijn familiegeschiedenis, enzovoort. Op verschillende vlakken wordt zo de zoektocht naar de waarheid uitgebeeld – een onmogelijke zoektocht die Gabriel dan ook niet kan voltooien. En *Birchwood* besluit met een citaat van Wittgenstein: "Waarover ik niet kan spreken, daarover moet ik zwijgen" (p. 175).

Die onmogelijke doch noodzakelijke zoektocht naar de waarheid beheerst ook de reeks van boeken die bekend staan als Banvilles wetenschapstetralogie: *Doctor Copernicus* (1976), *Kepler* (1981), *The Newton*

Letter (1982) en *Mefisto* (1986), waarvan de eerste drie onlangs in de Nederlands werden vertaald als de trilogie *Omwentelingen*. Het oorspronkelijke opzet van Banville was een reeks boeken te schrijven over het ontstaan en de evolutie van de moderne wetenschap, met het oog op de sterke overeenkomsten die er volgens hem bestaan tussen wetenschap en kunst. *Doctor Copernicus* en *Kepler* volgen dit opzet het meest nauwgezet en schetsen leven en werk van de grote astronomen. *The Newton Letter*, een novelle veeleer dan een roman, gaat echter nog maar zijdelings over Newton zelf en concentreert zich op een hedendaags historicus die tevergeefs probeert zijn biografie over de wetenschapper te voltooien. In *Mefisto*, tenslotte, is elke band met de feitelijke geschiedenis verbroken. Toch is er ook hier een ik-verteller die zijn hopeloze zoektocht naar orde en betekenis beschrijft, eerst in een Iers provinciestadje en vervolgens in de groteske chaos van de hoofdstad. Hoewel *Kepler* het mooiste boek is, *The Newton Letter* het meest volmaakte, en *Mefisto* veruit het origineelste, wil ik toch even stilstaan bij *Doctor Copernicus* omdat hier Banvilles opvattingen over kunst en wetenschap het sterkst op de voorgrond treden.

NAMEN EN DINGEN

Net als *Kepler* is *Doctor Copernicus* een historische roman. Banville heeft bronnen geraadpleegd en historisch onderzoek gedaan om zowel de levensloop van Copernicus als de politieke en religieuze achtergrond van de tijd zo goed mogelijk weer te geven. In zijn roman komen verschillende historische figuren voor en met oog voor concrete details weet Banville een treffend beeld te schetsen van steden als Rome, Krakow en Frauenburg in de zestiende eeuw. Ook Copernicus zelf wordt overtuigend getekend als een teruggetrokken, misantrope figuur die leven en liefde vaarwel zegt om zich volledig te wijden aan de wetenschap. Ondanks Banvilles verwijzingen naar de rol van Copernicus in de twisten tussen humanisten en scholastici die wetenschappelijk Europa beheersen, doet het gedachtegoed van zijn Copernicus echter bijzonder hedendaags aan. Copernicus wordt zo de figuur die Banvilles eigen tweespalt tussen het modern verlangen naar waarheid en het postmodern besef van de onmogelijkheid ervan het beste verwoordt.

Al in de openingsscène van *Doctor Copernicus* wordt de problematiek van het boek geschetst in een combinatie van de Bijbelse zondeval en het begin van Joyces *A Portrait of the Artist as a Young Man*. Bij het leren van woorden als 'boom' en 'linden', wordt de kleine Nicolas zich bewust van de kloof die er bestaat tussen zichzelf en de wereld daarbuiten, een kloof die woorden niet kunnen dichten: "Alles had een naam, maar hoewel elke naam niets was zonder het ding dat ermee werd benoemd, gaf het ding zelf niets om zijn naam; het had er geen behoefte aan en was slechts zichzelf" (*Omwentelingen*, p. 15). Het is in een notendop de essentie van de moderniteit: het besef van een dualiteit tussen subject en object, geest en lichaam die de eindige mens door middel van kennis moet overbruggen. Het wordt meteen ook het doel van Copernicus' verdere leven: dit 'ding' te vatten zodat eenheid en eeuwigheid hersteld kunnen worden. Hij stort zich op de astronomie om "het diepere, het diepste: de kern, het wezen, het ware" te achterhalen (p. 108). En in een flits van geniale inspiratie, door Banville vergeleken met de creatieve sprong van de kunstenaar, ziet hij plots dit ware: de zon, niet de aarde, staat in het midden van het universum. Copernicus is sprakeloos: "Hij bekeek zijn oplossing van alle kanten en bewonderde haar alsof hij een vlekkeloos en beeldschoon juweel in zijn vingers omdraaide. Het was het ding zelf, het levende ding" (p. 116).

Van dan af gaat het alleen nog maar bergaf. Copernicus wacht jaren om zijn theorie te publiceren. Volgens Banville is dat niet alleen te wijten, zoals de geschiedenisboeken vermelden, aan zijn angst voor de religieuze en politieke gevolgen van deze ontluistering, maar vooral aan het feit dat hij gaandeweg niet meer in zijn werk gelooft. Copernicus' pogingen om zijn waarheid in woorden te vatten mislukken immers jammerlijk. Taal compromitteert en verwijdert de oplossing: het 'ding' is weer ontsnapt.

In een bijzonder mooi laatste hoofdstuk, tenslotte, is Copernicus stervende. In een visioen wordt hij toegesproken door een wel erg onwaarschijnlijke engel des doods: zijn broer Andreas. Andreas is het hele boek lang Nicolas' tegenpool geweest. Terwijl Copernicus zich terugtrok in de hogere sferen van de wetenschap, genoot Andreas met dodelijke gulzigheid van het aardse leven. In een beweging die herhaaldelijk terug komt in Banvilles oeuvre wordt de dualiteit van het personage zo door ontdubbeling in de verf gezet. Andreas verwoordt de ergste twijfels van zijn broer en verwijt hem de waarheid gezocht te hebben in kennis, in overheersing en bevatting. In de plaats daarvan pleit hij voor een aanvaarding van de wereld, voor een houding van kinderlijke verwondering voor "het mysterie van het alledaagse", zoals Kepler het zal noemen. Andreas vertelt Copernicus: "Wij zijn de waarheid. De wereld en wijzelf, dat is de waarheid. Er is geen andere waarheid, en als die er wel is, dient ze ons alleen als ideaal waaraan we een beetje steun hebben, een beetje troost, af en toe" (p. 302). En toch, zoals de verteller van *The Newton Letter* het later zal stellen: "een dergelijke zelfverloochening is niet van deze wereld" (p. 620). Banville zou Banville niet zijn als hij het bij deze vorm van bewonderende aanvaarding zou laten. Andreas geeft dan ook nog de volgende les mee:

> Met veel moed en grote inspanning had je misschien kunnen slagen, op de enige manier waarop het mogelijk is te slagen, door het alledaagse, de namen, te rangschikken in een mooi en ordelijk patroon, dat door zijn schoonheid en orde de handeling in onze arme wereld van bovennatuurlijke waarheden zou laten zien. Maar je hebt geprobeerd de alledaagse waarheden af te danken in ruil voor de transcendente idealen, en daarom heb je gefaald. (p. 303)

Het is wellicht de meest expliciete verwoording van Banvilles eigen artistieke ideaal. Verwant met Wallace Stevens' *Supreme Fictions*, die vermeld worden in het motto van *Doctor Copernicus*, is dit ideaal er één van artistieke (ver)vorming en (ver)vervreemding van het alledaagse, zodat de onbegrijpelijke schoonheid van de wereld heel even gevoeld kan worden. Het is niet zo dat enkel kunst dit ideaal kan nastreven, ook wetenschap, zo toont *Kepler*, kan ons de werkelijkheid in een bijzonder nieuw licht laten zien.

Dat voor Banville vorm en structuur hierbij onontbeerlijk zijn, blijkt ook uit de strikte opbouw van boeken als *Doctor Copernicus* en *Kepler*, waarbij vooral *Kepler* het verst gaat in dit vormgeven van de werkelijkheid. Enkele voorbeelden: de roman bestaat uit vijf delen, naar de vijf wetenschappelijke werken van Kepler zelf; elk deel heeft een chronologische structuur die de ellipsvorm van de planeten (ontdekt door Kepler) simuleert; het aantal hoofstukken per deel komt overeen met het aantal zijden van enkele geometrische figuren, elk hoofdstuk binnen één deel is van gelijke lengte, de eerste letters van elk hoofdstuk vormen samen de namen van belangrijke wetenschappers, enzovoort. Natuurlijk hoef je als lezer deze trucs niet te herkennen om de roman te smaken (Banville verwerkt wel enkele hinten in de roman zelf), maar ze zijn wel een indicatie van het belang dat Banville aan vorm hecht en de manier waarop hij die vorm steeds opnieuw onder de aandacht wil brengen. *Kepler* wordt zo immers nadrukkelijk een venster op de wereld dat niet verward mag worden met de wereld zelf. Hoewel dergelijke vormexperimenten minder vaak voorkomen in Banvilles latere romans, waar het 'simpele' vertellen meer op de voorgrond treedt, blijft er van zijn werk een grote vormelijke kracht uitgaan. Banville schept duidelijk plezier in de materiële schoonheid van de taal: de mooie zin, de pakkende frase, het juiste woord. Zijn romans worden, ook door critici, steevast geprezen om hun poëtische kracht en om de ernst waarmee Banville zijn verhalen tot kunst wil verheffen.

Portret van de ander

Als de wetenschapstetralogie dus evengoed de kunsttetralogie kan heten, dan kan voor de kunsttrilogie die hierop volgt, misschien de naam ethiektrilogie worden weggelegd. Hoewel de plot van de drie romans in kwestie – *The Book of Evidence* (1989), *Ghosts* (1993), *Athena* (1995) – rond schilderijen draait, worden esthetische idealen en theorieën als zodanig veel minder ter discussie gesteld. Niet de verhouding van de mens tot zijn wereld, zoals die bemiddeld wordt in kunst en wetenschap, is belangrijk, maar de verhouding tussen de mens en zijn naaste, tussen het ik en de ander. *The Book of Evidence*, dat op de shortlist van de prestigieuze Booker Prize stond en de Guinness Peat Aviation Award won, begint dan ook meteen met een moord. De moordenaar in kwestie, Freddie Montgomery, is in geldnood geraakt op een Zuiders eiland en keert terug naar Ierland om zijn erfenis te claimen. Wanneer blijkt dat zijn moeder die erfenis – een aantal schilderijen – verkocht heeft aan een naburige kunstkenner, trekt Freddie naar diens landhuis, waar hij diep geraakt wordt door een zeventiende-eeuws portret van een vrouw. Hij probeert het portret te stelen en wordt op heterdaad betrapt door de meid van het huis. In een vlaag van woede neemt hij haar mee naar zijn auto en wanneer ze protesteert slaat hij met een hamer haar hoofd in. Freddie zoekt vervolgens zijn toevlucht in het huis van een vriend, maar wordt dan, tot zijn eigen opluchting, gevangen genomen. Vanuit de gevangenis schrijft hij dan zijn "boek der getuigenis" waarin hij zelf probeert het 'waarom' van zijn gruweldaad te achterhalen. In lange flashbacks en uitgebreide beschouwingen, die uiteindelijk belangrijker zijn in *The Book of Evidence* dan de summier beschreven feiten zelf, oppert hij verschillende verklaringen. De moord zou te wijten zijn aan zijn onbewuste, opgekropte driften, die hij meteen op zijn fictief alter ego Bunter projecteert; het zou een poging geweest zijn om Nietzcheaanse vorm van vrijheid te bereiken; of het zou louter de absurde wetmatigheid van het lot zijn geweest. Uiteindelijk komt hij echter tot de volgende beslissende interpretatie:

> Dit is de ergste, de meest essentiële zonde, denk ik, diegene waarvoor er geen vergeving bestaat: dat ik haar nooit voldoende tot zijn verbeeldde, dat ik haar niet tot leven bracht. Ja, dat gebrek aan verbeelding is mijn echte misdaad, die de andere mogelijk maakte. Wat ik de politieagent vertelde is waar – ik vermoordde haar omdat ik haar kon vermoorden, en ik kon haar vermoorden omdat ze voor mij niet echt leefde. (*The Book of Evidence*, p. 215)

Met deze wijze les lijkt *The Book of Evidence* niet alleen aan te sluiten bij het pleidooi voor de creatieve verbeelding die de wetenschapstetralogie kenmerkte, maar ook bij de gekende moraalfilosofische opvatting als zou de verbeelding ons helpen andere mensen te begrijpen en dus ethisch te handelen. Maar nog eens, in Banville is niets eenvoudig en een nauwkeurige lezing van de romans trekt deze les al snel in twijfel.

In *The Book of Evidence* staat Freddies verbeeldingsloze houding tegenover de meid in schril contrast met zijn verbeeldingsvolle confrontatie met het schilderij. Hij wordt op uitzonderlijke wijze getroffen door dit kunstwerk en verzint meteen, bladzijden lang, een leven voor de vrouw die afgebeeld staat. Niets garandeert echter dat hij op die manier ook echt het verhaal van de vrouw vertelt en inderdaad, al gauw blijkt dat hij enkel zijn eigen gevoelens en opinies op haar projecteert. Dit blijkt overigens ook uit zijn houding tegenover andere personen uit zijn omgeving: hij denkt hen te kennen, omhult hen met artistieke beeldspraak en luistert nauwelijks naar hun verhaal. De verbeelding is in dit opzicht niet zozeer creatief als destructief; ze is een handige manier waarop de wereld en anderen gecontroleerd kunnen worden door de categorieën van het subject. En het is dan ook precies wanneer de meid niet handelt volgens Freddies artistieke wetmatigheden en losbreekt uit de stereotiepen waarmee hij haar verbeeldt, dat ze een reëel gevaar vormt waarop hij met geweld reageert. Veeleer dan een lofzang op de verbeelding, bevat *The Book of Evidence* dus een waarschuwing voor de destructieve kanten van de verbeelding en haar pogingen om het andere en het vreemde te reduceren tot het bekende, tot het ik.

In *Ghosts* en *Athena* is opnieuw Freddie aan het woord. In *Ghosts* beschrijft hij zijn lotgevallen op een eiland waar hij na een gevangenisstraf van tien jaar verblijft om te werken aan een biografie van de fictionele schilder Vaublin. In dit postmoderne spookverhaal worden kunst en werkelijkheid op een dusdanige manier verweven dat de lezer zelf de draad verliest en samen met Freddie moet besluiten dat het menselijk ras misschien niets anders is dan schaduwfiguren: producten van de verbeelding van een onbetrouwbare God. In *Athena* tenslotte, raakt Freddie zonder het echt te beseffen verwikkeld in een schilderijendiefstal waarbij allerlei groteske figuren in een duister en regenachtig Dublin de revue passeren. Hij heeft ook een passionele relatie met een meisje dat even plots verdwijnt als ze was opgedoken, zodat de lezer zich ook hier weer vertwijfeld afvraagt: bestaat ze *echt*? Leiddraad in beide boeken is Freddies missie om, bij wijze van boetedoening voor zijn misdaad, een vrouw tot leven te wekken. Zijn hulpmiddelen zijn slechts pen en verbeelding. En na herhaalde mislukkingen komt Freddie tot het paradoxale besef dat hij een vrouw maar echt tot leven kan brengen als hij stopt met verbeelden, stopt met schrijven. Met een verwijzing naar de mythologische geboorte van Athena, besluit Freddie *Athena* dan ook met: "en dan is er die andere, die uit mijn hoofd stapt en zich op zonovergoten voetpaden weghaast om ik weet niet wat te doen. Te leven. Als ik het leven kan noemen; en dat zal ik" (*Athena*, p. 233).

Masker en ikken

Na de epistemologisch en esthetische vraagstelling van de wetenschapstetralogie en de ethische problematiek van de kunsttrilogie, lijkt

Banvilles interesse zich in zijn laatste romans – *The Untouchable* (1997), *Eclipse* (1999) en *Shroud* (2002) – opnieuw te verleggen, en wel naar de lotgevallen van het ik. Omdat in veruit de meeste van Banvilles romans (*Doctor Copernicus* en *Kepler* vormen de uitzondering op de regel) een ik-verteller aan het woord is, komt de schrijvende zoektocht naar de waarheid van het ik natuurlijk in heel zijn oeuvre aan bod. De schrijvers-vertellers proberen in en door hun verhaal de ware toedracht van hun verleden en de essentie van hun mens-zijn te achterhalen. Dat ook die zoektocht een schier onmogelijke opdracht is wordt in de meeste boeken bovendien uitgebeeld door de figuur van de dubbelganger of het alter ego dat de hoofdpersonages achtervolgt. Andreas in *Doctor Copernicus*, Bunter in *The Book of Evidence*, en Michael in *Birchwood* – het zijn allemaal figuren die de fundamentele gespletenheid van de vertellers moeten uitdrukken. In *Ghosts* wordt dan weer het beeld van de geest gebruikt om Freddie's gevoel van onwerkelijkheid, van gewichtloosheid, van afwezigheid weer te geven. En in *Eclipse* is het de spookachtige verschijning van een moeder en haar kind die de verteller zijn greep op de werkelijkheid doet verliezen. Met *The Untouchable* echter, maakt Banville deze zoektocht naar het ware of echte ik ook echt tot het thema van de roman.

In zeker opzicht keert *The Untouchable* terug naar de historische romans *Doctor Copernicus* en *Kepler*. De roman is immers een fictionele herschrijving van het leven van Sir Anthony Blunt, Engels gentleman, kunsthistoricus en directeur van het Londense Courtauld Instituut, die in 1979 werd ontmaskerd als Russische spion. Victor Maskell, fictionele tegenhanger van Blunt, besluit na zijn ontmaskering om het echte verhaal van zijn leven uit de doeken te doen. Meteen wil hij de motivatie achter zijn autobiografisch schrijven ook uitklaren:

> Ben ik er net als Querell op uit oude rekeningen te vereffenen? Of is het misschien mijn bedoeling hier mijn daden te rechtvaardigen, verzachtende omstandigheden aan te voeren? Ik hoop van niet. Anderzijds heb ik ook niet de wens nog weer een nieuw gepolijst masker voor mezelf te vormen... Na een ogenblik peinzen besef ik dat de metafoor duidelijk is: toeschrijving, controle, herstel. Laag na laag zal ik het vuil wegkrabben – het toffee-kleurige vernis en de vastgekoekte laag roet, de resten van een levenlang huichelen – totdat ik de kern bereik en weet wat die waard is. Mijn ziel. Mijn ik. (*De Onaanraakbare,* p. 11)

Conform de regels van de autobiografie wil Maskell in zijn schrijven zijn ware ik blootleggen, ontdaan van de ontelbare maskers die hij in de loop van zijn leven heeft opgezet. En dat zijn er inderdaad nogal wat. Want aan de bestaande dubbelrollen van Blunt – officier in het Britse leger, huisvriend van de Britse koning, biograaf van Poussin, spion voor de Russen, en Marxist – voegt Banville er nog een paar toe. Maskell is ook een protestante Ier die in Londen een nieuw leven als Engels gentleman begint. Hij is getrouwde huisvader die tijdens één van de ergste nachten van de Blitz zijn homoseksuele geaardheid ontdekt. Hij is een Romantische cynicus en een elitaire marxist. Gaandeweg wordt duidelijk dat Maskell die rollen aannam om zijn gebrekkig zelfbeeld op te krikken. Door overtuigend genoeg te doen alsof hoopte hij uiteindelijk zelf meer gewicht, ernst en identiteit te verwerven. Maar al die rollen hebben natuurlijk het omgekeerde effect:

> Mijn leven was een soort hectische komedie geworden waarin ik alle rollen speelde. Dat had ik wellicht gemakkelijker kunnen verdragen als me vergund was geweest mijn netelige situatie in een tragisch, of althans ernstig licht te zien, als ik Hamlet had kunnen zijn, door verscheurde rouw gedreven tot kunstgrepen, vermommingen en geveinsde krankzinnigheid; maar nee, ik leek eerder een van de clowns die de coulissen in- en uitrent om snel en wanhopig van kostuum te wisselen en het ene masker alleen maar opzet om direct weer af te rukken en te vervangen door een ander, terwijl intussen achter het voetlicht het imaginaire publiek uit mijn ergste fantasieën zich gruwelijk vergenoegd zit te verkneukelen. (p. 317)

Dit is de paradox van Maskells dilemma: hij probeert zijn gevoelens van inauthenticiteit en gespletenheid te verbergen door maskers en rollen aan te nemen die uiteindelijk deze inauthenticiteit versterken eerder dan genezen. Zodat Maskell zich uiteindelijk vertwijfeld afvraagt: "Ben ikzelf eigenlijk wel echt? Of heb ik de boel zo lang opgelicht dat ik mijn ware ik verspeeld heb?". Bovendien lijkt zijn autobiografie de situatie nog te verergeren. In plaats van zijn ware ik bloot te leggen, genereert zijn schrijven slechts nieuwe zelfbeelden en nieuwe maskers. Toch is Maskell aan het eind van zijn verhaal verbazend gelaten. Hij lijkt te beseffen dat zijn ware ik precies gespleten is, dat "alles wat ik ben in feite één geheel vormt, één geheel, en toch opgedeeld in ontelbare ikken" (p. 38). Hij geeft zijn memoires aan een zekere Miss Vandeleur – de archetypische andere in de tekst – en besluit: "ik zal haar laten beslissen wat ermee moet gebeuren" (p. 405).

Net als *Birchwood*, *Doctor Copernicus*, *Kepler* en *Athena* (om slechts enkele voorbeelden te noemen), eindigt *The Untouchable* dus met een gebaar van aanvaarding. De verteller schort zijn onmogelijke zoektocht naar de waarheid op en besluit genoegen te nemen met de chaotische rijkdom van het alledaagse. En toch blijkt ook deze houding telkens onmogelijk. Want in het volgende boek, soms zelfs in de volgende zin, staat er weer een nieuwe zoektocht op het spel, zet een verteller weer alles op alles om het beperkte en groteske aardse leven te overstijgen. Banvilles boeken verbeelden zo op verschillende vlakken de fundamentele gespletenheid van de mens in lichaam en geest, waarnaar Plato ooit al verwees met zijn beeld van de mens als een tweespan dat door het ene paard naar boven en het andere paard naar omlaag wordt getrokken. Dat de zoektocht van het bovenste paard origineel, aantrekkelijk, en zelfs heroïsch is blijkt overduidelijk uit de bewondering voor eigenzinnige creativiteit die uit elk van Banvilles romans spreekt. Maar dat ze ook beperkend, gevaarlijk en destructief kan zijn, vertellen de gevolgen ervan voor de wereld, de anderen, en het ik – die telkens dreigen te verdwijnen. De ruk omlaag die in Banvilles boeken steeds weer voorkomt is dan ook de noodzakelijke confrontatie met de aardse beperktheid en menselijke eindigheid, van waaruit elke opwaartse vlucht weer opnieuw moet beginnen.

BEKNOPTE BIBLIOGRAFIE

Primaire literatuur

Long Lankin, London: Secker & Warburg, 1970.

Nightspawn, London: Secker & Warburg, 1971.

Birchwood, London: Secker & Warburg, 1973.

Doctor Copernicus, London: Secker & Warburg, 1976.

Kepler, London: Secker & Warburg, 1981.

The Newton Letter, London: Secker & Warburg, 1983.

Omwentelingen: Doctor Copernicus, Kepler, Newtons brief, vert. Rob van der Veer en Peter Nijmeijer, Amsterdam: Meulenhoff, 2001.

Mefisto, London: Secker & Warburg, 1985.

The Book of Evidence, London: Secker & Warburg, 1989. (*Het boek der getuigenis*, vert. José Rijnaarts, Amsterdam: Meulenhoff, 1990.)

Ghosts, London: Secker & Warburg, 1993.

Athena, London: Secker & Warburg, 1995.

The Untouchable, London: Picador, 1997. (*De Onaanraakbare*, vert. Jan-Pieter van der Sterre, Amsterdam: Atlas, 1998.)

Eclipse, London: Picador, 2000. (*Eclips*, vert. Jan-Pieter van der Sterre, Amsterdam: Atlas, 2001.)

Shroud, London: Picador, 2002.

Secundaire literatuur

D'HOKER, Elke. "A Portrait of the Other as a Woman with Gloves: Ethical Perspectives in John Banville's *The Book of Evidence*", *Critique* 44,1 (2002), pp. 23-38.

—. "Books of Revelation: Epiphany in John Banville's Science Tetralogy and *Birchwood*", *Irish University Review* 30,1 (2000), pp. 32-50.

HAND, Derek. *John Banville: Exploring Fiction*, Dublin: Liffey Press, 2002.

IMHOF, Rüdiger. *John Banville: A Critical Introduction*, Dublin: Wolfhound Press, 1998.

—. "My Readers, That Small Band, Deserve a Rest: Interview with John Banville", *Irish University Review* 11,1 (1981), pp. 5-12.

JACKSON, Joe. "The Hot Press Interview with John Banville", *Hot Press* 8 Nov. 2000, pp. 58-61, 68.

JACKSON, Tony. "Science, Art and the Shipwreck of Knowledge", *Contemporary Literature* 38,8 (1997), pp. 510-33.

LERNOUT, Geert. "Banville, Kepler en de geschiedenis", in: Paul Pelckmans (red.), *De nieuwe historische roman: een terreinverkenning*, Leuven: Acco, 1988, pp. 123-33.

McMINN, Joseph. *The Supreme Fictions of John Banville*, Manchester: Manchester UP, 1999.

SCHWALL, Hedwig. "An Interview with John Banville", *The European English Messenger* 4,1, pp. 14-19.

WORTHINGTON, Kim. "A Deviant Narrative: John Banville's *The Book of Evidence*", in: *Self as Narrative: Subjectivity and Community in Contemporary Fiction*, Oxford: Clarendon Press, 1996, pp. 187-235.

JULIAN BARNES
(1946-)

Martine DE CLERCQ

BARNES ALS FRANCOFIEL

In april 2002 kwam Julian Barnes op uitnodiging van "Het Groot Beschrijf" zijn recentste werk voorstellen: *In the Land of Pain*, een vertaling van *La Doulou* van Alphonse Daudet waarin diens gevecht tegen syfilis op een uiterst lucide manier wordt beschreven. Eens te meer geeft Julian Barnes dus zijn voorliefde voor Frankrijk en Franse auteurs te kennen. Dit bleek reeds duidelijk uit zijn derde roman, *Flaubert's Parrot* (1984), waarmee Barnes ook definitief een plaats verwierf in het Engelse literaire landschap. Voor dit werk werd hij genomineerd voor de prestigieuze "Booker Prize" en kreeg hij de "Prix Médicis" in 1986. Zijn liefde voor Frankrijk komt ook expliciet tot uiting in *Cross Channel* (1996) en in *Something to Declare* (2002), dat reeds in 2001 in het Nederlands verscheen. Deze liefde voor Frankrijk werd Barnes, geboren in Leicester in 1946, ingegeven door zijn ouders, beiden francofiele leraars Frans. Frankrijk is zijn "ander land"; haar geschiedenis en landschap voeden zijn verbeelding. De Engelsen vinden hem daardoor vaak te continentaal, te intellectualistisch, te Frans. De Fransen daarentegen vertellen hem dat hij toch zo Brits is met zijn speciale zin voor humor, maar ze tonen ook hun appreciatie voor zijn werk door hem te huldigen met de titel van "Officier de L'Ordre des Arts et des Lettres" en met een lintje van officier in het "Légion d"Honneur".

Barnes' "French Connection" is echter slechts één aspect van zijn oeuvre, dat bestaat uit een twaalftal romans en verhalenbundels, heel wat journalistieke bijdragen en verschillende artikels in gerenommeerde tijdschriften. Zijn liefde voor taal is wel een constante in zijn leven. Na zijn studies aan het Magdalen College in Oxford waar hij in 1968 cum laude afstudeerde, werkte hij als lexicograaf voor de *Oxford English Dictionary*. Vanaf 1972 spendeerde hij zijn tijd met het schrijven en uitgeven van artikels voor *The New Statesman*, *The Observer*, *The New Review* en *The London Sunday Times*. Van 1990 tot 1995 schreef hij "Letter from London" voor *The New Yorker*, een tijdschrift waarvoor hij nadien nog talrijke artikels leverde. Barnes' eerste roman, *Metroland*, verscheen in 1980 en leverde hem prompt de "Somerset Award" op. Zijn tweede roman, *Before She Met Me*, werd twee jaar later gepubliceerd. Tussendoor schreef Barnes ook enkele detective romans onder zijn pseudoniem, Dan Kavanagh, een naam die hij ontleent aan die van zijn vrouw, Pat Kavanagh, een literaire agent. In de eerste roman, *Duffy* (1980), verkent een biseksuele ex-politieofficier de slonzige onderwereld van Soho, en in *Fiddle City* (1981), onderzoekt Duffy verdachte praktijken op de luchthaven, Heathrow. In 1985 verschijnt *Putting the Boot In*, waarin Duffy de troebele wereld van het derde divisie voetbal in Engeland onderzoekt, terwijl hij geconfronteerd wordt met AIDS. In de vierde en laatste krimi, *Going to the Dogs* (1987) analyseert hij de mysterieuze moord in een plattelandsdomein. In 1986 verschijnt *Staring at the Sun* en die roman wordt in 1989 gevolgd door het alom bekende *A History of the World in 10 ½ Chapters*, een soort historische roman. Wat later verschijnt *Talking It Over*, een roman over een driehoeksverhouding, en in 1992 de politieke roman, *The Porcupine*. In 1995 verschijnen Barnes' verzamelde *Letters from London 1990-1995* en in 1998 publiceert hij de satirische roman, *England, England*. In 2000 krijgen we met de meer psychologische roman *Love, etc.* een vervolg op *Talking It Over*.

Uit deze summiere en approximatieve typering van de verschillende werken blijkt hoe gevarieerd het werk van Barnes wel is. Hoe kunnen we het in het algemeen definiëren? Kunnen we zijn werk in bepaalde categorieën onderbrengen? Is het eclectische karakter ervan zijn handelsmerk? Kan hij misschien daarom als een postmodern auteur gekarakteriseerd worden? Barnes zelf zou wellicht ironisch opmerken dat het begrip "postmodern" veel te algemeen, niet langer "up-to-date", en helemaal niet zoveel zeggend is. Hij geeft veeleer toe dat hij graag experimenteert. Voor Barnes is de roman een flexibele en vernieuwbare vorm. Hij houdt er niet van om gevangen te zitten in een vaste structuur, en probeert telkens iets anders te schrijven, wat hem tot een veelzijdig auteur maakt. Zo mengt hij graag verschillende genres door elkaar, en spoort de lezer aan het ludieke spel mee te spelen in een poging tot een zekere interpretatie te komen. Hierdoor wordt zijn proza vaak getypeerd als "metafictie". In zijn zelfbewuste romans staat niet alleen de rol van de verbeelding centraal, maar ook de vraag naar de (on)mogelijkheid om de werkelijkheid – geschiedenis, verleden, biografie – weer te geven in taal. Zijn schrijven vormt zodoende een permanente reflectie over het proces van het schrijven zelf en hij wordt dan ook gesitueerd in de zelfreflexieve romantraditie die met Laurence Sterne gestalte kreeg. Voor Barnes is de schrijver een "truthful liar". Fictie moet de "waarheid" vertellen, maar dit gebeurt niet door het louter opsommen van feiten. Integendeel, precies bij het lezen van de grote en mooie leugenaars van de fictie voel je dat het in het leven precies daarom gaat. Dat is de waarheid, hoewel helemaal verzonnen. Over welke waarheid heeft hij het? Hoe komt deze paradox in zijn werk tot uiting? Het zijn vragen waarop dit essay een antwoord zal trachten te geven.

De echte opgezette papegaai

Zeker is dat Barnes behoort tot de generatie schrijvers van de jaren tachtig, waarin hij met *Metroland* verschijnt en met *Flaubert's Parrot* doorbreekt. Vooral de laatstgenoemde roman is baanbrekend en grensverleggend en vestigt meteen Barnes' Europese literaire reputatie. In *Metroland,* een roman met picareske en Bildungsachtige trekken, bouwt Barnes verder op zijn persoonlijke ervaring van het leven in de buitenwijken of voorsteden van Londen, dat hij vergelijkt met het leven in Parijs in de "sixties". De roman vertelt drie episodes uit het leven van de verteller Christopher Lloyd. In de eerste periode, het begin van de jaren zestig, de periode van de "angry young men" discussieert hij samen met zijn vriend Toni, afkomstig uit Noordwest Londen, over kunst, seks, liefde en dood. Beide mannen rebelleren en willen zich onttrekken aan hun kleinburgerlijk "metro, boulot, dodo" bestaan en dromen van jazz clubs en boulevards in Parijs. In de tweede periode, rond 1968 – "de stoute jaren", "Quartier latin" – krijgt Christopher de kans om in Parijs te gaan studeren. Hij geniet er met volle teugen, samen met de vrijgevochten Française, Annick. De derde periode speelt zich ongeveer tien jaar later af. Christopher is gelukkig getrouwd met Marion en leidt een tevreden burgermansbestaan in Londen. Hij wordt echter achterna gezeten door Toni, die de wereld heeft verkend maar zich nog niet heeft gesetteld en bezeten is door de Punk en de vrijheid van de "seventies". Slagzin uit deze roman is: "Metroland isn't place. It's a state of mind": Metroland is geen plaats, het is een geestes- of gemoedstoestand!

Bij *Flaubert's Parrot* wordt het al ingewikkelder om een samenvatting te geven van het verhaal of van de verhaaldraden. Uit de titel kunnen we al opmaken dat het werk over Flaubert gaat. Het is het verhaal van de vierenzestigjarige arts, G. Braithwaite die op zoek is naar verschillende gedachtenissen van Flaubert, maar vooral naar de opgezette papegaai die Flaubert leende van het "Hôtel-Dieu" in Rouen bij het schrijven van *Un coeur simple*, de roman waarin Félicité zich gaat hechten aan de papegaai "Loulou". Naast het "Hôtel-Dieu", beschikt echter ook het Flaubert museum van Croisset over zo'n opgezette papegaai. De vraag die Braithwaite bezighoudt is dus welke opgezette papegaai eigenlijk de authentieke is. In het hoofdstuk "Chronologie" krijgen we drie verschillende biografische schetsen van Flaubert. Daar waar het eerste deel de positieve feiten van Flauberts leven weergeeft, behandelt het tweede deel vooral de pijnlijk of negatieve elementen uit zijn leven. In het derde deel worden hoofdzakelijk de uitspraken van de auteur vermeld.

Een ander hoofdstuk van *Flaubert's Parrot* geeft een soort omschrijving van het genre van de biografie:

> Maar zonder de logica al te veel geweld aan te doen kun je het beeld omdraaien en een net definiëren zoals een humoristische lexicograaf dat eens heeft gedaan: hij noemde het een verzameling gaten met touw eromheen.
>
> Met een biografie kun je hetzelfde doen. (*Fauberts papegaai*, p. 45)

In dit hoofdstuk vernemen we dat we de brieven van Juliet Herbert, de gouvernante van Flauberts nichtje, nooit zullen kunnen lezen omdat Ed Winterton, die de brieven vond, ze ook heeft verbrand. In het hoofdstuk met als titel "Flaubert bestiarium" krijgen we een inzicht in Flauberts relatie met dieren, vooral met beren en honden. In het hoofdstuk "Klik" wordt de afkeer voor toevalligheden uitgedrukt. In "De ogen van Emma Bovary" worden critici op de korrel genomen en in "Het Kanaal over" wordt de volgende hamvraag gesteld:

> Hoe grijpen we het verleden? Hoe grijpen we het buitenlands verleden? We lezen, we vragen, we zijn nederig; en dan verandert alles door een terloops detail. (pp. 115-16)
> Het verleden is een verre kustlijn die uit zicht verdwijnt en wij zitten met ons allen op dezelfde schuit. Bij de achterreling staat een rij telescopen; die brengen ieder de kust in beeld op een bepaalde afstand. Wanneer de boot stilligt zal een van de telescopen constant in gebruik zijn; dan lijkt alsof die de hele, de onveranderlijke waarheid vertelt. Maar dat is een illusie ...En wanneer de mist optrekt verbeelden we ons dat we dat helemaal zelf hebben laten gebeuren. (p. 131)

In de volgende hoofdstukken wordt ons achtereenvolgens iets verteld over Flauberts relatie met treinen, over de Flaubert aprocriefen (autobiografie, vertalingen, romans), over de zaak Flaubert, over Louise Colets versie, over Braitwaites "Woordenboek van conventionele ideeën", enzovoort. Het dertiende hoofdstuk, "Zuiver verhaal", vertelt over Braithwaites zoektocht naar de redenen die zijn vrouw Ellen ertoe bewogen hebben om, net als Madame Bovary zelfmoord te plegen. Hoewel dit het meest fictionele hoofdstuk van *Flaubert's Parrot* is, nodigt het ons uit om na te denken over enkele fundamentele aspecten van het leven:

> Ellen. Mijn vrouw: iemand die ik voor mijn gevoel minder goed begrijp dan een buitenlandse schrijver die al honderd jaar dood is. Is dat een afwijking of is dat normaal? Boeken zeggen: ze heeft het gedaan omdat. Het leven zegt: ze heeft het gedaan. In boeken krijg je dingen uitgelegd, in het leven gebeurt dat niet. (p. 222)

In het voorlaatste hoofdstuk, "Examenopvragen", speelt Julian Barnes nog een spelletje met de lezer over de relatie tussen "Kunst en Leven", om uiteindelijk in het vijftiende en laatste hoofdstuk terug te gaan naar "de papegaai" en te besluiten dat na een zoektocht van bijna twee jaar nog steeds niet geweten is welke nu de echte opgezette papegaai is. Kortom, in deze gelaagde roman mengt Barnes fictie met feiten, weeft hij een biografie rond het verhaal van een eenzame man, en speelt hij met verschillende vormen van intertekstualiteit. Hij verwijst uiteraard naar de werken van Flaubert, maar ook naar andere schrijvers en eveneens naar zijn eigen werk. *Flaubert's Parrot* is tevens een bevraging naar de mogelijkheid om een biografie te kunnen schrijven. Barnes stelt pregnante vragen over de complexe relatie tussen het leven en de perceptie ervan: Wat is interpretatie? Hoe verhouden fictie en realiteit zich tot elkaar? Is de weergave van de werkelijkheid niet altijd een verhaal op zich?

Obsessies van een andere aard vinden we in de roman *Before she met me* dat handelt over jaloezie in een typisch "middle-class" huwelijk. Het hoofdpersonage, de saaie geschiedenisdocent, Graham Hendrick, wordt ziekelijk jaloers op de mannen die zijn vrouw gekend heeft voor ze hem ontmoette. Zijn jaloezie wordt opgewekt wanneer hij zijn vrouw Ann een bijrol ziet spelen in een derderangs film en nadien verneemt dat zij ooit iets met haar tegenspeler heeft gehad. Hendrick kan zijn primitieve reacties niet controleren en de gevolgen zijn dan ook desastreus. Uit deze gegevens zouden we kunnen concluderen dat het om een tragedie gaat, maar de wijze waarop Barnes zijn "held" naar de ondergang begeleidt gebeurt in een opeenvolging van komische scènes met sarcastische observaties. Barnes relativeert de personages met zijn typische droge humor, wat aan dit tragikomisch boek een bijzondere kracht verleent.

De volgende roman *Staring at the Sun* begint met de eenvoudige zin: "This is what happened", "Dit gebeurde". Wat gebeurde is dan ook gemakkelijk na te vertellen. RAF-piloot, Tommy Prosser ziet op een juni ochtend in 1941 tweemaal de zon opkomen boven het Kanaal; nu eens op 18.000 voet, dan weer op 8.000 voet. Deze korte geschiedenis fungeert als een soort proloog in de roman. Daarna volgt in drie delen het levensverhaal van Jean Serjeant, een vooroorlogs plattelandsmeisje dat opgroeit met de indrukwekkende verhalen van Prosser en haar fantasierijke oom Leslie, maar trouwt met de banale Michael. Twintig jaar later verlaat ze hem, op het moment dat hun zoon Gregory geboren wordt, die ze vervolgens al reizend opvoedt. In deel drie keert de zestigjarige Gregory, vol levensvragen, naar zijn haast honderdjarige moeder terug. Hij probeert filosofische en metafysische vragen voor te leggen aan een centrale computer, maar zelfs de sectie DAW (De Absolute Waarheid) kan geen bevredigende antwoorden geven. Wanneer moeder en zoon samen in een vliegtuigje zitten, zien ze de zon tweemaal ondergaan. Met deze epiloog is de compositie rond.

Deze ogenschijnlijk realistische vertelling loopt tot in het jaar 2020. Maar Jean Serjeant doet zoveel onverwachte dingen en haar verhaal bevat zoveel ongerijmdheden, dat we de indruk krijgen dat de auteur de spot drijft met de realistische leesverwachtingen. Op de vraag wat de personages nu werkelijk in hun leven hebben meegemaakt krijgen we geen antwoord. Prosser probeert zijn bestaan zin te geven aan de hand van die dubbele zonsopgang; Gregory tracht dit te doen aan de hand van de grote levensvragen; en Jean Serjeant neemt uit haar jeugd een aantal woorden mee waar ze voortdurend op terugkomt op zoek naar het antwoord. Ze komt immers tot de vaststelling dat mensen en computers een vraag alleen als een "echte" vraag beschouwen, wanneer ze van tevoren het antwoord klaar hebben. De titel van de roman is in dit verband belangrijk: wanneer je staart naar de zon, zie je zo goed als niets en, zo suggereert Barnes, dat is precies ook zo met het leven. Of zoals Barnes het in het motto van *Staring at the Sun* formuleert, "Je vraagt: wat is het leven? Je kunt net zo goed vragen: wat is een peen? Een peen is een peen, meer weet niemand ervan". Net als in *Flaubert's Parrot* speelt Barnes hier een spel met fictie en werkelijkheid, een spel van kat en muis met belangrijke levensvragen als, Wat is feit, wat is constructie? of, Hoe ordenen we het (ons) leven?

Alternatieve geschiedenis

Konden we voor de voorgaande boeken nog een min of meer samenhangend verhaal vertellen, dan wordt dit onmogelijk voor *A History of the World in 10 ½ Chapters*. Het boek gaat over bekende thema's als liefde, geschiedenis, religie en de dood, maar de wijze waarop deze thema's in het verhaal vervlochten worden is eerder bijzonder. De roman bestaat uit een tiental vertellingen, waarin telkens een bepaalde episode uit de geschiedenis op een verrassende wijze verteld wordt. Elk hoofdstuk verschilt in toon, vorm en handeling, maar het zijn uiteindelijk allemaal variaties op bovengenoemde thema's. Zo wordt in het eerste verhaal, "De Verstekeling", het bijbelverhaal van de Ark van Noach verteld vanuit het standpunt van een houtworm, die als "illegale passagier" meereist. In deze versie is Noach een weinig sympathieke en vaak dronken godsdienstfanaat, die verantwoordelijk is voor het uitsterven van verschillende edele dieren. Dezelfde houtwormen vinden we overigens terug in het hoofdstuk "De godsdienstoorlogen", dat gebaseerd is op de historische middeleeuwse dierprocessen. Deze aardige diertjes hebben zich zo tegoed gedaan aan de troon van een bisschop, dat de poten afbraken, de bisschop viel, zijn hoofd stootte en zwakzinnig werd. De "bestioles" moeten in de ban. Het krankzinnige proces wordt op een zeer levendige en humoristische manier weergegeven. In minder humoristische hoofdstukken wordt verslag gedaan van een bootkaping door Arabische terroristen, van de pelgrimstocht van een Victoriaanse vrouw op zoek naar Noachs Ark op de berg Ararat, van een gelijkaardige expeditie van een Amerikaanse astronaut die haar resten vindt, van de reis van het Duitse schip "St. Louis" met Joodse vluchtelingen op weg naar Cuba. *A History of the World in 10 ½ Chapters* vertelt ook over de afbeelding van de geschiedenis van "Het vlot van Medusa" door Géricault, waarbij de verteller de pertinente vraag stelt:

> Hoe verander je een catastrofe in kunst?
> Tegenwoordig is dat een proces dat automatisch verloopt. Ontploft er ergens een kerncentrale? Binnen het jaar brengen we in Londen het toneelstuk op de planken. ... Natuurlijk is het nodig dat we hem begrijpen, deze catastrofe; en om hem te begrijpen, moeten we hem ons kunnen voorstellen, dus hebben we het werk van scheppende kunstenaars nodig. Maar we moeten hem ook verklaren en vergeven, hoe minimaal ook. Waarom is dit gebeurd, deze krankzinnige daad van de Natuur, dit moment van menselijke waanzin? Nou ja, het heeft in elk geval kunst opgeleverd. Misschien *zijn* catastrofes daar wel voor. (*Een geschiedenis*, p. 168)

In de oorspronkelijke versie luidt het nog veel krachtiger: "We have to understand it, of course, this catastrophe; to understand it, we have to imagine it, so we need the imaginative arts". Hoe leren we met catastrofes omgaan? Het is natuurlijk een vraag die na de "Twin Towers"-catastrofe bijzonder pertinent is. Barnes wijst in dit verband op het belang van de verbeeldingskracht die ons helpt ons in te leven in wat er werkelijk gebeurd is.

Naast de tien hoofdstukken van *A History* is er nog een half hoofdstuk, "Het intermezzo" – oorspronkelijk "Parenthesis" en wellicht juister vertaald als "Inlassing". Hier is niet langer de geschiedenis aan het woord, maar Julian Barnes zelf die zich vergelijkt met El Greco, die in het schilderij "Begrafenis van de Hertog van Orgaz", de toeschouwer doorheen een van de rouwdragers recht in de ogen kijkt met de boodschap: "Dit heb ik geschilderd. Ik ben verantwoordelijk en dus kijk ik jullie aan" (p. 296). Hier reflecteert Barnes over zijn rol als romanschrijver, hoe hij zich voelt als een kapitein op een haast stuurloos schip. Desalniettemin weet hij "de onstuimige winden en de eigenzinnige stromingen, van de ijsbergen en de onverwachte rifkorsten" te trotseren, en beslist: "Ik zal u iets over haar vertellen", hetgeen meteen een aanleiding is om een pleidooi te houden voor de liefde als antidotum tegen de geschiedenis die er zo somber uitziet:

> Geschiedenis is niet wat er gebeurd is. Geschiedenis is alleen maar wat historici ons vertellen... Alleen maar stemmen die nagalmen in het donker; beelden die een paar eeuwen opgloeien en dan verbleken; oude verhalen die elkaar soms lijken te overlappen; vreemde schakels, irrelevante verbanden. (p. 318)

Deze passus zou haast als een beschrijving kunnen dienen voor het hele boek: de afzonderlijke hoofdstukken verwijzen naar elkaar en geven een beeld van de geschiedenis als een trieste kroniek van onrecht, falen, wreedheid waaraan niemand kan ontsnappen, zelfs niet in het laatste hoofdstuk, "De droom", waarin de hemel een hel wordt. Het geheel zou er inderdaad somber uitzien, ware het niet dat de wijze waarop Barnes de verhalen uitbeeldt en aan elkaar snoert, ons doet glimlachen en inzien hoe we door zijn verhaal de geschiedenis en haar ellende kunnen relativeren, onder meer door te geloven in de liefde: "Als we dat niet doen, geven we ons alleen maar over aan de geschiedenis van de wereld en de waarheid van iemand anders." Dit hoofdstuk lijkt het meest kwetsbare van het hele boek te zijn, omdat Barnes zich voor een groot deel, zelfs letterlijk, blootlegt: "Ik voel de landkaart van haar lichaam naast me in het donker. Ik ga op mijn zij liggen, vorm een parallelle zigzag en wacht op de slaap" (pp. 324-25). Maar ook weer hier is er een heel speelse ondertoon, waardoor zelfs deze parenthese tussen haakjes geplaatst kan worden in een voortdurende deconstructie. Hier toont Barnes zich de ware opvolger van Sterne met zijn *Sentimental Journey* en Diderot met zijn *Jacques le Fataliste et son maître*: beiden schitterende vertegenwoordigers van wat we de antiroman kunnen noemen. Barnes' werk kan ook als een filosofische antiroman beschouwd worden, waarin elk verhaal een ander ondermijnt of er een nieuw creëert: "Fabuleren. Je behoudt een paar ware feiten en verzint er een nieuw verhaal eromheen" (p. 150).

De Engelsen en Engeland

Na deze originele roman lijkt *Talking It Over* een eerder traditioneel verhaal, waarin het motief van de liefde uitgewerkt wordt in een driehoeksverhouding, zij het met een vernuftige spiegelstructuur en een specifiek vertelperspectief. Voor elke episode krijgen we een wisselend relaas van elk van de drie hoofdpersonages en een paar nevenpersonages. Zij spreken de lezer direct aan in monologen en vertellen elk hun individuele ervaring. De perceptie van de dingen en feiten is telkens anders. De waarheid is meervoudig: het wordt een trioloog. Stuart, een 32-jarige nuchtere, niet al te briljante bankbediende trouwt met de eerder prozaïsche Gillian. Op de huwelijksdag constateert zijn vriend Oliver, een gecultiveerde mooiprater dat hij ook op Gillian verliefd is en gaat ten aanval. Gillian probeert haar huwelijk nog te redden, ondanks de cynische commentaren van haar Franse moeder, maar uiteindelijk komt er een scheiding, gevolgd door een huwelijk met Oliver. De seksuele wedijver draait uit op een zielig vertoon van begeerte, verraad en jaloezie. De suggestie van *A History of the World in 10 ½ Chapters* als zou de liefde onze enige kans op redding zijn, spat aan flarden. De liefde kan ondraaglijk en vernietigend zijn. De sarcastische en pessimistische aforismen van de personages versterken bovendien de soms akelig beklemmende sfeer.

Heel anders van toon is het volgende werk, *The Porcupine*, dat eerst in het Bulgaars verscheen. Dit boek is een historische en filosofische roman over de erfenis van het communisme, en kan zelfs gezien worden als een mengeling van fabel en gedramatiseerde documentaire. Twee protagonisten staan tegenover elkaar: de afgezette partijleider, Stoyo Petkanov, die voor de rechtbank wordt gedaagd, en de openbare aanklager, Peter Solinsky die hem in de rechtszaal moet aanpakken. De eerste verdedigt vurig de oprechtheid van zijn idealen, de tweede komt in opstand na zovele jaren ingehouden spanning en onderworpenheid. Het proces wordt op televisie vertoond, want de nieuwe machthebbers willen het volk ervan overtuigen dat zij een andere koers willen varen. Het volk bestaat uit Solinsky's sceptische vrouw en vier jongen mensen, aangevoerd door iemand die de symbolische naam draagt van Vera, de "ware" waarheid tegenover de "valse" *Waarheid*, de enige krant die Petkanov wil lezen. Petkanov is het "stekelvarken" uit de titel. Hij verdedigt zich door zich op te rollen. Wie hem aanvalt bezeert zichzelf. Petkanov wordt veroordeeld, maar Solinsky's handen zijn niet langer schoon; ze waren dat toch al niet volgens Barnes. Wanneer Solinsky Petkanov van persoonlijk winstbejag beschuldigt, onderbreekt deze laatste hem voor de televisiecamera's met een verhaal over zijn corrupt gedrag. Beklaagde en aanklager wisselen van rollen. Iedereen is schuldig.

In het volgende boek *Letters from London 1990-1995* bundelt Barnes de scherpe stukjes die hij als "buitenlands correspondent in eigen land" had geschreven voor *The New Yorker*. Thatcher mag het ontgelden want onder haar bewind is er definitief iets kapot gegaan, en ook de "Windsors" worden op de korrel genomen. Maar wat Barnes bezighoudt is de vraag hoe het komt dat de Britse cultuur zich in zovele verscheiden, elkaar uitsluitende beelden manifesteert. Hij ontleedt ook de relatie tussen mythe en gewoonheid en toetst deze aan de praktijk. Zo stelt hij de mythe als zou de kanaaltunnel hondsdolheid kunnen verspreiden tegenover het feit dat de TGV in Folkestone aan een boemeltempo moet rijden. Heftige kritiek heeft hij ook op de lakse houding van de Britse regering in de zaak Salman Rushdie.

In *Cross Channel*, een geheel van tien verhalen, laat Barnes negen maal Britten en éénmaal Ierse huurlingen in Frankrijk optreden. Zijn visie op het Franse landschap en de mensen is opnieuw prominent aanwezig: de hoofdstukken geven blijk van een grote kennis van de Franse geschiedenis, literatuur en cultuur, gaande van de "Tour de France", over wijn maken tot Parijse nightclubs. Maar hoe nadrukkelijk Frankrijk het decor ook is, de hoofdpersonen zijn op één uitzondering na, Britten. Zo schetst hij het verhaal van een cricketspelende generaal die aftakelt in een soort luxe gevangenschap onder Napoleon. Een andere keer gaat het over twee Victoriaanse, lesbische vrouwen die ca. 1890 een "château" bij Pauillac kopen en eigenzinnig aan wijnbouw doen. In een ander verhaal vertelt hij over een lexicografe die in haar vakanties in Noord Frankrijk doorbrengt in een grijze Morris met rode bekleding en daar oorlogskerkhoven bezoekt ter nagedachtenis van haar broer die gesneuveld is tijdens WO I. Veel ludieker is het relaas van een ikverteller over zijn oom Freddy die betrokken raakte bij de seksuele experimenten van de Franse surrealisten onder het leiderschap van André Breton. Aan de toog vertelt hij hoe hij een Engelse van een Française kan onderscheiden! Een verhaal over wielsport krijgen we in "Brambilla", waar een gedrogeerde wielrenner bij de dopingcontrole de urine van zijn vriendin inlevert. Het verdict luidt: “François, het goede nieuws is dat je schoon bent bevonden. Het slechte dat je zwanger bent” (*Cross Channel*, p. 159). Het laatste verhaal, dat gaat over de “tunnel” en zich afspeelt in 2015, neigt naar het autobiografische. We herkennen Barnes die het uitvoerig heeft over een “verzamelaar en een filteraar van herinneringen in de tunnel van de herinnering” (p. 210).

Met *England, England* mediteert Barnes, in navolging van Baudrillard, over wat er nog authentiek is in deze wereld. Uiteindelijk is alles door de mens gemaakt zodat de wereld nog slechts een nabootsing is van de echte wereld. De held van het verhaal is Sir Jack Pitman, die aardig wat trekjes heeft van een Maxwell of een Murdoch. Pitman wil een Walt Disney England verwezenlijken zodat de toerist op één dag de “White Cliffs of Dover”, de “Tower”, “Buckingham Palace”, Stonehenge, Stratford, Cambridge en andere bezienswaardigheden kan bezoeken. Hij besluit om op het eiland Wight alles bij elkaar te brengen. De locale overheden scheiden zich af van wat ze “Old England” noemen en Pitman wordt gouverneur van het nieuwe Engeland. De interessante plaatsen worden zorgvuldig nagemaakt en bevolkt met acteurs en dubbelgangers, wat Barnes een uitstekend decor verschaft om satirisch machtsspelletjes, leugens en cynisme in kaart te brengen. Pitman huurt Martha Cochrane in, maar zij neemt de macht over en Pitman mag nog slechts doen alsof hij gouverneur is. De kopie wordt langzaam werkelijkheid: acteurs beginnen werkelijk te smokkelen, Samuel Johnson spreekt nog uitsluitend in citaten, de bende van Robin Hood slaat toe – ze schieten met echte pijlen – en Martha verliest haar baan. Ze besluit om terug te keren naar het Oude Engeland, waar alles is gebleven zoals het was.

Na deze satire keert Barnes terug naar het thema van de liefde in *Love, etc.*, een nog meerstemmiger vervolg op de triloloog, *Talking It Over*. Opnieuw probeert Barnes de liefde te ontraadselen. De personages zijn ondertussen tien jaar ouder geworden. Stuart heeft in de Verenigde Staten een succesvol bedrijf opgebouwd, is hertrouwd, maar inmiddels weer gescheiden. De toneelstukken van Oliver zijn nooit geschreven, laat staan opgevoerd. Hij verbergt zijn ontgoochelingen achter een steeds holler klinkende woordenstroom. Gillian blijft de nuchtere, zorgende moeder voor haar twee kinderen. Stuart komt terug naar Engeland en wil Gillian en Oliver financieel steunen. Uiteindelijk blijkt zijn aanbod niet onbaatzuchtig, zo wil hij hen laten wonen in het huis waar hij ooit samen met Gillian woonde! Na zijn Amerikaans avontuur is Stuart namelijk tot de vaststelling gekomen dat hij tot de soort mensen behoort die slechts één persoon kunnen liefhebben en hij wil Gillian dan ook terug voor zich winnen. Oliver daarentegen verdeelt de mensheid in mensen bij wie alles om liefde draait, en anderen voor wie slechts de "rest" belangrijk is. Het drama van *Love, etc.* is eigenlijk dat elk van de drie personages opgesloten zit in een eigen wereld, dat elk slechts zijn beperkte visie heeft. Op het einde geeft het meest betrouwbare personage, Gillian, twee versies van de fei ten, waardoor zekerheden nog meer op de helling komen te staan.

Met *Something to Declare* zijn we weer beland bij Julian Barnes als francofiele schrijver. Hij schrijft vol liefde over François Truffaut, over zijn drie lievelingszangers, Boris Vian, Georges Brassens en Jacques Brel – over die laatste merkt hij trouwens op dat het merkwaardig is dat hij zo gloedvol kon zingen in een land dat zo koud, nat en vlak is. In het tweede deel gaat hij weer, als in een soort obsessie, dieper in op Gustave Flaubert, zijn grote held. Barnes volgt Flaubert inderdaad door heel zijn oeuvre. Zo beweerde Flaubert dat er geen idee is zonder vorm en geen vorm zonder idee en dit heeft Barnes op een merkwaardige manier in zijn werk gerealiseerd. Veel van zijn romans zijn ideeënromans, die gaan over herinnering, geschiedenis, liefde, en door sommigen als te cerebraal of te intellectualistisch bestempeld worden. Toch worden ze steeds in een specifieke vorm gegoten en zijn ze steevast doordrongen van een typische Britse humor. Het is vooral door en in zijn gepolijste taal – en ook hier weerklinkt Flauberts uitspraak, "Het echte schrijfwerk is het herschrijven" – dat Barnes op een ongeëvenaarde manier uitblinkt. Zijn waarheid ligt in de authenticiteit van de kunst die doorheen de barrières van ironie en metafictie te voorschijn komt.

Beknopte bibliografie

Primaire literatuur

Metroland, London: Jonathan Cape, 1980. (*Metroland*, vert. Else Hoog, Amsterdam: De Arbeiderspers, 1992.)

Before She Met Me, London: Jonathan Cape, 1982. (*Voor ze me kende*, vert. Else Hoog, Amsterdam: De Arbeiderspers, 1988.)

Flaubert's Parrot, London: Jonathan Cape, 1984. (*Flauberts papegaai*, vert. Else Hoog, Amsterdam: De Arbeiderspers, 1985; gebruikte versie, Amsterdam: Singel Pockets, 2000.)

Staring at the Sun, London: Jonathan Cape, 1986. (*In de zon kijken*, vert. Tinke Davids, Amsterdam: De Arbeiderspers, 1986.)

A History of the World In 10 ½ Chapters, London: Jonathan Cape, 1989. (*Een geschiedenis van de wereld in 10 ½ hoofdstuk*, vert. Else Hoog, Amsterdam: De Arbeiderspers, 1991; gebruikte versie, Amsterdam: Singel Pocket, 1999.)

Talking It Over, London: Jonathan Cape, 1991. (*Trioloog*, vert. Bartho Kriek, Amsterdam: Atlas, 1993.)

The Porcupine, London: Jonathan Cape, 1992. (*Het stekelvarken*, vert. Frans van der Wiel, Amsterdam: Atlas, 1993.)

Letters from London 1990-1995, London: Picador, 1995. (*Brieven uit Londen*, vert. Ronald Cohen, Amsterdam: Atlas, 1996.)

Cross Channel, London: Jonathan Cape, 1996. (*Over het Kanaal*, vert. Ronald Cohen en Else Hoog, Amsterdam: Atlas, 1998.)

England, England, London: Jonathan Cape, 1998. (*Engeland, Engeland*, vert. Marijke Versluys, Amsterdam: Atlas, 1999.)

Love, etc., London: Jonathan Cape, 2000. (*Liefde, enz.*, vert. Marijke Versluys, Amsterdam: Atlas, 2001.)

Something to Declare, London: Jonathan Cape, 2002. (*Iets aan te geven? Berichten uit Frankrijk*, vert. Marijke Versluys en Babet Mossel, Amsterdam: Atlas, 2001.)

Secundaire literatuur

Guignery, Vanessa. *Julian Barnes. L'art du mélange*, Bordeaux: Presses Universitaires de Bordeaux, 2001.

——. "Palimpseste et pastiche génériques chez Julian Barnes", *Etudes Anglaises* 50, 1 (1997), pp. 40-52.

Moseley, Merrit. *Understanding Julian Barnes*, Columbia, South Carolina: University of South Carolina Press, 1997.

Sesto, Bruce. *Language, History, and Metanarrative in the Fiction of Julian Barnes*, Peter Lang, 2001.

http:// www.julianbarnes.com

BRUCE CHATWIN
(1940-1989)

Dirk VAN HULLE

Bruce Charles Chatwin werd geboren op 13 mei 1940. Dat hij in de eerste jaren van zijn leven voortdurend onderweg was, past perfect in het beeld dat van hem ook na zijn dood is blijven voortleven. Dat beeld heeft hij grotendeels zelf gecreëerd. In *The Songlines* bijvoorbeeld herinnert hij zich "de heerlijke thuisloosheid van mijn eerste vijf jaar." (*De gezongen aarde*, p. 444) Als oorlogskind reisde hij met zijn moeder heel Engeland af en verbleef hij bij vrienden en kenissen:

> Alle koortsachtige opwinding van de tijd deelde zich aan me mee: het sissen van stoom op een in mist gehuld station; het dubbele klu-unk van dichtslaande wagondeuren; het gedreun van vliegtuigen, de zoeklichten, de sirenes; het geluid van een mondharmonica op een perron vol slapende soldaten. (p. 445)

Zijn vader, Charles Leslie Chatwin, vervulde tijdens deze periode zijn militaire dienstplicht op een Britse mijnenveger. De lange wandelingen die Bruce maakte met zijn grootvader aan moederszijde, Sam Turnell, worden in de biografieën maar al te graag gezien als een voorafspiegeling van zijn latere leven als *Wanderer*.

Na een opleiding aan Marlborough College ging Chatwin in Londen wonen, waar hij in 1958 bij het veilinghuis Sotheby's begon te werken. Daar leerde hij zijn latere vrouw kennen, Elizabeth Chanler. Na een blitscarrière stond hij op z'n vijfentwintigste al aan het hoofd van de afdeling 'Impressionisten'. Maar zijn loopbaan bij Sotheby's kwam even snel ook weer tot een eind. Op een morgen werd Chatwin blind wakker. Later op de dag kon hij weliswaar door één oog weer zien, maar de arts raadde hem toch aan te stoppen met het onderzoeken van kunstwerken. In 1966 hield Chatwin het bij Sotheby's dus voor bekeken en vertrok hij naar Soedan. Door deze samenloop van omstandigheden besloot Chatwin zijn prioriteiten radicaal te verleggen. Kort na zijn terugkeer naar Engeland in 1966 ging hij archeologie studeren aan de universiteit van Edinburgh. Daar begon hij aan zijn boek "The Nomadic Alternative", dat nooit is voltooid. Zijn universitaire studies waren niet wat hij er aanvankelijk van verwacht had. Het academische establishment stond meer dan sceptisch tegenover zijn theorieën over het menselijke zwerversinstinct. Chatwin greep elke gelegenheid aan om te reizen. Tussen 1967 en 1969 reisde hij naar de toenmalige Sovjetunie, Tsjechoslovakije en Californië. De archeologie begon in zijn ogen steeds meer gelijkenissen te vertonen met het wereldje van de kunstveilingen. Ze legde zich bijna uitsluitend toe op de studie van voorwerpen, meestal objecten van sedentaire beschavingen. Ontgoocheld gaf hij er de brui aan.

Samen met Emma Bunker en Ann Farkas organiseerde hij in 1970 een tentoonstelling over nomadische kunst voor de Asia Society of New York. Hij publiceerde ook een paar artikelen in *Vogue* ("Gone to Timbuctoo" en "It's a Nomad Nomad Nomad NOMAD world") en *History Today* ("The Mechanics of Nomad Invasions"). Maar pas dankzij een aanbod van de *Sunday Times* begon hij werkelijk te schrijven. Omdat hij zo goed als blut was, ging hij in 1973 met plezier in op een voorstel van *Times*-redacteur Francis Wyndham om freelance voor de krant te schrijven. In stukken als "Surviving in Style", "Moscow's Unofficial Art", "One Million Years of Art", "Fatal Journey to Marseilles", "The Road to the Isles", "The Riddle of the Pampa" ontwikkelde Chatwin zijn bondige stijl die vaak met die van Ernest Hemingway wordt vergeleken. De stukken vertonen inhoudelijk een verschuiving van het kleine kunstwereldje naar de open vlaktes van weidsere oorden. Na twee jaar, toen Hunter Davies de nieuwe redacteur van het *Sunday Times* magazine werd, trok Chatwin er voorgoed op uit. Volgens zijn eigen autobiografische schets "Ik wou altijd al naar Patagonië (De geboorte van een schrijver)" zou hij de redactie simpelweg een telegram hebben gestuurd met het bericht: "Ben naar Patagonië." Het jaar daarop verscheen in *The Times Literary Supplement* een eerste impressie, "The Anarchists of Patagonia", en in 1977 publiceerde hij het volledige resultaat van zijn reis door het zuidelijke deel van Amerika onder de titel *In Patagonia*. Het sloeg meteen in. Chatwin kreeg er de Hawthornden Prize voor en de E. M. Forster Award of the American Academy of Arts and Letters.

In 1971 was hij al eens naar Dahomey gereisd, in 1978 ging hij er opnieuw naartoe. Het West-Afrikaanse land was intussen omgedoopt tot de Volksrepubliek Benin, na een marxistische coup. Chatwin werd verkeerdelijk verward met een huurling en twee dagen gevangengezet. Het doel van zijn reis was het verzamelen van materiaal voor een biografie van de Braziliaanse slavenhandelaar Francisco Felix de Souza, die in het begin van de negentiende eeuw het monopolie had op de verkoop van slaven uit Dahomey als arbeidskrachten voor de plantages en mijnen in Brazilië. Meteen nadat Chatwin weer was vrijgelaten reisde hij naar Rio de Janeiro om de Braziliaanse kant van het verhaal te onderzoeken. Het resultaat van dat biografische speurwerk was zijn tweede boek, *The Viceroy of Ouidah* (1980), dat in 1987 verfilmd werd door Werner Herzog onder de titel *Cobra Verde*.

Na vijftien jaar huwelijk vroeg Elizabeth om een scheiding en hun boerderij in Gloucestershire werd verkocht. Ook al was er niet veel meer dat hem thuishield – of wellicht precies daarom – keerde Chatwin in zijn derde boek terug naar de Britse eilanden. *On the Black Hill* (1982) gaat over de tweelingbroers Lewis en Benjamin Jones, die hun leven lang blijven wonen op de plaats in Wales waar ze zijn geboren. Het boek werd goed ontvangen en in Wales werd het zelfs een cult boek. Chatwin kreeg ook de James Tait Black Prize en de Whitbread Literary Award voor de beste eerste roman. Tot dat genre waren zijn eerste twee boeken blijkbaar niet gerekend, wat meteen het moeilijk te definiëren karakter van zijn werk aangeeft. De filmversie van Andrew Grieve bracht *On the Black Hill* vijf jaar later opnieuw in de belangstelling. In die tussentijd reisde Chatwin onder meer met Salman Rushdie naar Australië, waar hij de cultuur van de Aborigines bestudeerde. Zijn gezondheid ging echter snel achteruit en nadat hij te horen kreeg dat hij ongeneeslijk ziek was, werkte hij koortsachtig voort aan *The Songlines* (1987). Hij schreef zelfs nog een korte roman, *Utz* (1988), die de short list van de Booker Prize haalde. Naar het einde van zijn leven namen Bruce Chatwin en Elizabeth Chanler de draad weer op. Ze gingen in Zuid-Frankrijk wonen. Daar stierf Chatwin op 18 januari 1989. In hetzelfde jaar nog verscheen een postume verzameling essays, artikelen en interviews onder de titel *What Am I Doing Here*.

NOMADISCHE ALTERNATIEVEN

Chatwin wordt al te makkelijk als reisschrijver bestempeld. De kracht van zijn werk ligt precies in de manier waarop het afwijkt van traditionele reisliteratuur. In zijn rusteloos werk staat het nomadisme centraal. Chatwin vermijdt al te impressionistische beschrijvingen van een leven als toerist. Tijdens zijn reizen verzamelt hij verhalen die als zaden van de zandverbena jarenlang in de dorre bodem liggen te wachten om onder gunstige omstandigheden tot bloei te komen. Die omstandigheden creëerde Chatwin in zijn eerste boek door middel van een op het eerste gezicht heel open structuur. *In Patagonia* bestaat uit zevenennegentig korte secties die aaneengeregen worden door de route die Chatwin toevallig volgt. Toch zijn zijn omzwervingen niet doelloos. Het verhaal gaat wel degelijk ergens heen doordat Chatwin het voorstelt als een zoektocht. Geen graal, maar een grot is het voorwerp van zijn queeste, de grot waar een ver familielid, een zekere Charley Milward, jaren geleden een stukje dikke, leerachtige huid heeft gevonden. Met dit stukje, dat volgens zijn grootmoeder van een brontosaurus is geweest, begint de ik-verteller zijn verhaal. Hij wordt op school uitgelachen om zijn verhaal van het stukje huid, en de biologieleraar wijst erop dat brontosaurussen reptielen waren en dus geen haar maar een geschubd pantser hadden. Na de dood van de grootmoeder wordt het stukje huid weggesmeten. Het onding blijkt achteraf een stukje van een mylodon of reuzenluiaard te zijn geweest: “Deze versie was minder romantisch maar had de verdienste dat zij waar was” (*In Patagonië*, p. 8). Die zin typeert het werk van Chatwin, maar dat daarmee de zaak niet is gesloten, is zeker zo typisch. Het stukje huid is weggegooid, het kan niet meer gevonden worden, en toch gaat hij ernaar op zoek. De ontnuchtering van de waarheid omtrent het stukje huid weerhoudt hem er niet van hartstochtelijk te blijven speuren. Op het einde van het boek vindt Chatwin de grot waar de mylodon was gevonden. “Ik tastte in de gaten [...] op zoek naar nog een stukje huid. Ik vond niets” (p. 163). Maar hij vindt wel een hoop half versteende, leerachtige mylodondrollen, en daarin ontdekt hij een paar plukjes van het roodachtige haar “dat ik zo goed kende”: “Ik wrikte ze voorzichtig los, deed ze in een envelop en ging zitten, zeer in mijn schik. Ik had het doel van deze belachelijke reis bereikt” (p. 164).

In *Patagonia Revisited* benadrukt Chatwin dat zijn reizen altijd literair zijn geweest. Hij speculeert over de oorsprong van verhalen van Dante, Poe en Coleridge. Zelfs in het verre Patagonië ligt Xanadu altijd verder (p. 162). En ook in *The Songlines* verraadt zijn honkvaste tante Ruth toch iets van de onrust van de "zwerver in haar ziel" in de manier waarop ze het woord "Xanadu" in de mond neemt (*De gezongen aarde*, p. 445). Chatwin gaat in veel van zijn boeken op zoek naar dingen die ooit al eens door iemand anders zijn beleefd of al eerder zijn verteld. Het doorgeven van verhalen is op zich een "nomadisch alternatief". Met de hartstocht van een ontdekkingsreiziger vertelt hij onder meer hoe "the Albatross" in *The Rime of the Ancient Mariner* van Coleridge niet teruggaat op een directe ervaring van de auteur, maar op de lectuur van een reisverslag van de achttiende-eeuwse kaperkapitein Shelvocke (eerst door Wordsworth gelezen en vervolgens aan Coleridge doorgegeven). Zo bestaat ook Patagonië voor een groot deel uit wat anderen er ooit in gezien hebben. Bijvoorbeeld de rusteloze Butch Cassidy, de meest gezochte bandiet van de VS, die in een brief schrijft hoe het hem in Patagonië met de dag beter bevalt. Of Darwin, die in *The Voyage of the Beagle* schrijft:

> De vlakten van Patagonië zijn grenzeloos [...] en hun duur in de toekomst lijkt onbegrensd. Als de vlakke aarde, zoals men in de Oudheid dacht, omgeven werd door een onoverschrijdbare watermassa, of door woestijnen waar een ondraaglijke hitte heerste, wie zou dan niet met diepe, maar nauwelijks te omschrijven gevoelens kijken naar deze laatste begrenzing van de menselijke kennis? (cit. *Opnieuw Patagonië*, p. 25)

Als Chatwin schrijft dat zijn reizen altijd literair zijn geweest, impliceert dit het besef dat een plek in belangrijke mate is wat bewoners en bezoekers erin lezen.

Verhalen verzamelen is een van de voornaamste schrijfstrategieën van Bruce Chatwin. Zijn werk is een boeiend niemandsland tussen fictie en reportage. Zo begon zijn tweede boek, *The Viceroy of Ouidah* (1980), als een project voor een biografie. "Maar mijn materiaal was zo fragmentarisch dat ik heb besloten de namen van de hoofdpersonen te veranderen en het verhaal in een fictieve vorm te gieten", schrijft Chatwin in zijn voorwoord (*De onderkoning van Ouidah*, p. 174). De historische slavenhandelaar Francisco Felix de Souza heet in Chatwins roman Francisco da Silva, een Braziliaan die eind achttiende eeuw in Dahomey zijn fortuin gaat zoeken. In het eerste van de zes hoofdstukken presenteert Chatwin hem als een paradoxale figuur: een brutale blanke slavenhandelaar die merkwaardig genoeg door zijn Afrikaanse afstammelingen nog steeds wordt vereerd als een halfgod. Om die paradox te doorgronden, spit Chatwin in de volgende hoofdstukken het hele verleden van de man uit. Brazilië is te klein voor de jonge Francisco en hij verlaat zijn vrouw kort na de geboorte van hun eerste kind om in de haven van Ouidah de slavenhandel weer op gang te brengen. Als vrijwillige balling hunkert hij naar erkenning vanuit zijn thuisland, die uitblijft omdat de slavenhandel intussen door Brazilië onwettig is verklaard. Zijn heimwee vertaalt zich in een passie voor horloges. Hij verzamelt ze in een vergeefse poging greep te krijgen op het vlieten van de tijd. Uiteindelijk valt hij in ongenade bij de nieuwe koning en sterft hij eenzaam. In het korte laatste hoofdstukje worden de herinneringen aan zijn dood bruusk geconfronteerd met de tegenwoordige tijd en de bloeddorstige taal van de president aan het slot van een radiotoespraak: "Paraat voor de Revolutie! Paraat voor Productie! En de strijd gaat door!" (p. 258). Zonder veel omhaal veroordeelt Chatwin stilzwijgend het geweld dat al eeuwenlang en nog steeds wordt gepleegd in naam van de beschaving en de vooruitgang.

Zijn boeken zijn emotioneel misschien wat onderkoeld, zijn woordgebruik uiterst economisch en efficiënt, maar zijn stijl is des te zintuiglijker: "Gieren zeilden door een melkachtige hemel. Het metalige tsjirpen van krekels leek de hitte nog erger te maken. Bananenbladeren hingen neer in slappe flarden. Er stond geen zuchtje wind" (*De onderkoning van Ouidah,* p. 175). Van exotisme alleen moet hij het niet hebben. Zijn stijl werkt net zo goed als het om een duffe slaapkamer gaat: "De kamer was altijd donker en rook naar lavendel en mottenballen" (*De zwarte heuvel,* p. 261). In *On the Black Hill* beschrijft Chatwin wat hij ooit een metaforische thuisbasis noemde. De tweelingbroers Lewis en Benjamin Jones zijn allesbehalve helden of avonturiers. Ze houden de boerderij van hun familie overeind, blijven allebei vrijgezel en brengen op die manier ongewild een einde aan de familielijn en de traditie die ze hun leven lang in stand hebben proberen te houden. Wanneer ze beseffen dat ze zonder kinderen niemand zullen hebben om hun levenswerk voort te zetten en hun herinneringen door te vertellen, beginnen ze antiek te verzamelen. Vooral de herinnering aan hun moeder proberen ze op die manier vorm te geven en vast te leggen – bijna letterlijk, want alle voorwerpen in het huis moeten precies zo blijven staan als op het ogenblik van haar dood. Terwijl hun huis er uit begint te zien als een museum, verandert de buitenwereld steeds sneller door de technologische vooruitgang. Die speelt ongewild een grote rol in het leven van de tweeling. Enerzijds dringt de oorlogstechnologie van de twee wereldoorlogen en de Koude Oorlog in hun onderbewustzijn door; ze dromen bijvoorbeeld allebei dezelfde nachtmerrie tijdens het bombardement op Nagasaki. Anderzijds bepaalt technologie ook hun bewuste leven. Straaljagers vliegen over hun land en nadat ze pas heel laat hebben beslist om toch een tractor te kopen, wordt Lewis uiteindelijk het slachtoffer van de technologische vooruitgang. “De tractor was uit zijn versnelling geslipt en gekanteld” (pp. 436-37). Alle hulp komt te laat. Wanneer Benjamin wil komen kijken wat er met zijn broer is gebeurd, krijgt hij alleen nog te horen: “U kunt hem maar beter niet zien.” Toch wordt technologie niet onverdeeld negatief voorgesteld. Kort voor zijn dood krijgen de twee broers een vlucht met een sportvliegtuigje cadeau, voor hun verjaardag. Op een bepaald moment mag Lewis zelf sturen:

> En plotseling had hij het gevoel dat – zelfs als de motor defect zou raken, zelfs als het toestel een duikvlucht zou maken en hun zielen naar de hemel zouden vliegen – dat alle frustraties van zijn verkrampte en sobere leven nu niet meer telden, omdat hij tien glorieuze minuten lang had gedaan wat hij wilde. (p. 432)

De grote boodschap

Chatwin zelf deed in de jaren na *On the Black Hill* ook wat hij al lang wilde: een lange verhandeling schrijven over het “nomadische alternatief”. *The Songlines* (1987) komen het dichtst in de buurt van het manuscript voor “The Nomadic Alternative”, waaruit Chatwin overigens heel wat materiaal heeft gerecupereerd. “Ik begon uit te leggen dat ik ooit, zonder succes, had geprobeerd een boek over nomaden te schrijven” (*De gezongen aarde*, p. 452). De gesprekspartner van de ik-figuur is Arkady, een Australische milieu-activist van Russische afkomst. Samen reizen ze door het binnenland van Australië, “land van Angelsaksische vooroordelen” (p. 533), maar ook van de onzichtbare paden of “Zangsporen” van de Aborigines. “De scheppingsmythen van de Aboriginals verhalen van legendarische totemistische wezens die in de Droomtijd over het continent hadden gezworven, terwijl ze de naam zongen van alles wat ze op hun weg vonden – vogels, dieren, planten, rotsen, waterplaatsen – en zo de wereld tot leven zongen" (p. 442). De verteller vergelijkt deze visie met de filosofie van George Berkeley – bestaan is waargenomen worden, *esse est percipi*: het land moet eerst als concept in de geest bestaan en gezongen worden, pas dan bestaat het. In een overmoedige bui ("ik was in geen tijden zo aangeschoten geweest", p. 492) creëert Chatwin zelf een oorsprongsmythe, een genesis van twee bladzijden. In "Travelling with Chatwin" wijst Salman Rushdie op de aantrekkingskracht – zeker voor schrijvers – van een wereld die met behulp van verhalen in kaart wordt gebracht. Hij trok op met Chatwin en samen hebben ze talloze gesprekken gevoerd. Maar dat Rushdie model heeft gestaan voor Arkady is niet correct. Hun conversaties hebben Chatwin wellicht op het idee gebracht om het boek op te vatten als een Platonische dialoog of een roman in de stijl van de achttiende-eeuwse dialoogroman, meer bepaald *Jacques le fataliste* van Diderot. Maar Chatwin is zowel het personage dat hij Bruce noemt als diens gesprekspartner Arkady, schrijft Rushdie. Wat Arkady zegt (bijvoorbeeld: "*Als* de wereld nog toekomst heeft, dan is het een ascetische toekomst", p. 538) klinkt inderdaad soms als een echo van Chatwins vroege teksten: "Weelde staat mobiliteit in de weg." ("Het nomadische alternatief" in: *Anatomie van de rusteloosheid*, p. 103) Op mindere momenten klinkt *De gezongen aarde* als een persoonlijke overcompensatie voor het kolonialisme van een heel *Empire* met behulp van ongenuanceerde veralgemeningen. "De blanken waren voortdurend bezig de wereld te veranderen om hem te voegen naar hun dubieuze visie op de toekomst. De Aboriginals stopten al hun geestelijke energie in het bewaren van de wereld zoals hij was" (*De gezongen aarde*, p. 530).

Het bewaren van de Zangsporen is een vorm van verhalen verzamelen, zoals Chatwin dat al in Patagonië had gedaan. Zo recycleert hij ook zijn eigen verhalen uit het project rond "Het nomadisch alternatief". Een groot deel van *The Songlines* bestaat uit losse aantekeningen "Uit de notitieboeken" die beginnen met twee citaten, het eerste uit de *Pensées* van Pascal ("Onze natuur bestaat uit beweging; volledige rust is de dood"), het tweede uit de *Journaux Intimes* van Baudelaire: "Een studie van de Grote Ziekte: horreur van huis en haard" (p. 560). Deze "horreur du domicile" kwam al voor in *In Patagonia*, waar Eelco Hesse haar vertaalt als "De Grote Kwaal: Afkeer van het Eigen Thuis" (*In Patagonië*, p. 79). Maar hoe vaker Chatwin de "grande maladie" citeert, hoe meer hij ermee lijkt te koketteren. *The Songlines* was een enorm succes. Het boek stond negen maanden in de top tien van *The Sunday Times*. Maar het is veel te expliciet filosofisch om een literair meesterwerk te zijn, en te weinig zorgvuldig doordacht om als een filosofisch essay te kunnen gelden. Chatwin ziet overal bewijzen van zijn these. Wanneer iemand terloops opmerkt dat baby's nooit huilen zolang de moeder in beweging is, blaast Chatwin dit op tot een universele verklaring over de menselijke natuur: "'En als baby's al niet stil kunnen liggen,' zei ik, 'hoe moeten wij ons dan later vestigen op een vaste plek?'" (p. 525)

De grote boodschap is onveranderd gebleven sinds de korte stukken die hij eind jaren zestig schreef en die na zijn dood zijn verzameld in *What Am I Doing Here* en *Anatomy of Restlessness*. Vooral die laatste "keuze uit de geschriften 1969-1989" lijkt te bevestigen wat Chatwin iets te expliciet wil verkondigen in *The Songlines*. In 1970 had hij al een stuk geschreven met als titel "Wij worden als zwervers geboren" (*Anatomie van de rusteloosheid*, p. 115). Chatwin haalt hierin een indrukwekkende lijst grootheden aan om zijn stelling kracht bij te zetten, onder meer Montaigne, Proust, Li Po en Robert Burton, die beweerde dat beweging de beste remedie tegen melancholie is. Chatwin had zijn boek over het nomadisch alternatief opgevat naar analogie van Burtons *Anatomy of Melancholy*. In "Ik wou altijd al naar Patagonië" schrijft hij: "Het zou een heel ambitieus en onverdraagzaam boek moeten worden, een soort van *Anatomie van de rusteloosheid*" (p. 23). Het idee hiervoor had hij uitgewerkt in zijn "Brief aan Tom Maschler" (24 februari 1969), waarin hij de structuur schetst voor "het boek over nomaden dat ik heb voorgesteld" (*Anatomie van de Rusteloosheid*, p. 89). Hij spreekt van een neurotische rusteloosheid die hij als "escapisme" omschrijft: "Waarom word ik rusteloos na één maand op eenzelfde plek, niet meer te verdragen na twee?" (p. 90).

Unheimliche huisraad

Salman Rushdie merkt op dat het ongeschreven boek over het nomadisch alternatief voor Chatwin een last is geweest die hij heel zijn leven heeft meegezeuld. Nadat hij die last min of meer van zich af geschreven had in *The Songlines* heeft hij nog maar één korte roman gepubliceerd, maar dan wel een pareltje. *Utz* draagt alle thema's van Chatwins werk in zich, maar dan onderhuids. Als "Het nomadisch alternatief" de olifant is, dan is *Utz* de porseleinkast. "Porzellankrankheit", zo noemt Chatwin het heimwee van baron Kaspar Joachim Utz, meer bepaald het heimwee naar zijn collectie Meissen porselein in Praag. Maar dit Praag van de Koude Oorlog is een plek waar hij tegelijk ook weg wil. Het communistische regime zal beslag leggen op zijn privé-bezit na zijn dood. Ook als hij voorgoed naar het buitenland vertrekt, is hij zijn collectie kwijt. Voortdurend pendelt Utz tussen Praag en Vichy, afwisselend gekweld door "la grande maladie: horreur du domicile" en "Porzellankrankheit". Zijn collectie materialiseert zijn stil en lijdzaam verzet tegen het regime. Hij doet geen vlieg kwaad en toch zitten de autoriteiten met hem verveeld: "De Revolutie eiste uiteraard de afschaffing van particulier bezit zonder ooit de ragfijne lijn te trekken tussen bezit (dat schadelijk was voor de maatschappij) en huishoudelijke goederen (die dat niet waren)" (*Utz*, p. 681). Op die manier pleegt het meest breekbare materiaal het taaiste verzet. Na de dood van Utz komt de verteller erachter dat de collectie spoorloos verdwenen is. Het huishouden van Utz blijkt achteraf ook veel *unheimlicher* dan de verteller ooit had kunnen vermoeden. Utz was stiekem getrouwd met zijn huishoudster. Samen met haar zou hij de hele verzameling aan diggelen hebben gegooid, maar of dat de ware toedracht is, blijft in het midden. Uiteindelijk moet de verteller vaststellen dat hij nog geen fractie van deze complexe ziel heeft doorgrond. Nergens in Chatwins werk is die complexiteit zo compact en subtiel weergegeven. De collectie met honderden figuren en voorwerpen geeft vorm aan de grillige en tegenstrijdige verlangens naar vrijheid en naar een thuisbasis. Utz bewaart en verzamelt, en tegelijk is hij van mening dat verzamelingen niet in musea thuishoren, maar in beweging moeten blijven. Dat is de missing link tussen de ogenschijnlijk onverenigbare kenmerken van Chatwins werk: nomadisme en verzamelwoede. Het is ook een link tussen de twee periodes in Chatwins leven: zijn werk in de kunstveiling en zijn reizen. Hij is min of meer uit het verzamelaarsmilieu gevlucht om er op uit te trekken en op verhalen te gaan jagen, maar hij blijft ook altijd een verzamelaar. Waar hij ook is, voortdurend heeft hij oog voor de spanning tussen bewaring en verandering.

Achteraf bekeken schuilt in de eerste zin van zijn eerste boek al een hele poëtica: "In mijn grootmoeders eetkamer stond een kabinet met glazen ruitjes en in het kabinet lag een stuk huid". Chatwin zoomt in op een kabinet, en daarin op een onbenullig voorwerp, maar dit verzamelobject in een huiselijke omgeving geeft aanleiding tot een reis naar een van de meest onherbergzame uithoeken van de wereld. Het is bovendien een – eveneens heel verre – reis in de tijd, tot in de prehistorie. Alles wat Chatwin op zijn tocht tegenkomt is in zekere zin pre-historie: als het de grote historische overzichten niet heeft gehaald, maakt hij er een geschiedenis van. Net als musea bewaren de geschiedenisboeken slechts een beperkte kijk op het verleden; net als Utz bewaart Chatwin verledens door ze in beweging te houden. Daar is hij heel sterk in. Of het nu gaat om immigranten uit Wales, schapenfokkers uit Engeland, een legendarische bankovervaller als Butch Cassidy, een revolutionaire held als Antonio Soto of een paardentemmer en anarchist als Bautista Dias Low, allemaal hebben ze een verhaal. Vaak is het een verhaal van (al dan niet vrijwillige) verbanning en ontgoocheling. Zo ook het verhaal van de verteller zelf, dat tussen de lijnen en de andere verhalen door te lezen is. Patagonië was voor Chatwin blijkbaar de plek die het onbereikbare het dichtst benaderde. In het klimaat van de Koude Oorlog en de angst voor de bom gold het voor hem als "de veiligste plaats op aarde", een onherbergzame "Heimat". Wat hij daar precies zoekt is even ongrijpbaar als de romantische "blaue Blume". Wie haar vindt zou volgens de overlevering toegang krijgen tot verborgen schatten. In zijn romanfragment *Heinrich von Ofterdingen* laat Novalis zijn titelheld niet hunkeren naar de schat, maar naar de bloem. Chatwin presenteert de grot waar de mylodon was gevonden ook niet als een zich openende Sesam, maar gewoon als een gat in een rotswand van grauw conglomeraat. En wat hij vindt is geen blauwe bloem, maar een pluk mylodonhaar in een drol. Het gaat niet om het vinden. Het eigenlijke doel is de queeste zelf. Chatwin is op zoek naar de voetsporen van zijn oom Charley, gewoon om erin te kunnen treden. Charley de Zeeman was een buitenbeentje. In de verbeelding van Chatwin vormde hij het "nomadische alternatief" voor het sedentaire bestaan van de rest van zijn familie. "De mannen in mijn familie van vaderskant waren of degelijke en honkvaste burgers – advocaten, architecten, antiquairs – of door de horizon aangetrokken zwervers", schrijft Chatwin later in *The Songlines* (*De gezongen aarde*, p. 445). Hij mocht zich graag profileren als vertegenwoordiger van de tweede soort, maar hij was zich ook bewust van een omgekeerde tendens. Hij reisde duidenden kilometers om in een grot aan de andere kant van de wereld te vinden wat hij "zo goed kende", een stukje thuis met haar op. Zijn paradoxale werk is tegelijk "huiselijk" en "unheimlich". Freud wees er op dat het begrip "heimlich" zijn tegendeel in zich draagt. Wat vertrouwd is voor wie in het huis woont, blijft geheim voor wie er niet woont. In beide gevallen oefent datgene wat aan de andere kant van de buitenmuur ligt een heimelijke aantrekkingskracht uit. Bij Chatwin resoneren voortdurend beide betekenissen. Die spanning maakt zijn werk zo boeiend. Het conflict tussen Kaïn en Abel, de "vergaarder van bezit" en de zwerver, wordt telkens opnieuw uitgevochten. Het is duidelijk dat Chatwin altijd sympathie heeft gehad voor Abel, maar hij was niet blind voor de complexiteit van het conflict: "Heimelijk verdenk ik Abel ervan dat hij Kaïn getreiterd heeft met 'Dood aan de Bourgeoisie!'" (*In Patagonië*, p. 105).

Beknopte bibliografie

Primaire literatuur

In Patagonia, London: Jonathan Cape, 1977.

The Viceroy of Ouidah, London: Jonathan Cape, 1980.

On the Black Hill, London: Jonathan Cape, 1982.

& Paul Theroux, *Patagonia Revisited*, Salisbury: Michael Russell, 1985. (*Opnieuw Patagonië*, vert. Tinke Davids, Amsterdam: De Arbeiderspers, 1990.)

The Songlines, London: Jonathan Cape, 1987.

Utz, London: Jonathan Cape, 1988.

What Am I Doing Here, London: Jonathan Cape, 1989.

Anatomy of Restlessness: Selected Writings 1969-1989, London: Jonathan Cape, 1996. (*Anatomie van de rusteloosheid: een keuze uit de geschriften 1969-1989*, vert. Aad van der Mijn, Amsterdam: Bert Bakker, 1995.)

Bruce Chatwin: Photographs and Notebooks, David King en Francis Wyndham (red.), London: Jonathan Cape, 1993.

The Morality of Things – A Talk by Bruce Chatwin, Francestown, New Hampshire: Typographeum, 1993.

The Attractions of France, London: Colophon Press, 1993.

Prague, John en Kirsten Miller (red.), San Francisco: Chronicle Books, 1994.

Reis rond de aarde: In Patagonië, De Onderkoning van Ouidah, De zwarte heuvel, de gezongen aarde, Utz, vert. Peter van Oers e.a., Amsterdam: Bert Bakker, 2000.

Secundaire literatuur

D'Agnillo, Renzo. *Bruce Chatwin: Settlers, Exiles, and Nomads*, Pescara: Edizioni Tracce, 2001.

Clapp, Susannah. "The Life and Early Death of Bruce Chatwin", *The New Yorker* 72 (1996), pp. 90-101.

—. *With Chatwin: Portrait of a Writer*, London: Cape, 1997. (*Met Chatwin: Portret van een schrijver*, vert. Mea Flothuis, Amsterdam: Prometheus, 1999.)

Grassi, Alessandro en Neri Torrigiani (red.). *Bruce Chatwin: Searching for the Miraculous*, Turin: Gruppo GFT, 1995.

Meanor, Patrick. *Bruce Chatwin*, New York: Twayne, 1997.

Huggan, Graham. "Maps, Dreams, and the Presentation of Ethnographic Narrative: Hugh Brody's 'Maps and Dreams' and Bruce Chatwin's 'The Songlines'", *Ariel* 22 (1991), pp. 57-69.

Murray, Nicholas. *Bruce Chatwin*, Bridgend, Wales: Seren Books, 1993.

Pilkington, John. *An Englishman in Patagonia*, London: Century, 1991.

RUSHDIE, Salman. *Imaginary Homelands: Essays and Criticism 1981-1991*, London: Granta Books, 1991.

SHAKESPEARE, Nicholas. *Bruce Chatwin*, London: Harvill Press/Jonathan Cape, 1999.

RODDY DOYLE
(1958-)

Hedwig SCHWALL

Om Roddy Doyles werk te begrijpen is het belangrijker te weten waar dan wanneer hij geboren en getogen is. Zijn figuren komen allemaal uit zijn eigen milieu: de Noordkant van Dublin, een eerder gore buurt met betonnen woonblokken en erg kleine arbeiderswoningen. Doyle werd er in 1958 geboren en hij woont er nog steeds. Hij groeide echter op in een welgesteld, katholiek gezin. Zijn vader, Rory, werkte als drukker en leraar in een technische school. Zijn moeder, Ita, had de kans gekregen om tot haar achttiende naar school te gaan. Beide ouders waren verwoede lezers. De grootvaders van Doyle waren allebei lid van het IRA, maar Doyle zelf ageert in zijn boeken tegen elke vorm van rechtse politiek. Doyle haalde zijn BA in Engels en geologie in University College Dublin – en verbleef dus even aan de Zuidkant van de stad – maar werd vervolgens leraar in Kilbarrack, zijn vertrouwde omgeving. In 1986 schreef hij op zes maanden tijd *The Commitments* en wist meteen dat de roman een hit zou worden. Toen alle uitgeverijen hem het manuscript ongeopend terugstuurden – in die jaren was de jacht op talentrijke Ieren nog niet geopend – startte hij zelf de King Farouk Uitgeverij met geleend geld. Dit wekte het interesse van Uitgeverij Heinemann in London en Doyle was vertrokken. Op vraag van vrienden uit het lokale Community Centre schreef Doyle vervolgens zijn eerste toneelstuk, *Brownbread*, dat onmiddellijk een groot succes werd en in 1989 gevolgd werd door het toneelstuk *War*.

De jaren negentig zijn Doyles *decennium mirabile*. In 1990 verschijnt *The Snapper*, een roman over een twintigjarig meisje dat een baby verwacht. In 1991 wordt *The Commitments* met groot succes verfilmd en verschijnt het derde deel van de Barrytown Trilogy, *The Van*, dat genomineerd werd voor de Booker Prize. In 1992 verschijnt

Stephen Frears' filmversie van *The Snapper* en werkt Doyle zijn volgende boek af: *Paddy Clarke Ha Ha Ha*. Het schrijven bevalt hem zo dat hij in juni 1992 na twaalf jaar stopt met lesgeven. Dat hij datzelfde jaar de Booker Prize krijgt komt de Doyles goed uit, temeer daar dit boek nog beter verkoopt dan de "Booker of Bookers", Salman Rushdies *Midnight's Children*. In 1994 is *The Family* klaar, een miniserie over een "Barrytown" familie voor BBC Four. De kijkcijfers liggen hoger dan die voor het pausbezoek aan Ierland. In 1996 verfilmt Stephen Frears *The Van*, maar intussen maakt Doyle een omgekeerde beweging, en spint het tv-script van *The Family* uit tot een roman, *The Woman Who Walked Into Doors*, dat velen zijn beste boek vinden. In 1999 schakelt de auteur plots over op andere genres. *A Star Called Henry* is een ongemakkelijke combinatie van een historische en mythische roman en is gepland als het eerste gedeelte van een trilogie, *The Last Roundup*. Doyle schrijft ook een novelle, *Not Just for Christmas*, waarin twee broers zich na eenentwintig jaar terug met elkaar verzoenen. Het einde van dit decennium ziet alweer een zwenking: Doyle stort zich in de kinderliteratuur. *The Giggler Treatment* (2000) en *Rover Saves Christmas* (2001) volgen de avonturen van de hond Rover die de reddende engel wordt voor respectievelijk de Gigglers, giechelende beestjes die kinderen wreken die onrechtvaardig gestraft zijn, en de kerstman, wiens rendier Rudolf een midlife-crisis doormaakt. Tenslotte is Doyle ook actief in gezamenlijke projecten met bevriende auteurs, zoals in de verhalenbundels *Finbar's Hotel* (1997) en *Yeats is Dead* (2001). Doyles laatste boek verschilt ook weer totaal van de vorige: in *Rory and Ita* (2002) laat de schrijver zijn ouders zelf hun levensverhaal vertellen, en missen we dus het vliegende ritme en de sappige wendingen die Doyles boeken bij de lezers zo geliefd maken.

Over Doyle zijn alle critici het eens op twee punten: hij is geen "academisch" auteur, en zijn verhaallijn is altijd erg eenvoudig. Doyle is inderdaad niet het type auteur dat filosofische vragen stelt door middel van een ingewikkelde stijl, of morele problemen uitbeent in de interactie van bedachtzame, mondige mensen. Toch ben ik het niet eens met het negatieve oordeel van critici als Rüdiger Imhof of Brian Donnelly: Doyle mag dan al weinig thematiseren en analyseren, zijn kunst bestaat erin dat hij herkenbare moeilijkheden telkens op directe wijze, vanuit een zeer particulier standpunt *toont*. Dat de kritische geest en de woordenschat van zijn personages eerder beperkt is wil nog niet zeggen dat ze niet tot tragiek in staat zijn. Hun kwetsbaarheid, en het feit dat de verteller deze in alle onmiddellijkheid toont, vormen de belangrijkste ingrediënten van Doyles populariteit. Zijn boeken stonden even op de lijsten van verplichte schoolliteratuur, maar, zo zegt Doyle "ze zijn er nu afgegooid omdat de Minister van Opvoeding vond dat ze niet literair waren. [...] Ik ben het daar niet mee eens." Immers, "de beslissing om de mensen hun eigen taal te gebruiken, [...] om beelden van de tv te lenen in plaats van uit boeken [...] is een welbewuste keuze" evenals de keuze om "de grammatica zo te plooien dat je het gevoel krijgt dat je het zelf hoort [...] omdat je pal midden in het gesprek staat": is dat per definitie "onliterair" (White, pp. 4 en 8)

In dit overzichtsartikel wil ik kort de "eenvoudige verhaallijnen" van de belangrijkste werken uittekenen, en vervolgens aan de hand van enkele cruciale aspecten Doyles oeuvre hersitueren. Steeds terugkerende aspecten van het leven in Barrytown zijn onder meer de rol van de familie, van de politiek en de religie. Bij dit laatste laat ik een korte beschouwing over Doyles filosofie aansluiten, om tenslotte enkele kenmerken van zijn literaire handigheid te belichten.

Verhalen uit Barrytown

Elke roman of toneelstuk volgt telkens maar één verhaallijn. In *Brownbread* (slang voor "dead") kidnappen drie jongens een bisschop die een Amerikaans paspoort blijkt te hebben. President Reagan stuurt een grote troepenmacht naar Noord-Dublin maar de "ontzetting" mislukt. De bisschop raakt zo vertoornd over de vertoning van de Amerikanen dat hij in een tv-interview met Reagan laat weten dat hij zijn Amerikaans paspoort wil inleveren, waarop de drie enthousiast reageren en de bisschop laten gaan. *War* toont de onderhuidse twisten van een aantal buren die meedoen aan een wekelijkse pub-quiz. De scène is in twee verdeeld: de ene helft toont de pub, de andere de keuken van het gezin Finnegan. Enerzijds is er de spanning tussen Briget en George: zij zit in de keuken met het grootste gemak kruiswoordraadsels op te lossen, terwijl hij op het punt staat te verliezen in de quiz, maar weigert Briget te laten meedoen omdat hij dan in zijn zelfrespect bedreigd zou worden. Anderzijds is er het "vriendengroepje" van de jongeren dat een nest van intriges blijkt te zijn en uiteindelijk uiteenvalt.

Elk van de romans van de Barrytown Trilogie concentreert zich dan weer op één personage. *The Commitments* gaat over de oprichting van een *soulband* onder leiding van Jimmy Rabbitte junior; *The Snapper* (slang voor "bastaard") gaat over Jimmy's zus Sharon, die in een dronken nacht door de buurman verkracht wordt en dus met een onverwachte baby opgezadeld zit. Ze weigert de vader bekend te maken, maar wanneer die dat zelf doet wordt ze uitgesloten door de gemeenschap. Haar eigen gezin blijft haar echter steunen en haar vader krijgt zelfs interesse in het vaderschap. Het derde boek gaat over diezelfde Jimmy Rabbitte senior die werkloos is maar door een vriend uitgenodigd wordt om partner te worden in een rijdend frietkraam, tot de vriendschap ruw door Jimmy wordt afgebroken. Terwijl de eerste twee verhalen van de Barrytown trilogie vooral luchthartig zijn toont *The Van* Jimmy's kwetsbaarheid en wrange reacties. Die donkere zijde van Barrytown komt nog sterker naar voor in de volgende twee boeken.

Paddy Clarke Ha Ha Ha is het ik-verhaal van een tienjarige jongen die vertelt over zijn avonturen met de jongens van zijn straat. Doorheen de jaren merkt hij op dat zijn ouders steeds meer ruzie maken tot zijn vader er op het einde van het boek vandoor gaat. Paula Spencer uit *The Woman Who Walked Into Doors* is het meest uitgewerkte personage van allemaal. Ze is een vrolijk, vroegrijp meisje dat trouwt met een stoere bink die haar echter na enkele maanden huwelijk begint af te tuigen. Paula overleeft zeventien jaar huwelijk, krijgt vier kinderen en verliest er één door toedoen van haar man. Op het moment dat hij haar oudste dochter bedreigt, kan ze hem eindelijk het huis uitslaan. Kort daarop wordt hij neergeschoten door de politie terwijl hij een vrouw gijzelt. Paula vertelt haar eigen verhaal – ze was altijd goed in opstellen maken – en dankzij haar liefde voor haar kinderen, een zeker alcoholgebruik en haar schrijven bouwt ze doorheen het verhaal terug wat zelfvertrouwen op.

A Star Called Henry is frappant in zijn cirkelstructuur. Henry Smart senior is een moordenaar die actief is in de onderwereld van Dublin. Hij wordt zelf vermoord en zijn zoon volgt hem op. Henry jr knapt duistere zaakjes op voor Michael Collins, historische leider van de IRA, tot hij zelf geviseerd wordt. Hij vermoordt nog snel één van zijn belangrijkste opdrachtgevers, een katholiek kapitalist, en verdwijnt dan naar Amerika. Alle critici zijn het erover eens dat Doyle in dit boek nog niet slaagt in zijn opzet het historische met het mythische te verenigen. Zijn grote voorbeelden, Günter Grass en Salman Rushdie kan hij dan ook niet evenaren. Dit verklaart misschien ook waarom het tweede deel van deze trilogie, *The Last Round-Up*, op zich laat wachten.

Het mythische ligt hem anders wel, zoals we zien in de kinderverhalen waarmee hij in 1999 startte. *The Giggler Treatment* voert de hond Rover op, bij wie de Giechelaars een hondenpoep bestellen om Mr Mack te straffen, omdat die de kinderen te vroeg naar bed gestuurd heeft. Het hele verhaal is een parafrase van Zeno's paradox: terwijl Mr Macks voet, op weg naar zijn werk, steeds minder minimillimeters van de poep verwijderd is, spelen de kinderen een spel, vinden een Giechelaar, leggen hem uit dat hun papa de poep niet verdient, en snellen hem vervolgens in vliegende vaart achterna om hem op het nippertje te redden. In *Rover Saves Christmas* wordt de hond opgeroepen door één van de Hell's Elves om Rudolf het rendier te gaan vervangen, en omdat iedereen in Rover gelooft kan hij in de kerstnacht ook vliegen en de pakjes over de hele wereld afleveren. Het vertelperspectief is nieuw hier: de verteller interageert regelmatig met een niet-gedefinieerde gesprekspartner – eventueel een luisterend kind – en soms ook met Rover. Wanneer de gang van zaken Rover niet aanstaat, dreigt hij de verteller in de enkel te bijten, die daarop Rovers scenario overneemt. Dit is een techniek die we kennen van Flann O'Brien, auteur van het surrealistische *At-Swim-Two-Birds*, één van Doyles favorieten.

Het gezin

Zoals de meeste critici opmerken hebben Doyles protagonisten altijd een sterke band met hun familie. Die wordt geconfronteerd met allerlei fenomenen die "nieuw" zijn in Ierland nu de secularisering vele mistoestanden bespreekbaar heeft gemaakt. Zo verwijzen Doyles figuren naar homoseksualiteit (sinds 1993 gelegaliseerd), kindermishandeling, incest, geweld tussen partners – thema's die ook in andere hedendaagse Ierse romans uitvoerig aan bod komen. Maar terwijl critici er steeds op wijzen dat de familie en de gemeenschap de factoren zijn die het individu ondersteunen, vergeten ze dat het tegendeel even waar is: de gemeenschap van Barrytown laat de enkeling niet veel ruimte. Dit is letterlijk zo: de Rabbittes zijn zo klein behuisd dat de jongste zoon tot zijn zestien in het salon moet slapen, en de ouderen komen hun gemeente niet of nauwelijks uit. Maar belangrijker is dat de sociale code zo beperkt en ongenuanceerd is dat de meeste van Doyles karakters zich niet echt kunnen ontplooien, noch verwarrende situaties kunnen ontrafelen. Zo voelt Paula Spencer zich gevangen in het antagonistische jargon van de buurt:

> Waar ik opgroeide was je [...] een slet of een stijve trut, een van tweeën; en doorgaans al voor je dertiende. Als je er aantrekkelijk uitzag, [...] als je schoon haar had, als je smerig haar had. Er was geen ontkomen aan; dat was je [...] Mijn pappie zei het, jongens zeiden het, andere meisjes zeiden het. (*De vrouw die tegen de deur aanliep*, pp. 45-46)

In de taal van Barrytown zijn logica en nuance geheel zoek. In Lacaniaanse termen zouden we zeggen dat "de Naam van de Vader" niet gerealiseerd is. Er is geen bovenpersoonlijke instantie die doorzichtigheid, participatie en creativiteit regelt, geen taal- en cultuursysteem dat garant staat voor de geloofwaardigheid van het woord, voor het vertrouwen in iemand die een belofte doet, voor het verzekeren van continuïteit. Begrippen als ontwikkeling, continuïteit, en perspectief worden geheel overwoekerd door een gedragscode waarbij mensen ertoe gebracht worden op te gaan in het moment. De leiders van het gezin, van de vriendenkliek, zijn diegenen die kunnen improviseren en hard uithalen, met woorden, "slagging" (plagen), of met fysiek geweld.

Dit merken we ook in alle vaderfiguren. Mr Farrell in *Brownbread* waarschuwt de politie dat ze hem zijn zin moeten laten doen, anders zal zijn zoon de bisschop doden, een voorstel waar de jongens geamuseerd mee instemmen. George Finnegan in *War* heeft een ego dat voortdurend gestreeld moet worden, en daarom wil hij dat de leerkrachten op school enkel goede dingen over zijn kinderen zeggen. Paddy Clarkes vader is de humeurigheid zelve. Hij ignoreert elke autoriteit buiten de zijne: de Kerk is een bende geldwolven, de politiek corrupt en de rest van de wereld een zootje oorlog. Hij is echter zelf niet consistent in zijn gedrag:

> Zo was hij nu eenmaal, onze pa. Af en toe kon hij gemeen uit de hoek komen, echt gemeen, om niks. Het ene moment verbood hij ons naar

de televisie te kijken en het volgende moment zat hij naast ons op de grond mee te kijken, al was het nooit voor lang. (*Paddy Clarke*, p. 38)

Toch heeft de naam van de vader zijn impact in de gemeenschap. Paddy beseft dat zijn pa zijn reputatie in de vriendengroep maakt of kraakt, zoals blijkt bij een jongen wiens goed beredeneerde mening van geen tel is: "Hou je kop. Je pa is een alco" (p. 169). Paddy beseft hoe kwetsbaar hij is en houdt daarom zijn pa nauwlettend in de gaten. Maar hij kan de onenigheid tussen zijn ouders niet lenigen, en zijn vader trekt eruit, zodat Paddy de spot van de straat wordt: "Paddy Clarke / Heeft geen pa./ Ha ha ha!" (p. 264). Paula Spencers vader is nog minder betrouwbaar. Carmel, Paula's oudere zus, suggereert zelfs dat hij haar lastig viel. Maar Paula verwerpt deze mogelijkheid. Hij was wel een tiran in haar herinnering, maar meer niet. Hoe dan ook, het resultaat van deze opvoeding is dat Paula haar ouderlijk gezin ontvlucht met een man die erg op haar vader gelijkt, om een gezin te stichten waar willekeur en geweld heersen. Zeventien jaar verdraagt Paula haar man Charlo:

> "Er was geen minuut dat ik niet bang was, dat ik niet afwachtte. [...] Ik wachtte op de vuistslag, ik wachtte op de glimlach. [...] urenlang een zombie, bang om na te denken [...] Ik raakte al mijn vrienden kwijt en het merendeel van mijn tanden. (*De vrouw*, p. 158)

Het enige middel dat Paula ziet om haar passiviteit, die ze niet kan overwinnen, te verantwoorden is zichzelf de schuld te geven: "Het was allemaal mijn schuld. De donkere wolken die zich samenpakten, die trok ik aan [...] Ik hoefde alleen maar te zorgen dat ik geen stomme blunders maakte. Stap niet op de spleten tussen de stoeptegels. Kijk niet naar de wolken" (p. 175). Geen wonder dat hun oudste zoon, John Paul, de cirkel rond maakt. Hij ontvlucht het huis om bij zijn grootmoeder in te breken en vervolgens in het criminele milieu te verdwijnen. Dit gebeurt ook bij Henry Smart senior, met dat verschil dat zijn vijfjarige zoon het huis verlaat om met zijn broertje van negen maand op straat te overleven. Maar dit boek is zulk een surrealistische kritiek op de "Easter Rising" van 1916 dat het niet past in de anders psychologisch accuraat geschetste karakters van Doyles romans. Het sluit eerder aan bij de kinderboeken, waar de vaderfiguur dan weer onmogelijk positief is.

Jimmy Rabbitte senior daarentegen is een erg genuanceerde vaderfiguur. Hij is ongelooflijk tolerant, slikt grove beledigingen van zijn kinderen en heeft ook iets moederlijks, iets aandoenlijks: op zeker ogenblik staat zijn werkloze vriend Bimbo wezenloos voor zich uit te staren, en Jimmy ritst zijn anorak voor hem dicht. Anderzijds kan hij ook uiterst hard zijn, zoals wanneer diezelfde Bimbo hem opnieuw partner wil maken in het frietkraam en Jimmy weigert, waarbij hij de vriendschap afkraakt tot op het bot: "Het kon hem niet meer schelen wat er was gebeurd. Het was uit en afgelopen. Hij had geen tijd voor dat Hoe Is't Gekomen-gezeik. [...] Jimmy sr liet Bimbo met zijn hand uitgestrekt boven tafel zitten wachten tot Jimmy sr hem zou grijpen" (*De Bus*, p. 648).

De moeders daarentegen zijn meestal de handhavers van de orde, en dwingen daardoor – althans binnen de familie – respect af. Telkens weer zijn de moeders de meest intelligente leden van het gezin. Terwijl haar man zich bezat haalt Veronica Rabbitte haar humanioradiploma door avondschool; en Briget Finnegan beantwoordt niet enkel alle quizvragen met het grootste gemak, maar ze geeft de *Trivial Pursuit* vragen ook een context die er een existentiële zin aan geven. De moeders willen geen vloeken horen in huis en staan op behoorlijk taalgebruik. Paddy Clarkes mama is ook diegene die hem leert lezen en zijn vragen beantwoordt. Veronica is vooruitziend en port Sharon aan om nog een weekje te gaan werken voor ze bevalt, zodat ze een werkloosheidsuitkering zou krijgen, terwijl Jimmy vindt dat als ze thuis wil blijven, ze dat maar moet doen. Hetzelfde geldt voor Darren die geen zin heeft om naar school te gaan. "Wil je een briefje voor de leraar?" vraagt Jimmy sr, waarop Veronica, "Dat wil hij niet". Anderzijds zijn Paula Spencers mama, zijzelf, en de moeder van Henry Smart die gek wordt en jong sterft, vrouwen die bijna totaal uitgegomd worden. Maar Paula overwint zichzelf en staat weer op:

> Ik wilde dood. Ik lag op de grond en voelde de dood eronder. Hij was warm en ik verlangde ernaar. [...] Ik wist niet wie ik was [...] Maar ik krabbelde overeind. Ik krabbelde altijd weer overeind. Ik had kinderen. Ik had een echtgenoot. (*De vrouw*, p. 183)

De vrouwen zitten in een soort mediterraan patroon waarbij zij de mamma zijn in huis maar daar niets kunnen veranderen, enkel alles gaande houden.

Opvallend daarbij is dat de helden van Barrytown geen vrienden hebben. Sharon, bijvoorbeeld, merkt dat ze wel veel vrienden heeft maar die kent ze niet echt persoonlijk, enkel als "iemand van de groep" en niemand van hen steunt haar tijdens haar zwangerschap. Ook Paddy Clarke valt zonder vrienden eens zijn vader het gezin verlaten heeft. Hetzelfde patroon keert telkens weer: het is niet zozeer de blijvende vriendschap die telt, dan wel het gezellige, voorspelbare tijdverdrijf in de pub. De meeste mensen in Barrytown leven in het heden, zoals Sharon, die zich geen zorgen maakt over de toekomst van haar bastaard, of zoals Jimmy sr die Bimbo's uitgestoken hand weigert en niet wil terugblikken op het verleden, noch denken aan de toekomst.

Kortom, de inwoners van Barrytown missen perspectief en consistentie. Het resultaat in het familieleven is gewoonlijk totale verwarring. Paula heeft zich in een sadomasochistische symbiose met Charlo laten opslokken, en wanneer de man ook zijn dochter Nicola dreigend aankijkt reageert die zoals haar moeder, door impulsief de schuld voor dit gratuit geweld bij zichzelf te leggen: "Ze leek zich te schamen en schuldig te voelen. Wat heb ik gedaan? vroeg haar gezicht. Het spijt me. Help." (*De vrouw*, p. 193)

Dit is één van Doyles grote verdiensten: hij beseft hoe complex menselijke interacties zijn, ook – of misschien a fortiori – tussen mensen die niet vlot ter taal zijn. Zo wijst hij in interviews ook specifiek op het fenomeen van misbruikte kinderen die intuïtief de schuld op zich nemen. De auteur is dan ook een meester in het kort en krachtig uittekenen van verwarring. Die kan gaan van onwennigheid over onschuldige vormen van tegenstrijdigheid tot verbijsterende toestanden. Zo zien we hoe Jimmy sr boos is op zichzelf omdat hij zijn vriend Bimbo zowel haat als liefheeft: "hij miste Bimbo en die hufter stond nota bene naast hem patatjes te schudden" (*De Bus*, p. 635). Paddy Clarke wordt door zijn beste vriend in de steek gelaten maar ze lopen wel samen weg: "Het was grandioos. Ik huilde bijna. [...] De pijn van het lachen was fantastisch. [...] Niemand had partij voor me gekozen. Ik had even tijd nodig om daar [...] een reden voor te verzinnen" (*Paddy Clarke*, p. 175). De helden van de kinderboeken, Jimmy en Robbie Mack, bevinden zich dan weer in de paradoxale situatie dat ze al van een half jaar voor kerstmis aan niets anders kunnen denken en dus "erg opgewonden zijn en zich vervelen" (*Rover Saves Christmas*, p. 13).

WAT IS DAT TOCH MET MIJ EN NAMEN?

zo vraagt Paula Spencer, *née* O'Leary, zich af. Zij is niet de enige. Doyle zelf wijst in een interview op de performatieve kracht van namen. Hij houdt van de manier waarop James Brown, "de leider in soul muziek", flatterende bijnamen zoekt voor de leden van zijn band, die ze dan moeten waarmaken" (White, p. 166). Jimmy Rabbitte jr heeft dit goed begrepen, en James Clifford is opgetogen over zijn bijnaam "James The Soul Surgeon Clifford", omdat hij medicijnen studeert en "transplantaties uitvoert naar de piano" (*De Commitments*, p. 46). Hij wil dat elk van de leden van de band een persoonlijkheid wordt: "Jullie willen anders zijn, he? Jullie willen wat bereiken, zo is het toch? Waarom spelen jullie dan zo stuntelig de flutnummers van anderen achterna?" (p. 15) "Jullie muziek zou moeten gaan over waar jullie vandaan komen en jullie soort mensen [...] – *Say it once, say it loud, I'm black an' I'm proud*" (p. 17). Door zijn aanmoediging tot zelf-exploratie en creativiteit – onderstreept door zijn naamgeving – doet Jimmy jr wat bijna alle vaders in Barrytown weigeren: hun kinderen impulsen, élan, perspectief te geven.

Het performatief aspect is zeer sterk aanwezig in het "Barrytownees". Paula Spencer, de meest taalgevoelige van de personages, heeft het voortdurend over de impact van namen. Wanneer ze haar memoires begint, moet haar naam haar eerst helpen om haar door drank, mishandeling en zelfbegoocheling vervormde ik terug te reconstrueren. Ze merkt dat haar persoonlijkheid reeds op school uitgewist werd: de leerkrachten in de technische school vroegen niet eens naar de namen van de leerlingen, zij waren nooit "iemand". Maar Paula weet dat het noemen vitaal is: het doet iemand bestaan. Omgekeerd spreekt zij ook nooit de naam van haar zoon John Paul uit, omdat ze niet kan aanvaarden dat hij in het criminele drugsmilieu geraakt is.

Opvallend is ook hoe Doyle zijn Barrytown toneelstukken en romans tot één grote comédie humaine verbindt door dezelfde namen en personages door de verschillende teksten te laten lopen. Leo, de perfecte barman, en Bertie Gillespie, handelaar in duistere zaakjes, traden op in *War* en keren terug in *The Van*; George Finnegan en zijn dochter Yvonne worden George en Yvonne Burgess, maar ze houden dezelfde karakteristieken. Billy Mooney, een inwoner van Barrytown in *Brownbread*, wordt de drummer van *The Commitments*. Sinbad is altijd de naam van de antagonist (zowel in *War* als in *The Van* en *Paddy Clarke Ha ha ha*); en Angela O'Leary, de alleenstaande moeder met moeilijke kinderen in *War*, komt terug als Paula O'Leary in *The Woman Who Walked into Doors*. In elk boek komt overigens ook "Elvis" voor, waar de auteur een grote fan van is.

In de kinderboeken krijgen we een combinatie van alle voornoemde functies van naamgeving. De hagedissen Omar en Sunshine, die Rover helpen om de kerstgeschenken af te leveren, zetten het performatieve nog eens dik in de verf. "Ik verander mijn naam telkens als het weer verandert", zegt Sunshine. "Wanneer het heel warm is kies ik een naam van een warm land, en ik voel me goed; is het koud, dan kies ik een koude naam." Ze raadt Omar aan zich Hans te noemen in Dublin: "Hij kuchte even, en sprak: 'Mijn naam is Hans.'"(*Rover Saves Christmas*, p. 11). Op slag voelt hij zich beter, vooral als hij merkt dat zijn bevallige vriendin Heidi heet. In *The Giggler Treatment* komen Elvis en de O'Learys weer voor, en lacht Doyle met de Celticisten die hun naam op zijn Gaelisch schrijven: "Een kleine jongen, Elvis Og O'Leary, die van slangen hield, vroeg Patrick te stoppen, maar die duwde hem weg – en stapte recht in een bergje warme kak, die, net voordien, nog in een Ierse wolfshond gezeten had" (*The Giggler Treatment*, p. 24).

Ruimte- en tijdsbeleving

Zoals Brian Friel al zijn toneelstukken in Ballybeg situeert, zo leven al Doyles figuren in Barrytown. Deze leefwereld kunnen we beter karakteriseren aan de hand van twee tegenstellingen. Een eerste tegenstelling is die tussen Noord- en Zuid-Dublin, want ook al verbindt de DART (Dublin Area Rapid Transit) nu beide stadsdelen, de oudere Barrytowners komen hun biotoop niet uit. Jimmy jr wil ook geen southsiders in zijn soul groep, want zij zijn rijk, en soul is enkel voor "de Noord-Dubliners", die "de nikkers van Dublin" zijn (*De Commitments*, p. 17). Dit verandert echter: zijn jongere broer Darren Rabbitte en zijn maats trekken helemaal naar het centrum voor een pint, en zijn meisje woont in Howth, een erg groen deel van de stad dat sterk contrasteert met Barrytown, een bouwwerf voor steeds nieuwe betonblokken. Danny Murphy merkt ook op hoe de stad verandert: de snackbar van vroeger is een makelaarskantoor geworden, en het krottige huisje waarin hij is opgegroeid kost nu "een dikke 200.000 Euro" (*Niet alleen voor kerstmis*, pp. 25-6). Het lijkt er echter op dat de auteur in zijn laatste werken zijn wereld wil verbreden. Paula's echtgenoot heeft het over Birma en India, en elk van de kinderverhalen voert de kinderen over de hele wereld. Toch lijkt dit niet zo goed te lukken: het volgende deel van de Trilogie *The Last Round-Up* zou in de VS gesitueerd zijn, maar blijkbaar ligt die situatie Doyle niet zo.

Een tweede oppositie die door al Doyles verhalen loopt is die tussen keuken en pub, de plaats voor respectievelijk vrouwelijke en mannelijke activiteiten. Deze tegenstelling wordt reeds gethematiseerd in Doyles vroege toneelstuk *War*, waar de set verdeeld is in twee delen, the "Pub Lounge" and the "Kitchen", de plaats voor "the gargle" (bier) en die voor de thee. Terwijl het salon dient om tv te kijken, vormt de keuken de scène voor vitale gebeurtenissen. Sharon vertelt haar ouders in de keuken dat ze zwanger is en ze trekt er ook heen wanneer ze onzeker is en gezelschap nodig heeft. Het is ook in de keuken dat Paula merkt dat Charlo een gevaar vormt voor haar dochter en hem met een pan op het hoofd slaat, zodat hij buitenduizelt en voorgoed wegblijft.

Zoals we reeds zagen is de tijdsbeleving van Doyles karakters grotendeels in het heden gesitueerd. De meeste Barrytowners zijn impulsief. Zo lezen we over Jimmy's band: "The Commitments werden voor enkele minuten ontbonden" en verlaat één van de muzikanten de groep net voor het bisnummer (*De Commitments*, p. 57). Jimmy heeft een fameus platencontract in de wacht kunnen slepen en vraagt zich af of ze hun jobs nu al zouden opgeven om zich volledig aan muziek te wijden: Jimmy "wreef in zijn handen en ging [...] naar de Commitments. Maar die bestonden niet meer. In de loop van het kwartier dat Jimmy met Dave van Mafkees had staan onderhandelen, waren de Commitments ontbonden" (p. 139). Een week later heeft Jimmy de teleurstelling verwerkt.

Politiek, religie, filosofie?

Een ander verwijt dat Doyle dikwijls te horen krijgt is dat hij niet politiek geëngageerd is. Op het eerste gezicht is dit misschien waar. Je kan doorheen zijn boeken gemakkelijk de actualiteit volgen, maar veel meer dan flitsen uit de media krijg je niet. Paddy Clarke hoort over Vietnam en het Palestijns conflict, Jimmy sr hoort zijn kinderen een onderscheid maken tussen Thatcher, Bush en *Mr* Gorbatchev, en merkt op "dat Saddam Hussein nog steeds de lul aan het uithangen was in Irak" (*De Bus*, p. 604); Paula volgt de Golfoorlog en leert over "pre-emptive strikes" (*De vrouw*, p. 39). En in *Rover Saves Christmas* crasht Rover bijna in een van de glazen wolkenkrabbers van Hong Kong. Maar er is meer dan dat. In een interview met Caramine White maakt Doyle een verschil "tussen politiek met een kleine 'p' en politiek met een grote 'P'" (White, p. 14). De grote P van partijpolitiek laat hij achterwege, zoals bij het begin van de Barrytown trilogie duidelijk wordt wanneer *The Commitments* zich afvragen:

> – En hoe zit het met de politiek?
> – Tja, politiek. Geen nummers over Fianna Fail of dat soort gezeik. Echte politiek" (*De Commitments*, p. 17).

Echte politiek gaat over wat de mensen beroert, en dat bespreek je niet in de abstracte begrippen of ideologieën. Soms geeft de auteur zijdelings kritiek op het fervente, ouderwetse nationalisme van vorige eeuwen, zoals wanneer hij opmerkt dat de naam van de pub "The Dark Rosaleen", een negentiende-eeuwse politieke code voor Ierland, veranderd is in "The Miami Vice" (*De Commitments*, p. 106).

Doyle hekelt ook regelmatig de xenofobie en het nationalisme van de Ieren. Het verhaal over de edelmoedige Jood die door het katholieke Establishment vermoord wordt in *A Star Called Henry* is erg grimmig, maar de Barrytown Trilogie is milder, omdat Jimmy Rabbittes kritiek op de Italianen – "EEG rot op" (*De Bus*, p. 469) – van voorbijgaande aard is. Nationalisme is enkel toegelaten voor Doyle als het met sport te maken heeft. Wanneer Ierland the World Cup bijna wint zijn ze "a NAAAY-SHUN ONCE AGAIN" (*De Bus*, p. 529).

Nationalisme is een euvel, imperialisme nog erger. De VS en hun mediabeleid krijgen het dikwijls te verduren in Doyles boeken. In *Brownbread* wordt Reagan op surrealistische wijze gehekeld wanneer de radioreporter meldt: "President Reagan zei vanmorgen dat hij bewijzen heeft dat de drie jongelui die Bisschop Treacy gijzelen door Lybië gesteund worden" (*Brownbread*, p. 50), terwijl deze de IRA verfoeien en met politiek niets te maken willen hebben. De media noemen de drie jongens "The Barrytown Three" waardoor ze herinneren aan het schandaal van "The Guildford Four", vier Ieren die jarenlang zonder rechtvaardig proces werden vasthouden. Doyles antikapitalisme blijkt verder uit dat andere surrealistische verhaal, *A Star Called Henry* waarin de auteur de lof zwaait van zijn lichtend voorbeeld Sean O'Casey, schrijver en secretaris van de Socialistische Partij in 1916. De Noord-Dubliners worden niet enkel de "niggers of Dublin" genoemd, maar ze identificeren zich ook met de Palestijnse underdogs, die door de Israëlis bezet worden. Daardoor krijgt de lokale pub, *The Hiker's Rest*, de bijnaam *The Gaza Strip* (*War*, p. 99). Dat vele gezinnen bovendien ook arm zijn, komt steeds maar zijdelings ter sprake, zoals wanneer Paula de boterhammen van haar kinderen klaarmaakt, "dunne sliertjes ham aan de buitenkant om te verhullen dat er niets in the midden zat." (*De vrouw*, p. 183)

Het ergste probleem zijn de drugdealers. In elk boek is er een gezin dat het probleem van zeer dichtbij kent. Wanneer één van de jongens in de soul band hasj wil proberen stelt Jimmy Rabbite jr zijn veto: "Dublin is vergeven van de drugs. Kijk naar wat met Dereks broer gebeurd is." De groep zal dan ook de opbrengst van hun eerste concert schenken aan een project voor heroïneverslaafden. De families proberen het drugsprobleem gewoon te negeren: Jimmy sr denkt niet aan zijn zoon Leslie die verdwenen is, Paula niet aan John Paul, Derek niet aan zijn broer. Doyle maakt er geen centraal punt van, maar precies door de insistentie waarmee zijn hoofdpersonen deze vragen wegduwen, stelt hij ze aan de orde.

Caramine White en andere critici beweren dat "er in Doyle [...] geen sprake is van enig religieus leven" (White, p. 14) Dit klopt ook niet. Net zoals het psychologische en politieke aspect wordt het religieuze indirect bekritiseerd. Zo wordt in *War* het team van Father Molly gediskwalificeerd omwille van valsspelen; Paula merkt op dat vooral priesters in haar sex appeal geïnteresseerd waren. In interviews is Doyle explicieter in zijn kritiek op de leugenachtigheid en de seksschandalen van de Kerk, maar hij wil dit instituut geen prominente plaats geven in zijn fictie. Katholieke gewoonten worden nog alom in stand gehouden, maar ze betekenen niets meer. Wanneer Sharon bang is dat ze haar baby zal verliezen begint ze automatisch een Weesgegroet te bidden maar raakt niet verder dan "Hello Be Thy Name" (*The Snapper*, p. 168).

Tenslotte wordt van Roddy Doyle ook gezegd dat hij geen vragen stelt. Hij is zeker geen filosoof van het type Coetzee en Rushdie, maar komt soms charmant uit de hoek, bijvoorbeeld wanneer hij tornt aan het begrip "essentie". Zo stelt hij de broers Jimmy en Danny Murphy voor als hecht verbonden: "wel waren ze nét een tweeling [...] Zelfs de zusjes O'Connor [...] zeiden het, en dat was een echte tweeling." Bovendien willen ze ook bloedbroeders worden: "'Het was eigenlijk stom', zei Jimmy. 'Ik bedoel, we waren al broers'" (*Niet enkel voor Kerstmis*, pp. 10, 63).

Stijl

Eigenlijk is Doyles stijl in één woord te karakteriseren: hij is direct. Dit effect bekomt hij op verschillende manieren. Eerst en vooral door een narratief naïef "*du dedans*" standpunt te handhaven. De lezer volgt de gedachtengang van een figuur altijd van binnenuit. Zoals wanneer Danny en Jimmy hun eerste Guinness drinken:

> Het was ... walgelijk. Het was smerig. Zulk vies spul had hij nog nooit geproefd. Hij moest ervan overgeven, dat wist hij zeker. Hij had zin om naar huis te rennen. Hij zette het glas neer. 'Heerlijk', zei hij. (*Niet alleen voor kerstmis*, pp. 22-23)

Een beschrijving wordt vaak ook scherp en direct door de erg bondige formulering. Sharons verlegen weigering de vader van haar baby te noemen, wordt als volgt weergegeven: "'Dat kan ik niet', zei Sharon tegen de keukentafel" (*De Bastaard*, p. 155). Of neem de pogingen van Rover om zijn magische kwaliteiten wat te verbergen en meer essentieel hond te zijn: "Hij probeerde wat hondachtiger te zijn. Hij sprong naar een vlieg, krabde zichzelf, blafte wat om zich heen en gromde naar een onderbroek die aan de waslijn hing" (*The Giggler Treatment*, p. 60). Tenslotte helpen ook neologismen, liefst onomatopeeën, zoals wanneer Jimmy jr een baby groet: "Jimmy koetsiekoetsiekoede. De baby staarde hem onbewogen aan" (*The Commitments*, p. 143).

Tenslotte kruidt Doyle zijn boeken met humor – dit is tenminste iets wat niemand hem afstrijdt. Hij laat zijn personages vaak kleurige vergelijkingen gebruiken: "Dat goeie ouwe Chinese voer gaat door je heen als een hazewind op rolschaatsen" (*Brownbread*, p. 33). Ook muziek wordt dikwijls als (geestige) commentaar gebruikt. Wanneer de bisschop verwacht dat men hem zal neerschieten doet hij zijn ogen alvast dicht, terwijl "*Eddie Cochran 'Three Steps to Heaven' zingt.*" In zijn kinderboeken hekelt Doyle dikwijls de commercialisering van alle kunst. Nadat het verhaal van Rover afgelopen is volgen nog een paar pagina's ironische uitleg over andere boeken over de hond Rover:

> Indien u van dit boek hield, kunnen we er u een paar andere aanraden. [...] *Rover Redt Pasen.* (Brak Hond Uitgeverij); [...] *A is voor Arm, B is voor Bijt erin*: *een Hondig Woordenboek* (Dogford University Press); *Rover Copperfield* (Kennel Klassiekers). (*Rover Saves Christmas*)

De kinderverhalen hebben trouwens ook veel weg van het sprookje dat Rushdie schreef voor zijn zoontje, *Haroun al Rashid or the Sea of Stories.* Ook daar komt het erop aan te geloven in magie, anders werkt die niet. Net zoals Harouns vader niet overtuigend kan vertellen wanneer hij aan zichzelf twijfelt, zo begint de slee van Santa te dalen wanneer Rover niet meer in zichzelf gelooft. Rushdies invloed was ook al voordien te merken in de mythologische sfeer van *A Star Called Henry.* Verder zijn Dickens, Joseph Heller en talloze andere – vooral Amerikaanse auteurs – te herkennen in Doyles proza. Maar ook Ierse voorgangers zijn alomtegenwoordig: Brendan Behan, Flann O'Brien, Sean O'Casey en natuurlijk, Joyce.

Kortom, Doyle is niet zo "eenvoudig", onacademisch, apolitiek, onreligieus, onliterair als velen beweren. Hij is het lezen waard, voor al wie van zijn eigenzinnige Barrytown-stijl houdt.

Beknopte bibliografie

Primaire literatuur

Brownbread and *War*, Harmondsworth: Penguin, 1994.

The Barrytown Trilogy: The Commitments, The Snapper, The Van, London: Secker & Warburg, 1992. (*De Barrytown Trilogie: De Commitments, De bastaard, De Bus*, vert. Rob van Moppes, Amsterdam: Nijgh & Van Ditmar, 1997.)

Paddy Clarke Ha Ha Ha, London: Secker & Warburg,1993. (*Paddy Clarke Ha Ha Ha*, vert. Rob van Moppes, Amsterdam: Nijgh & Van Ditmar, 1993.)

The Woman Who Walked into Doors, London: Secker & Warburg, 1996. (*De vrouw die tegen de deur aanliep*, vert. Rob van Moppes, Amsterdam: Nijgh & Van Ditmar, 1996.)

A Star Called Henry, London: Jonathan Cape, 1999. (*De ster Henry Smart*, vert. Aad van der Mijn, Amsterdam: Nijgh & Van Ditmar, 1999.)

Not Just for Christmas. Dublin: New Island Books, 1999. (*Niet alleen voor kerstmis*, vert. Han Visserman, Breda: De Geus, 2001.)

The Giggler Treatment. London: Scholastic, 2000. (*De giechelbehandeling*, vert. Karin Kuiper, Amsterdam: Prometheus, 2002.)

Rover Saves Christmas. London: Scholastic, 2002.

Rory & Ita. London: Jonathan Cape, 2002. (*Rory en Ita*, vert. Aad van der Mijn, Amsterdam: Nijgh & Van Ditmar, 2003.)

Secundaire literatuur

DONNELLY, Brian. “Roddy Doyle: From Barrytown to the GPO”, *Irish University Review* 30,1 (2000): pp. 17-31.

IMHOF, Rüdiger. *The Modern Irish Novel. Irish Novelists after 1945*, Dublin: Wolfhound Press, 2002.

MC CARTHY, DERMOT. *Roddy Doyle: Raining on the Parade*, Dublin: The Liffey Press, 2003.

SMYTH, Gerry. *The Novel and the Nation, Studies in New Irish Fiction*, London: Pluto Press, 1997.

WHITE, Caramine. *Reading Roddy Doyle*, New York: Syracuse UP, 2001.

ALASDAIR GRAY
(1934-)

Tom TOREMANS

DE 'SCHOTSE RENAISSANCE'

Ondanks zijn afkomst – Gray werd geboren in een arbeidersfamilie in Glasgow – en ondanks de onoverzichtelijke veelzijdigheid van zijn artistieke productie – Gray is schilder, dichter, romancier, theaterauteur, scenarist, gastprofessor, en boekillustrator – dient Alasdair Gray te worden beschouwd als één van de protagonisten binnen de hedendaagse Britse literatuur. Dit mag blijken uit reacties op zijn werk door collega-auteurs: Anthony Burgess prees hem naar aanleiding van de publicatie van *Lanark* als "de belangrijkste schrijver in Schotland sinds Walter Scott", Malcolm Bradbury vernoemde hem in *The Modern British Novel* als "zowel een uitdagende, plagende postmodernist als een auteur die dicht bij Glasgow blijft" en David Lodge, tenslotte, beschreef hem in zijn recensie van *1982 Janine* als "een vreemde vogel tussen hedendaagse Britse schrijvers – een oprecht experimentalist die met een gedurfde verbeelding de regels van het formele Engelse proza met de voeten treedt". Gray zelf houdt het bescheidener, en introduceert zichzelf in zijn laatste roman, *A History Maker*, als "een corpulente oudere kalende bebrilde astmatische autoloze Glasgowse echtgenoot". Wat er ook van zij, Grays reputatie is die van de "Founding Father of the Scottish Renaissance", zoals de titel van een recent interview in *The Guardian* het stelt.

Het is ondertussen een gemeenplaats geworden dat de Schotse literatuur tijdens de laatste twee decennia een heropleving heeft doorgemaakt die haar een nieuwe dynamiek en een internationaal forum heeft gegeven. Internationaal gerenommeerde, vertaalde en soms verfilmde auteurs als Irvine Welsh, Alan Warner, A.L. Kennedy e.a. hebben vorm gegeven aan de hedendaagse Schotse roman, die zowel vormelijk als thematisch stem tracht te geven aan de verkenning van een nieuwe Schotse culturele en politieke identiteit. Het voorlopige hoogtepunt van deze herontdekking van Schotse auteurs deed zich voor in de jaren negentig. In 1992 won Gray zowel de Whitbread Best Novel Award als de Guardian Fiction Prize, twee jaar later ontving James Kelman de (controversiële) Booker Prize voor *How late it was, how late* en nog eens twee jaar later zorgde de verfilming van Irvine Welsh' *Trainspotting* voor een ware culthit tot ver buiten de Schotse grenzen. Een dergelijke genealogie van de 'Schotse renaissance', die het vroege werk van Gray en Kelman op een duidelijke breuklijn met het verleden positioneert, is vanuit literair-historisch standpunt zeker geldig en heeft het bijkomende voordeel dat zich zowel voor de criticus als voor de uitgever een duidelijk omlijnd nieuw veld aftekent. Tegelijk, echter, is deze genealogie noodzakelijkerwijze reductief en doet ze geen recht aan ontwikkelingen die aan Grays werk zijn voorafgegaan, met als twijfelachtig resultaat dat de verwaarlozing van de Schotse culturele eigenheid vóór de publicatie van Grays *Lanark* wordt voortgezet.

De Schotse literatuur van de laatste twee decennia is in de eerste plaats een uitgesproken *politieke* literatuur. Ze is het resultaat van de heropleving van een politiek bewustzijn in de nasleep van gebeurtenissen tijdens de jaren zeventig, met als climax het referendum, of "deferendum" zoals het in Schotland genoemd wordt, over Schotse onafhankelijkheid in 1979. De Britse Labourregering deed toen een verworven meerderheid teniet door een inderhaast toegevoegde clausule die een minimale opkomst vereiste. De proliferatie van Schotse literatuur die op dit debacle volgde, wordt dikwijls voorgesteld als een plotse explosie van nationalistische werken die de zoektocht naar een eigen culturele identiteit verwoordden. Dat de bom echter al langer tikte, mag blijken uit het feit dat auteurs als Gray en Kelman al vanaf de vroege jaren zeventig deel uitmaakten van een progressieve en experimentele schrijversgroep, met o.a. Tom Leonard en Liz Lochhead, en langer dan een decennium op zoek zijn geweest naar een uitgever. Gray doet het verhaal van deze periode in zijn "Postscript" tot *Lean Tales* (1985). Deze bundel met kortverhalen van hemzelf, James Kelman en Agnes Owens werd in de herdruk van 1995 geïntroduceerd als "een mijlpaal in de vooruitgang van de hedendaagse Schotse literatuur van James Kelman [...] tot het talent dat door de auteurs van dit boek werd aangemoedigd: Janice Galloway, A.L. Kennedy, Duncan McLean en Irvine Welsh".

Gray zelf is met de titel van grondlegger van een nieuwe Schotse literatuur overigens niet onverdeeld gelukkig. Enerzijds staat hij uitgesproken kritisch tegenover de literaire en academische kritiek in het algemeen. Dit blijkt bijvoorbeeld uit zijn persiflage van de literatuurwetenschap in het kortverhaal "Prometheus" (in *Unlikely Stories, Mostly*), of uit zijn cynische opmerkingen over de literaire kritiek in de Epiloog van *Lanark*. Anderzijds levert Gray in zijn literaire werk ook een kritiek van noties als (culturele) identiteit, (collectief) geheugen en geschiedenis, waarbij hij elke vorm van provincialisme of naïef nationalisme overstijgt. Hierdoor worden beide onderdelen van het begrip 'Schotse literatuur' enigszins problematisch gemaakt. Gray expliciteert deze problematisering overigens in zijn recente literair-historische werken *The Book of Prefaces* (2000) en *A Short Survey of Classic Scottish Writing* (2001).

Belangrijker dan Grays expliciete opvattingen over de Engelse literatuur en haar geschiedenis, echter, is het kritische onderzoek naar de grenzen van de literatuur en haar ethische, sociale en politieke ambities in de literaire werken zelf. Grays literaire werk is een *performatieve* kritiek. In en door het literaire werk wordt de literatuur zélf in vraag gesteld en wordt haar politieke intentie geproblematiseerd. Het is deze performativiteit die aan Grays werk een internationale en interdisciplinaire relevantie verleent. Grays statuut als de grondlegger van de Schotse culturele renaissance is dus meer dan het resultaat van een nationalistisch geïnspireerde noodzaak aan literaire helden. Als Gray inderdaad de Schotse literatuur een nieuwe impuls heeft gegeven, dan is het precies omwille van zijn doorgedreven kritiek op een te kortzichtige opvatting over culturele identiteit en nationale geschiedenis. Grays kritiek ontwikkelt zich simultaan op narratief, thematisch en typografisch vlak. Hierin ligt in de eerste plaats zijn invloed op de generatie Schotse schrijvers die vandaag internationale faam geniet. In wat volgt zal een overzicht worden gegeven van Grays belangrijkste romans. Zijn poëtisch (*Old Negatives*, 1989), politiek (*Why Scots Should Rule Scotland*, 1992 en 1997) en essayistisch werk, hoewel zeker niet minder interessant of uitdagend, wordt hierbij buiten beschouwing gelaten.

VAN UNTHANK NAAR GLASGOW EN TERUG: HET LABYRINT VAN *LANARK*

De ontstaansgeschiedenis van Grays debuutroman is enigszins opmerkelijk. Gray begon aan het boek op achttienjarige leeftijd, tijdens zijn opleiding aan de Glasgow School of Art. De roman zou uiteindelijk pas zo'n 30 jaar later, in 1981, verschijnen. Tijdens deze periode was Gray tijdelijk werkloos, werkte hij als leraar en (muur)schilder en schreef hij stukken voor theater en televisie. In de jaren zeventig werd het manuscript van *Lanark* door verschillende uitgeverijen geweigerd, en pas na de politieke gebeurtenissen van 1979 werd de tijd rijp bevonden om het boek op de markt te brengen. Veeleer dan een plotse geniale reactie op de politieke actualiteit, was *Lanark* dus een werk van lange adem. Wel leidde dit Schots (anti-)epos uiteindelijk tot de explosie van de culturele en politieke spanningen die zich vanaf de vroege jaren zeventig hadden opgestapeld. De publicatie van de roman was geen vanzelfsprekende zaak. *Lanark* is immers een 560 pagina's tellende roman, verdeeld in vier boeken. De eerste twee spelen zich af in het naoorlogse Glasgow en de laatste twee in de apocalyptische, futuristische wereld van Unthank, het Instituut, de Interkalendrische zone en Provan. De roman bestrijkt dus een periode van 1940 tot een ongedefinieerde toekomst, waar temporaliteit dermate problematisch is dat er van geschiedenis nog nauwelijks sprake kan zijn. *Lanark* werd onmiddellijk na publicatie reeds beschouwd als één van de grote twintigste-eeuwse epische romans, en werd vergeleken met Joyces *Ulysses* en Pynchons *Gravity's Rainbow*.

Ondanks zijn politieke betekenis als promotor van een nieuwe Schotse identiteit, doet *Lanark* niet naïef beroep op begrippen als identiteit en geschiedenis. Dit blijkt reeds uit de complexe narratieve structuur waar de lezer zich doorheen moet worstelen. Hoewel de roman de ondertitel *Een leven in vier boeken* meekreeg, vertelt hij in eerste instantie twee verschillende levens: dat van de Glasgowse kunstenaar Duncan Thaw (deels gebaseerd op Grays eigen jeugd) en dat van Lanark, een jongeman zonder verleden die per trein aankomt in het donkere Unthank. Boek Eén bevat het relaas van Thaws jeugd tot aan zijn aanvaarding door de Glasgow School of Art; Boek Twee vervolgt het verhaal van Thaw tot aan zijn dood; Boek Drie behandelt Lanarks aankomst in Unthank en zijn reis naar het Instituut en Boek Vier, tenslotte, beschrijft Lanarks terugreis naar Unthank, zijn politiek bezoek als ambassadeur aan Provan en zijn dood in Unthank. Het verhaal wordt echter niet chronologisch verteld en de roman is als volgt opgebouwd: Boek Drie, Proloog, Boek Eén, Interludium, Boek Twee, Boek Vier (deel één), Epiloog, Boek Vier (deel twee). De complexe structuur wordt bovendien gethematiseerd in de Epiloog. Lanark wordt er geconfronteerd met de auteur en weet zich plots gevangen in een tekstueel labyrint waarvan hij de betekenis niet kan doorgronden. Lanark en de lezer staan dus voor dezelfde opdracht. Ze moeten zoeken naar mogelijkheden om de twee levens en de verschillende werelden van *Lanark* samen te brengen in het ene leven van de ondertitel. Met andere woorden, beiden zijn aangewezen op het *lezen*, een activiteit die doorheen de roman van elke vanzelfsprekendheid ontdaan wordt.

Het Thaw-gedeelte van *Lanark* heeft een uitgesproken realistische schriftuur. Het vertelt het deels autobiografische verhaal van een jonge kunstenaar die opgroeit in de arbeiderswijken van Glasgow. Thaw worstelt zich door zijn kunstopleiding aan de Glasgow School of Art, wordt werkloos, en raakt voortdurend teleurgesteld, zowel in de kunst als in de liefde. Gedesillusioneerd in het leven en zijn omgeving, vermoordt hij, naar alle waarschijnlijkheid, het meisje dat hem afwijst en verdrinkt zichzelf. Thaws leven speelt zich af tegen de achtergrond van het harde arbeidersmilieu van het naoorlogse Glasgow: een wereld van werkloosheid, arbeidsongevallen, zelfmoord en drankproblemen. Thaw krijgt de opdracht om in een kleine kerk een muurschildering te maken die het Scheppingsverhaal uitbeeldt, wat hem de kans biedt om de grauwe industriële werkelijkheid te herscheppen en ze van uit een meer verheven, artistiek perspectief te duiden. Het falen van Thaws artistieke ambities kondigt reeds de narratieve impasse van de roman zelf aan: "een landschap dat gelijktijdig van boven en beneden bekeken wordt, en dat het noorden, oosten en zuiden bevat, kan nauwelijks vredig zijn. Vooral als er zich een oorlog in afspeelt" (*Lanark*, p. 287). Precies op het moment dat Thaw de kunst wil laten gelden tegenover de gecorrumpeerde machtsstructuren van de sociale realiteit, begaat hij de fout de kunst af te scheiden van de realiteit en haar als louter symbolische duiding te zien. *Lanark* toont echter aan dat geschiedenis, symbolen en taal zélf voortvloeien uit en participeren aan die machtsstructuren. Kunst dient zich bijgevolg tegen zichzelf, tegen haar eigen oorsprong te keren.

In een conversatie met zijn vriend McAlpin, merkt Thaw het volgende op:

> "Glasgow is een fantastische stad," zei McAlpin. "Hoe komt het dat we dat nauwelijks beseffen?" "Omdat niemand zich het kan verbeelden om hier te wonen," zei Thaw. MacAlpin stak een sigaret op en zei, "Ik luister."
> "Denk aan Firenze, Parijs, Londen, New York. Bij je eerste bezoek aan die steden ben je nooit een vreemdeling, want je hebt ze al bezocht in schilderijen, romans, geschiedenisboeken en films. Maar als een stad nooit gebruikt is door een kunstenaar, dan verblijven zelfs haar eigen bewoners er niet in hun verbeelding. Wat betekent Glasgow voor de meesten onder ons? Een huis, een werkplaats, een voetbalterrein of golfparcours, een paar pubs en verbindingsstraten. Dat is alles. Nee, fout, er is ook de bioscoop en de bibliotheek. Dat is waar we heen gaan als we onze verbeelding willen gebruiken; daar bezoeken we Londen, Parijs, het oude Rome, het Amerikaanse Westen van rond de eeuwwisseling. Glasgow bestaat enkel in de verbeelding als een music-hallnummer en een paar slechte romans. Dat is alles wat we de wereld hebben gegeven. Dat is alles wat we onszelf hebben gegeven." (*Lanark*, pp. 243-44)

Thaws opmerking houdt een impliciete kritiek in van de verdringing van de Schotse cultuur door de sterk centralistische politiek van het naoorlogse Engeland. Thaws jeugd speelt zich immers af in de periode dat Engeland een uniforme Britse identiteit promootte waarbij interne culturele diversiteit genegeerd werd. Het resultaat van deze cultuurpolitiek is een compleet cultureel geheugenverlies: Thaw is zich niet bewust van een Schots verleden en beschouwt Schotland als niet meer dan een industrieel niemandsland zonder culturele eigenheid:

> 'Uiteraard houden onze industrieën ongeveer de helft van Schotland in leven. Ze laten ons toe te bestaan. Maar wie is er vandaag de dag nog tevreden met het loutere feit dat hij bestaat?'
> 'Ik, op dit moment,' zei McAlpin, terwijl hij naar het zonlicht keek dat zich tussen de daken bewoog.
> 'Ik ook,' zei Thaw, terwijl hij zich afvroeg wat er met zijn argument gebeurd was. (*Lanark*, p. 244)

Schotlands culturele amnesie, vertegenwoordigd door Thaw, mag dan wel aangeklaagd worden als het resultaat zijn van een Brits politiek beleid, zij kan niet zonder meer geremedieerd worden door een nieuw historisch verhaal dat voorbijgaat aan de uitgesproken politieke aard van een nationale geschiedenis en elk esthetisch construct. De mogelijkheid van de kunst om zich politiek te laten gelden is niet vanzelfsprekend en jaagt Thaw uiteindelijk de dood in. Dat *Lanark* verdergaat, en zelfs met dit vervolg aanvangt, toont reeds aan dat de roman een weg zoekt uit de realistische impasse en zich verder tracht te ontwikkelen tot een eigentijdse roman.

De eerste twee boeken worden eigenlijk voorgesteld als het verhaal dat Lanark te horen krijgt van een orakel dat hij tijdens het Interludium ontmoet. Lanark is een jongeman die zijn verleden niet kan herinneren – hij ontleent zijn naam aan het onderschrift van een schilderij in een trein. Hij komt terecht in Unthank, een vervallen stad die gedomineerd wordt door bureaucratie en duisternis. Net als sommige van zijn medeburgers in Unthank lijdt Lanark aan een ziekte, 'dragonhide' genoemd, die zijn lichaam langzaam met schubben bedekt. Uiteindelijk vindt hij de weg naar genezing via een mond in de aarde die hem toegang verschaft tot een klinische onderwereld die de ziektes behandelt. Eenmaal genezen wordt Lanark automatisch gepromoveerd tot dokter. Maar wanneer hij merkt dat het Instituut net zo corrupt is als de bovenaardse stad, besluit hij samen met zijn geliefde Rima, die hij als dokter redt van dragonhide, te ontsnappen. Net voor de ontsnapping ontmoet hij het orakel, dat hem Boeken Eén en Twee vertelt.

In de Epiloog verduidelijkt de auteur het problematische van een al te rechtlijnige politieke relevantie van het esthetische. Hij doet dat als "the conjuror", wat zowel illusionist als bezweerder kan betekenen, in een dialoog met zijn hoofdpersonage.

> 'Ik zal aanvangen,' zei de illusionist/bezweerder, 'met de fysica te verklaren van de wereld waarin je leeft. Alles wat je hebt ervaren en op dit moment ervaart, van je eerste blik op het Elite café tot het metaal van de lepel in je hand, de smaak van de soep in je mond, bestaat uit één ding.'
> 'Atomen,' zei Lanark.
> 'Nee. Inkt. Sommige werelden bestaan uit atomen, maar de jouwe bestaat uit kleine stipjes, in perfecte lijnen marcherend, als insectenlegers, over pagina's en pagina's van wit papier. Ik zeg nu wel dat die lijnen marcheren, maar dat is een metafoor. Ze bewegen helemaal niet. Ze zijn levenloos. Hoe kunnen *zij* dingen reproduceren als het gewoel en

lawaai van de slag van Borodino, de witte walvis die het schip ramt, de gevallen engelen op het vlammende meer?'
'Door gelezen te worden,' zei Lanark ongeduldig. (*Lanark*, p. 485)

Lanarks ongeduld doet reeds vermoeden dat er meer aan de hand is dan een postmoderne problematisering van tekst en werkelijkheid. Op het moment dat de noodzaak van de lezer en zijn verbeelding geëxpliciteerd worden, splitst de roman zich op in een reeks overlappende en contrasterende tekstuele dimensies. Deze verstoren de bladspiegel en doen de aandacht van de lezer voortdurend verschuiven. Zo krijgt de lezer onderaan de bladzijde een aantal voetnoten met ironische adviezen aan de critici, terwijl in de marges literaire werken worden opgesomd, van Freud en Marx tot Sartre en Borges, waaruit al dan niet letterlijk in *Lanark* wordt geciteerd. De lezer wordt in deze bladzijden dus geconfronteerd met een drietal stilistisch en typografisch onderscheiden tekstdimensies die, elk vanuit hun relatieve autonomie, elkaar ondersteunen en verstoren. Eenzelfde strijd doet zich voor op het niveau van de roman zelf: Unthank is in eerste instantie een allegorie voor het na-oorlogse Glasgow, maar ook het omgekeerde is waar. Precies op het moment dat de roman zijn politieke aspiraties wil verwoorden, wordt het onderscheid tussen allegorie en het geallegoriseerde onbeslisbaar en wordt de roman aldus onleesbaar.

Ook deze erkenning van zijn eigen onherleidbare tekstualiteit draagt echter bij tot de politieke dimensie van de roman, die op thematisch vlak slechts gedeeltelijk kan geduid worden. Thematisch kan *Lanark* gelezen worden als het verhaal van een gespleten en cultureel verarmd Schotland op zoek naar een nieuwe identiteit. Deze zoektocht loopt parallel met Thaws artistieke verkenning van zijn eigen identiteit, en met Lanarks streven naar vrijheid in een bureaucratische en hyperkapitalistische samenleving. De typografische chaos van de Epiloog intensifieert echter niet enkel de tekstualiteit waarin Lanark zich plots gevangen weet, maar tevens het gevecht dat hij zelf in Unthank moet leveren om niet gereduceerd te worden tot een leeg type, ontdaan van elke individualiteit. Bovendien geeft de typografische extravagantie van *Lanark* – en van Grays overige werk – uiting aan het verzet van een grotendeels orale cultuur tegen de schriftelijke tirannie van het Engelse establishment. Ook hier geldt Gray als baanbreker: in de romans van Alan Warner (o.a. *These Demented Lands*) en Irvine Welsh (o.a. *Marabou Stork Nightmares*) wordt de typografische dimensie van de literaire tekst verder geëxploreerd en op vergelijkbare wijze aangewend. Overigens probeerde de Schotse literatuur van de jaren zeventig en tachtig ook op andere manieren de verdrukte orale cultuur te herstellen, zoals in de fonetische schriftuur van James Kelman en Tom Leonard, die op haar beurt de weg heeft geopend naar hedendaagse experimenten.

De sociale en politieke dimensie van *Lanark* laat zich dus niet zo maar wegredeneren. De nieuwe impuls die *Lanark* aan de Schotse literatuur heeft gegeven situeert zich precies in de poging van de roman om zich, ondanks zijn onherleidbare tekstualiteit en uiteindelijke machteloosheid, te ontwikkelen tot een doorgedreven verkenning van de politieke en sociale impact van de literatuur. Het afgeleverde product is een boek in al zijn materialiteit, inclusief de typografische extravagantie, de barokke illustraties en de temporele chaos, die de aspiraties van het boek om zich te profileren als een Schotse, laat twintigste-eeuwse roman frustreren. Wat overblijft is de arbeid van een zelfreflexieve kritiek, wat benadrukt wordt in een voetnoot waarin de mensen worden opgesomd die hebben bijgedragen tot het typen, drukken, reviseren en publiceren van het boek. De onreduceerbare tekstualiteit van roman en hoofdpersonages is zowel een vorm van tirannie als een mogelijke bevrijding. Het is enerzijds het resultaat van een arbeid onderhevig aan tirannie – zoals de geplagieerde werken dat zijn voor *Lanark*, en Unthank voor Lanark – én de mogelijkheidsvoorwaarde voor het streven naar vrijheid. *Lanark* is die arbeid die zich ondanks de erkenning van haar uiteindelijke machteloosheid heeft gerealiseerd tot gematerialiseerd (non-)product dat rebelleert tegen het systeem waaraan het onderhevig is. Zoals het weerkerende citaat uit Goethes *Faust* het stelt: *Wer immer strebend sich bemüht, den können wir erlösen*. Streven tegen beter weten in en toch hopen op verlossing – het is een thema dat tot op heden aan het Schotse proza een zekere eigenheid heeft verleend.

De arbeid van de literatuur en de tirannie van het genre

Deze opvatting van literatuur als een kritische arbeid die ondanks zichzelf tracht in te grijpen in de wereld blijft sterk aanwezig in Grays latere werk, zoals de slogan die vanaf 1983 op de kaft van zijn boeken staat, suggereert: *work as if you live in the early days of a better nation.* De hyperbolische lofbetuigingen die op *Lanark* volgden, schiepen grote verwachtingen voor Grays volgende werk. Twee jaar na de publicatie van zijn debuut publiceerde Gray een bundel kortverhalen die hij schreef tijdens de lange periode dat hij aan *Lanark* werkte, onder de titel *Unlikely Stories, Mostly.* De bundel bevat zeer uiteenlopend materiaal van wisselende kwaliteit. Naast enkele speelse verhalen die uit Grays tienerjaren dateren, bevat hij ook kortverhalen die het experiment en de gewaagdheid van *Lanark* onverminderd verderzetten. *Lanarks* kritiek van het esthetische kunstwerk als representatie van en model voor een socio-politieke werkelijkheid bepaalt namelijk ook enkele van Grays meest uitdagende kortverhalen. Gray's tweeledige verhaal over de 'wielas', "The Start of the Axletree" en "The End of the Axletree", is een creatieve bewerking van het Bijbelverhaal over de toren van Babel. Aan de hand van een toevallig gevonden manuscript wordt het profetische relaas gedaan van de wijze waarop een 2000 jaar oude cultuur gebaseerd op een oneindige ontwikkeling van handel, economie en politieke vertegenwoordiging, onvermijdelijk ten onder gaat aan winstbejag, hebzucht en corruptie. De auteur van de profetie kan de impact van zijn waarschuwende tekst onmogelijk inschatten en schrijft slechts in de hoop dat de tekst ooit gevonden zal worden. Het is een strategie die Gray nog meermaals zal gebruiken: hij stelt zich voor als uitgever van teksten of tekstflarden die op de één of andere manier in zijn bezit zijn gekomen.

Het allegorische verhaal over de bouw van een toren die uitmondt in de architecturale representatie van machtsmisbruik en onderdrukking dient ook als model voor enkele andere verhalen, zoals het haast onleesbare "Logopandocy", het verhaal van de zeventiende-eeuwse, Schotse, excentrieke vertaler van Rabelais' *Gargantua et Pantagruel*, Thomas Urquhart. Dit verhaal is typografisch dermate gefragmenteerd dat er van een stabiele structuur geen sprake meer is. De lezer wordt aldus opnieuw geconfronteerd met een onmogelijk literair object. Grays bekendste kortverhaal, "Five Letters from an Eastern Empire", is opnieuw een allegorisch verhaal, los gebaseerd op Kafka's "Beim Bau der Chinesischen Mauer". De hofdichter Bohu brengt vanuit de hoofdstad van een machtig maar vervallen oosters rijk verslag uit aan zijn ouders. Het verslag vangt aan als een speelse komedie, maar voert uiteindelijk tot een cynische en tragische ontknoping.

De keizer, die Bohu tot dichter opleidde, heeft zijn ouders en de bewoners van zijn geboortedorp afgeslacht en vervolgens aan de jonge Bohu de opdracht gegeven om deze vernietiging in poëzie te vereeuwigen. Het oosterse rijk staat in dit verhaal staat voor het moderne Groot-Brittannië, dat postindustrieel Glasgow cultureel en politiek monddood heeft gemaakt.

Tot dezelfde uiterst productieve periode van de vroege jaren tachtig behoort ook *1982 Janine* (1984), op de omslag aangekondigd als een "sadomasochistische fetishistische fantasie". Hoewel korter en minder encyclopedisch dan *Lanark*, moet dit boek zeker niet voor zijn voorganger onderdoen. Integendeel, *1982 Janine* leest als een synthese tussen het literaire experiment van *Lanark* en de narratieve densiteit van de verhalen in *Unlikely Stories, Mostly*. Op de achterflap krijgen we een ironische waarschuwing van Gray, bij monde van een fictieve uitgever:

> Hoewel deze roman bulkt van deprimerende herinneringen en propaganda voor de Conservatieven, is het voornamelijk een sadomasochistische fetishistische fantasie. Zelfs de verschijning van God in de laatste hoofdstukken draagt niets bij tot het algehele niveau van dit werk. De stilistische overdadigheid en morele gebrekkigheid die critici moedwillig negeerden in Grays eerste boeken, *Lanark* en *Unlikely Stories, Mostly*, vindt men hier terug in geconcentreerde vorm.

1982 Janine ontspint zich als de innerlijke monoloog van de dronken gedesillusioneerde zakenman Jock McLeish tijdens een nachtelijke zuippartij. De monoloog beweegt heen en weer tussen McLeish' verloren jeugdidealen en sadistische pornografische fantasieën, die op hun beurt gelezen kunnen worden als metafoor voor McLeish' gevoel van zelfverachting. Nadat hij zich vanuit de arbeidersklasse heeft opgewerkt tot een managementpositie, kan hij enkel vast stellen dat hij nu financieel afhankelijk is van de klasse die hij verachtte en tot inkeer wilde brengen. Uiteindelijk beslist McLeish ontslag te nemen en zijn leven te beteren.

De pornografische inslag van de roman joeg sommige van Grays vroege bewonderaars tegen hem in het harnas. Zo vond Anthony Burgess de roman "nodeloos aanstootgevend". Dit leidde tot de eerste minder gunstige kritieken die Gray tot in de jaren negentig zouden achtervolgen. Toch werd *1982 Janine* ook erkend als een literair hoogstandje waarin het potentieel aanstootgevend effect van de pornografische passages voortdurend in conflict treedt met de complexiteit van Grays narratieve techniek. Met andere woorden: de pornografische inslag van *1982 Janine* is het zoveelste voorbeeld van Grays deconstructie van verschillende genres, waarbij de conventies van een bepaald genre in dergelijke mate worden geproblematiseerd dat het zich tegen zichzelf keert en eindigt als een gefragmenteerd en labyrintisch narratief complex. Ook in andere werken experimenteert Gray eigenzinnig met traditionele genres. Zo verkent Gray de grenzen van realisme en science-fiction in *Lanark*, die van de Victoriaanse roman en de romantische gotiek in *Poor Things*, en van de geschiedschrijving en de biografie in *A History Maker*. In *1982 Janine* treedt het genre van de pornografie bovendien in conflict met het genre van de belijdenis, met haar herkenbaar patroon van inzicht en spirituele wedergeboorte, waarvoor Gray zelf Augustinus' *Confessiones* en Thomas Carlyles *Sartor Resartus* als modellen suggereert. Het resultaat is een psychologische uitdieping van de alomtegenwoordige en onvermijdbare tirannie die ook Thaw en Lanark tot wanhoop en sociale verlamming dreef.

SCHIZOFRENIE EN DE BELOFTE VAN VERLOSSING: *POOR THINGS*

Na deze drie literaire experimenten die elkaar snel opvolgden, sloeg Gray een andere weg in en herwerkte enkele van zijn stukken voor theater en televisie uit de jaren zestig en zeventig tot novelles. Deze drie werkjes onderscheiden zich van Grays vroegere werk door hun realistische en satirische schriftuur. Van de uitdagende complexiteit van *Lanark* en het narratieve experiment van *1982 Janine* blijft er in *The Fall of Kelvin Walker* (1985), *McGrotty and Ludmilla* (1990) en *Something Leather* (1990) bijgevolg weinig over.

De publicatie van *Poor Things* in 1992 betekende zowel een nieuw élan in Grays creatieve productie als een voortzetting van de literaire *tour de force* die zo'n tien jaar eerder was begonnen. De roman won zowel de Whitbread als de Guardian prijs voor beste roman. In de lijn van *Lanark*, is *Poor Things* een complex meta-verhaal, een mengeling van negentiende-eeuwse medische teksten en een Victoriaanse roman, dat het begrip identiteit aan een radicale kritiek onderwerpt. Dit gebeurt aan de hand van een schizofreen hoofdpersonage met een problematisch verleden, dat symbool staat voor het post-industriële Schotland – één van de namen van de protagoniste is dan ook 'Bella Caledonia'. Het verhaal speelt zich af in het laat-negentiende-eeuwse Glasgow en wordt verteld door de jonge geneeskundestudent Archibald McCandless. McCandless' vriend en medestudent Godwin Baxter experimenteert op het lijk van een zwangere vrouw die, in een wanhopige poging om haar gewelddadige man te ontvluchten, zich heeft verdronken in de Clyde. Door in de schedel van de vrouw de hersenen van haar ongeboren kind te transplanteren, creëert Baxter 'Bella'. McCandless wordt verliefd op de promiscue en amorele Bella en wil met haar huwen, maar ze vlucht naar Europa met de advocaat Duncan Wedderburn, die ze echter snel tot de wanhoop drijft. Na een tijdje in een Parijs bordeel te hebben gewerkt, keert Bella terug naar Glasgow, waar ze besluit te trouwen met Archibald en verder door het leven te gaan als dokter Victoria McCandless. Op de huwelijksceremonie duiken echter plots haar ex-man en haar vader op en ontspint zich een onmogelijke discussie over de ware identiteit van de schizofrene Bella/Victoria.

Niettegenstaande de overwegend realistische schriftuur, wordt *Poor Things* beschouwd als Grays meest complete roman totnogtoe. In de eerste plaats wordt de problematisering van het literaire artefact geïntensifieerd aan de hand van een uiterst gecontroleerde narratieve structuur. De roman vangt aan met een inleiding waarin Gray uitlegt hoe het verhaal van McCandless in zijn bezit is gekomen en hoe het de aanleiding vormde voor een geschil tussen hemzelf en ene Michael Donnelly, een archivaris van het Glasgow People's Palace. Deze had de documenten met zich meegenomen na zijn ontslag, naar aanleiding van de beslissing van de regering Thatcher om Glasgow uit te roepen tot Culturele Hoofdstad van Europa. Volgens Gray is McCandless' verhaal "een volledige verzameling van feiten", terwijl het voor Donnelly niet meer is dan een "zwarte komedie" (*Poor Things*, pp. 13-14). Een gelijkaardig geschil doet zich voor tussen de protagonisten: McCandless legt regelmatig de nadruk op de waarachtigheid van zijn verhaal, terwijl Victoria/Bella het in haar begeleidende brief beschouwt als een "minderwaardige parodie van mijn levensverhaal" (p. 274). In een laatste poging om de historiciteit van het verhaal te waarborgen, voegt Gray er een kritisch en historisch notenapparaat aan toe, dat echter geen uitsluitsel geeft en de lezer uiteindelijk terug naar de inleiding verwijst.

Poor Things borduurt verder op de anti-geschiedenis en de politieke kritiek van *Lanark* en werkt deze verder uit op het niveau van de typografie, grafische illustraties en genrewissselingen. Bovendien wordt de schatplichtigheid aan enkele grote werken uit de Engelse literatuurgeschiedenis op complexere wijze verwerkt. Naast de min of meer expliciete verwijzingen naar Mary Shelleys *Frankenstein*, ontwikkelt *Poor Things* zich tevens als een commentaar op de Victoriaanse roman, de thematiek van *Hamlet*, de fantastische elementen van Stevensons *Dr Jekyll and Mr Hyde*, de narratieve farce van Sternes *Tristram Shandy* en de editoriale techniek van Defoes *Robinson Crusoe*. Ook de spanning tussen Victoriaans realisme en vroegromantische, Blakeaanse extravagantie wordt in *Poor Things* op de spits gedreven.

Grays verkenning van de politieke kracht van de literatuur, tenslotte, bereikt in *Poor Things* een nieuw hoogtepunt. Het verhaal van Bella/Victoria wordt niet enkel dermate narratief geproblematiseerd dat de fictionaliteit van de roman op het spel komt te staan, het thematiseert tevens de onmogelijkheid een Schotse politieke en culturele identiteit te ontwerpen aan de hand van een eenduidig historisch verhaal. Als gevolg van haar tweeledige identiteit, als vrouw (geboren in 1854) en als foetus ('geboren' in 1880), speelt het leven van Bella/Victoria zich simultaan in twee verschillende historische periodes af, zelfs al kan ze zich haar vroegere leven onmogelijk herinneren. Op het einde van de roman worden enkele illustraties afgedrukt waarin het laat-negentiende-eeuwse Glasgow tegenover Britse militaire acties in India wordt geplaatst. Dit impliceert opnieuw de onmogelijkheid om twee verhalen – Glasgows autobiografie en de nationale, imperiale geschiedenis van het Britse Rijk – samen te vertellen en ze te integreren in één omvattende Geschiedenis of mythologie. Schotland mag zich dan wel willen emanciperen ten overstaan van de nationale, imperialistische geschiedenis van het Britse Rijk, het zal onvermijdelijk door de Engelse politieke macht opnieuw in deze geschiedenis worden geïntegreerd. Omgekeerd is het zo dat die politieke toe-eigening van Schotland nooit de diversiteit en ervaringen van de Schotse samenleving zal kunnen vernietigen. Met andere woorden: elke verteller is noodzakelijkerwijs onbetrouwbaar, elke geschiedenis is het resultaat van politieke machtsverhoudingen, en elke creatie van een verhaal is altijd al een politieke daad. *Poor Things* begint en eindigt met het bekende adagium: "werk *alsof* je leeft in de vroege dagen van een betere natie".

Dit adagium benadrukt enerzijds de noodzakelijkheid van de literaire arbeid, van het volgehouden experiment dat zich, tegen beter weten in en ondanks zichzelf, tracht te ontwikkelen tot een kritiek van het architectonische verhaal. En anderzijds erkent het de noodzaak van een 'alsof' voor een kunst die tracht in te grijpen in de politieke werkelijkheid waaruit ze ontstaat. Het is deze herstellende, kritische kracht van de arbeid die in Grays romans aanwezig is, maar enkel als belofte en hoop, nooit als ultieme verlossing. Als er dan al een blik gegund wordt op een andere, bevrijde samenleving, dan situeert die zich altijd in het verleden of een verre toekomst en bestaat ze bijgevolg enkel als narratief construct, als literatuur.

Twee jaar na *Poor Things* publiceerde Gray zijn voorlopig laatste roman, *A History Maker* (1994). Het is het futuristische relaas van een quasi-utopische Schotse samenleving die ondanks de ideale status die ze denkt te hebben bereikt, genadeloos uit elkaar valt. Het is echter symptomatisch voor de positie van Gray binnen het contemporaine Schotse literaire landschap dat de publicatie van *A History Maker* werd overschaduwd door die van Irvine Welsh' *Trainspotting*. De cirkel van politieke kritiek en literair experiment werd reeds voltooid in *Poor Things* en Grays laatste roman kan niet concurreren met zijn debuut, noch met het betere werk van jongere auteurs als Welsh en Warner. Dit was ook de diagnose die Gray zelf stelde op het moment dat hij aan zijn laatste roman begon: "Ik ben onlangs begonnen aan een science-fiction roman die me hopelijk zal toelaten verder te gaan ZONDER DE BEHOEFTE OM NOG FICTIE TE SCHRIJVEN." Zijn meest recente werk, het indrukwekkende *Book of Prefaces* waaraan hij meer dan tien jaar werkte, verlegt zijn kritische arbeid naar het uitgesproken politieke veld van de Engelse literatuurgeschiedenis. Het boek eindigt met de zinnen die ook *Lanark* afsloten. Deze kunnen gelezen worden als Grays literaire testament én als de verwoording van de oneindige arbeid van de (zelf)kritiek die de legitimiteit van het literaire werk uitmaakt:

> TOEN IK KLEIN WAS BEGON IK PLAATSEN, BRONNEN, DE LOCATIE VAN DE VIJAND EN VAN DE LIEFDE IN KAART TE BRENGEN. IK WIST NIET DAT DE TIJD GRONDLAGEN TOEVOEGT. GEBEURTENISSEN DRIJVEN VOORTDUREND NAAR BENEDEN, VEGEN MIJLPALEN WEG, VERHOGEN HET NIVEAU, ALS SNEEUW.

IK BEN VOLWASSEN GEWORDEN. MIJN KAARTEN ZIJN VER-OUDERD.
IK LIG ONDER GROND BEDOLVEN.
IK KAN NIET BEWEGEN. HET IS TIJD OM TE GAAN.
(*Lanark*, p. 560; *The Book of Prefaces*, p. 631)

Beknopte bibliografie

Primaire literatuur

Lanark: a Life in Four Books, Edinburgh: Canongate, 1981.

Unlikely Stories, Mostly, Edinburgh: Canongate, 1983, 1997.

1982, Janine, London: Jonathan Cape, 1984. (*1982 Janine*, vert. Guido Golüke, Amsterdam: Arbeiderspers, 1988.)

The Fall of Kelvin Walker: a Fable of the Sixties, Edinburgh: Canongate, 1985.

Alasdair Gray, Edinburgh: The Saltire Society, 1988.

Old Negatives: Four Verse Sequences, London: Jonathan Cape, 1989.

Something Leather, London: Jonathan Cape, 1990.

Poor Things: Episodes from the Early Life of Archibald McCandless M.D. Scottish Public Health Officer, London: Bloomsbury, 1992.

Why Scots Should Rule Scotland: Independence, Edinburgh: Canongate, 1992, 1997 (herziene en gewijzigde uitgave).

Ten Tales Tall & True: Social Realism, Sexual Comedy, Science Fiction and Satire, London: Bloomsbury, 1993.

A History Maker, Edinburgh: Canongate, 1994.

The Book of Prefaces: a Short History of Literate Thought in Words by Great Writers of Four Nations from the 7th to the 20th Century/edited & glossed by Alasdair Gray mainly, London: Bloomsbury, 2000.

A Short Survey of Classic Scottish Writing, Edinburgh: Canongate, 2001.

Secundaire literatuur

BERNSTEIN, Stephen. *Alasdair Gray*, Lewisburg: Bucknell UP, 1999.

CAIRNS, Craig. *The Modern Scottish Novel*, Edinburgh: Edinburgh UP, 1999.

CRAWFORD, Robert en Thom NAIRN (red.). *The Arts of Alasdair Gray*, Edinburgh: Edinburgh UP, 1991.

MOORES, Phil (red.). *Alasdair Gray: Critical Appreciations and a Bibliography*, Boston Spa: The British Library, 2002.

WITSCHI, Beat. *Glasgow Urban Writing and Postmodernism: A Study of Alasdair Gray's Fiction*, Frankfurt am Main: Peter Lang, 1991.

Themanummer over het werk van Stanley Elkin en Alasdair Gray, *Review of Contemporary Fiction*, 15,2 (1995). http://www.alasdairgray.co.uk

ALAN HOLLINGHURST
(1954-)

Bart EECKHOUT

(G)EEN HOMOAUTEUR

Dankzij de maatschappelijke emancipatie van holebi's, vanaf de late jaren zestig, is de Engelstalige literatuur verrijkt met een breed scala aan geschriften door auteurs die expliciet over niet-normatieve vormen van seksualiteit schrijven. Enkele van de interessantste romanciers op dit vlak zijn Edmund White, James Purdy, Neil Bartlett, Colm Tóibín, Michael Cunningham en Samuel Delany onder mannelijke prozaschrijvers; Jeanette Winterson, Maureen Duffy, Dorothy Allison, Gloria Anzaldúa, Rebecca Brown en Sarah Schulman onder vrouwelijke auteurs. In de poëzie is dit namenlijstje makkelijk uit te breiden met figuren als Allen Ginsberg, Frank O'Hara, James Merrill, Audre Lorde, Adrienne Rich of Muriel Rukeyser.

Onder zulke auteurs neemt de Britse romanschrijver Alan Hollinghurst niettemin een unieke plaats in. Zo heeft hij, meer dan genoemde collega's, een homoseksuele onderstroom in de traditionele Engelse literatuur blootgelegd en in zijn eigen werk geïncorporeerd. Tegelijk heeft hij de reikwijdte van de klassieke Engelse roman uitgebreid door er een aantal seksuele, sociale en psychologische werkelijkheden aan toe te voegen. Stilistisch en formeel staat hij daarbij met beide voeten in de literaire traditie, waarvan zijn erudiete en poëtisch zelfbewuste proza sterk doordrongen is. Zijn opvallende positie binnen die traditie dankt hij voor een deel aan de thematische rijkdom van zijn werk, dat onder andere de complexe samenhang tussen (homo)seksualiteit, sociale klasse, ras, kunst en geschiedenis behandelt. Daarnaast besteden zijn romans, op geheel on-Britse wijze, doorlopend aandacht aan de vraag wat het woord 'liefde' zoal kan betekenen en tot welke tragikomische cycli van extase en ontgoocheling het liefdesverlangen leidt.

Op een meer anekdotisch vlak ten slotte is Hollinghurst berucht omdat hij zulke thema's behandelt in doorgaans veelgelaagde romans waarin niettemin zo goed als geen vrouwelijke personages voorkomen.

Geen enkele schrijver krijgt graag het etiket 'homoauteur' opgekleefd: zoiets heeft al snel tot gevolg dat zijn werk wordt gemarginaliseerd en gebanaliseerd. Geen enkele schrijver wordt bovendien graag als vertegenwoordiger voor een hele bevolkingsgroep ten tonele gevoerd, want daarmee wordt de individualiteit van de schrijver en de diversiteit van de groep ontkend. Dus vormt het nu volgende portret een inwijding in het ambitieuze werk van één begenadigd auteur die uitvoerig over homoseksualiteit schrijft.

Biografische fiche

Alan Hollinghurst werd geboren in Stroud, in het Engelse Gloucestershire, op 26 mei 1954 als enige zoon van een bankdirecteur. In de jaren zeventig studeerde hij Engelse literatuur aan Magdalen College (spreek uit: 'modlin'), een van de oudste en meest eerbiedwaardige *colleges* die samen de universiteit van Oxford uitmaken. Hij gaf er ook kortstondig les en na het behalen van zijn mastersdiploma doceerde hij aan Somerville College en Corpus Christi College alvorens Oxford te verlaten en een semester aan het University College in Londen te gaan doceren. Al snel werd hem echter de job van assistent-redacteur bij *The Times Literary Supplement* aangeboden. Voor Hollinghurst was dit een buitenkans die hij niet wou laten liggen. De omschakeling van universiteit naar journalistiek zou zijn professionele loopbaan voor meer dan een decennium bepalen: van 1982 tot 1995 behoorde hij tot de redactie van de *TLS*, de eerste twee jaar als assistent-redacteur, vervolgens vijf jaar als vice-hoofdredacteur en ten slotte vijf jaar als poëzieredacteur. In die periode schreef hij tientallen recensies en essays, niet alleen over literatuur maar ook over een aantal andere van zijn favoriete onderwerpen: architectuur, klassieke muziek, schilderkunst en fotografie. Van 1988 tot 1996 redigeerde hij daarenboven de jaarlijkse *Nemo's Almanac*, een literaire quiz vol hersenbrekers waarvoor alleen in het leeslustige, traditielievende en op speurwerk verslingerde Engeland een markt bestaat. Sinds 1995 wijdt Hollinghurst zich min of meer voltijds aan zijn schrijverschap. Hij is verscheidene keren naar de Verenigde Staten getrokken, waar hij in befaamde artiestenkolonies als Djerassi en Yaddo delen van zijn romans heeft geschreven. In de tweede helft van 1998 doceerde hij ook vier maanden in het schrijfprogramma van de universiteit van Houston in Texas. Zijn thuis daarentegen is in Hampstead, de arcadische deelgemeente in het noorden van Londen waar nogal wat bekende schrijvers, zoals de dichter John Keats, hebben gewoond.

Als student in Oxford begon Hollinghurst met het publiceren van een handvol gedichten in losbladige publicaties, zogenaamde *broadsheets*. Her en der droeg hij daarnaast wat losse gedichten bij. Maar plannen om in het midden van de jaren tachtig een eigen bundel bij de bekende Faber-uitgeverij uit te brengen, vielen in het water. Ondanks die jarenlange interesse voor poëzie, die op de inhoud en stijl van zijn proza onmiskenbare sporen heeft nagelaten, brak Hollinghurst in 1988 door als romancier. Voor zijn mastersproef had hij het creatieve gebruik van homoseksualiteit in de romans van E.M. Forster, Ronald Firbank en L.P. Hartley bestudeerd, en hij integreerde dit materiaal op een verrassende manier in een roman die hij in zijn weinige vrije tijd bij de *TLS* uitwerkte. *The Swimming-Pool Library* heette het debuut en het zorgde in het thatcherriaanse Engeland van toen voor enige sensatie. Pers en publiek waren niettemin vol lof en de auteur hield er enkele mooie prijzen aan over: een Somerset Maugham Award, een E.M. Forster Award van de American Academy of Arts and Letters, en een selectie als een van de Best of Young British Novelists enkele jaren later. Het boek werd bovendien in zeven talen, waaronder het Nederlands, vertaald.

Hollinghurst bleek echter niet het type dat zo snel mogelijk weer voorbij de kassa wou komen. Integendeel, hij deed er nog eens zes jaar over om zijn tweede roman, *The Folding Star*, uit te brengen. Bovendien leverde hij met deze roman uit 1994 bewust een minder spectaculair, meer verinnerlijkt boek af. Het leverde hem toch weer een James Tait Memorial Prize op en, vooral, een nominatie voor de befaamdste literaire prijs in het Britse Gemenebest, de Booker Prize. Bij bookmakers en critici was hij dat jaar zelfs favoriet, maar de eer ging uiteindelijk naar James Kelman. Hollinghurst werd er niet haastiger door. Hoewel hij er bij zijn volgende roman, *The Spell*, voor opteerde een lichter en luchtiger toon aan te slaan en gewoon een seksuele komedie over een kwartet homomannen wou opvoeren, deed de schrijver er niettemin weer vier jaar over om het boek af te ronden. Sinds 1998 is het geduldig wachten op de vierde roman, die normaal gesproken in de loop van 2003 had moeten verschijnen.

Psychische en culturele voedingsbodem

Zoals altijd kunnen biografische gegevens slechts een deel van de literaire interesses van een auteur verklaren, maar ze zetten ons in dit geval toch een aardig eind op weg. Hollinghurst is het product van een typisch Engelse, geprivilegieerde en monoseksuele opvoeding. Als enig kind groeide hij op in een bijna uitsluitend mannelijke wereld. Het grootste deel van zijn jeugd bracht hij door in geïsoleerde jongensscholen op het Engelse platteland. Hij was gedurende zijn hele lagere en middelbare schooltijd intern en de fysieke en culturele omgeving waarin hij opgroeide, met haar beperkingen zowel als mogelijkheden, heeft zijn latere literaire interesses duidelijk beïnvloed. De nauwe band tussen een homosociale entourage (vanaf de lagere school) en homoseksueel verlangen (vanaf de puberteit) is maar één aspect van zijn ontwikkeling. Even belangrijk is de invloed van een traditionele, elitaire opleiding waarin geschiedenis, talen en de canon van literaire en artistieke meesterwerken voorop stonden. Daaraan moet een tot de verbeelding sprekende architecturale omgeving worden toegevoegd. Hollinghurst liep lagere school in een Jacobijns huis (dat wil zeggen uit de tijd dat Shakespeare nog leefde). De middelbare school in Dorset die vervolgens zijn thuis werd, was gevestigd in een oud herenhuis (een zogenaamde *manor*) dat in de negentiende eeuw was herbouwd. Beide opmerkelijke plaatsen werden door de schrijver-in-spe bewoond op een bijna campy manier en Hollinghurst ontwikkelde een grote gevoeligheid voor de emotionele impact van gebouwen. Lange tijd droomde hij er zelfs van architect te worden. Het hoeft dan ook niet te verwonderen dat architectuur een van zijn belangrijkste interesses is gebleven, wat zich vertaalt in een minutieus gedetailleerde en bijzonder atmosferische beschrijving van gebouwen in zijn romans. Iets soortgelijks geldt voor de klassieke muziek, waarvan vooral de romantische verkenningen van passionele en strijdende gevoelens een bepalende rol in zijn jeugd speelden. Doorheen die muziek kon de verlegen en uiterlijk gereserveerde adolescent emoties kanaliseren die hij anders moeilijk kon uitdrukken. De grootmeesters van de romantische poëzie ten slotte oefenden een al even sterke aantrekkingskracht uit: dichters als Wordsworth, Shelley en vooral Tennyson figureerden in het artistieke pantheon van de jonge Hollinghurst als de verbale tegenhangers van Mozart, Mahler en vooral Wagner.

Volgens Hollinghurst zelf was zijn jeugd er een van een conformistisch jongetje met een grillige verbeelding, iemand met de neiging om onderdanigheid, correctheid en discipline te koppelen aan een subversief genoegen in originaliteit. Het is die onstabiele polariteit die men desgewenst ook als de kern van zijn artistieke creativiteit kan zien en die verantwoordelijk lijkt voor het eveneens onstabiele statuut van zijn werk als tegelijk conventioneel en normdoorbrekend. De spanning tussen 'hoog' en 'laag', tussen vorm en inhoud, lyriek en pornografie, liefde en seks, die hij in zijn boeken zo geestig exploreert, valt beter te begrijpen tegen de achtergrond van zo'n intern gespleten persoonlijkheid en de socioculturele omgeving waarin die persoonlijkheid zich ontwikkelde. In dit opzicht zijn de jaren die Hollinghurst aan de universiteit doorbracht veel minder bepalend geweest: ze versterkten alleen maar zijn voornemen om zijn creatieve energie op het schrijven van literatuur te richten – eerst nog als dichter, gaandeweg alleen als prozaschrijver.

Stilistisch meesterschap

Er is nooit discussie geweest over de mate waarin literaire conventies het kader vormden waarin Hollinghurst schrijft. Vanaf zijn vroegste publicaties voegde hij zich naar de traditionele vereisten van vorm en stijl. Hoewel zijn eerste poëtische probeersels nog eens een expressionistische metafoor hanteerden (zoals de typering van een paar oudere mannen als "menselijke stinkdieren / gebroed uit de eieren van ratelslangen"), was de traditie waarin Hollinghurst als prozaschrijver naam wou maken vanaf het begin die van het sociaal realisme, genoteerd met een ironisch oog voor tragikomedie. Zijn debuut, *The Swimming-Pool Library*, werd onmiddellijk door Edmund White bejubeld omwille van het "klassieke Engelse proza" ervan. John Lanchester sprak eveneens van een "triomf" qua "toonbeheersing" die de schrijver in staat stelde "treffend en expliciet over homoseksuele seks te schrijven zonder ooit opgewonden of obsceen te lijken, en zonder ooit te schipperen in de geamuseerde, ironische controle van de vertelstem". Deze stilistische beheersing werd zo mogelijk nog verfijnd in *The Folding Star*, een roman die doordrenkt is van de pastoraal-elegische ritmes van de Engelse poëzie, de hunkerende klanken van de romantische muziek en het estheticisme van de symbolistische schilderkunst. Al die elementen worden in de roman op een haast symfonische manier georkestreerd in een stijl die werd geprezen voor zijn langoureuze bedwelming, zijn wendbaarheid en overtuigende mengeling van spreektaal en *belles lettres*. Dit verbale talent is één van Hollinghursts handelsmerken en verzekert hem een plaats onder de grootste prozastilisten van het moment. Zo drukte een woordverliefde collega als John Updike zich over Hollinghursts derde roman, *The Spell*, bewonderend uit door te zeggen: "Alan Hollinghurst schrijft mooi. Zijn oog voor de natuur is scherp en teder, zijn gevoel voor het weer, zowel innerlijk als uiterlijk, is sterk. Hij heeft de feeling van een architect voor decors en voor de pathos van de robuuste gebouwen waar onze gemoedsgesteltenissen doorheen fladderen. Zijn kamers spreken."

Als geduldig componerend schrijver die gemiddeld niet meer dan 300 woorden per dag haalt, ontleent Hollinghurst een haast ouderwets plezier aan het zoeken naar *le mot juste*. De kick om een zeldzaam maar des te passender woord of een saillant beeld te vinden vormt een fundamentele motivatie voor zijn schrijverschap. Soms kan die stilistische verleiding al eens voorrang nemen op de inhoud: de schrijfpraktijk van Hollinghurst is er één van een dichter in proza wiens interesse meer in de typering van atmosferische details of het ritme van miltoniaanse adjectieven ligt dan in narratieve coherentie of waarschijnlijkheid. Zoals hij zelf in een interview beschrijft:

> Ik ga te werk door massa's en massa's details en formuleringen in notitieboekjes opeen te stapelen. De ervaring van het schrijven van een paragraaf is al bij al niet zo verschillend van de ervaring van het schrijven van een gedicht, waarbij je de ritmes juist probeert te krijgen en de beeldspraak te balanceren, zodat het hele ding werkt als een kunststuk. Ik interesseer mij voor beelden die doorheen boeken resoneren en op verschillende manieren herhaald en verankerd worden. Dit zijn in wezen poëtische procedures, metaforische procedures.

Met zoveel aandacht die uitgaat naar de realisering van poëtische details en atmosfeer hoeft het niet te verwonderen dat Hollinghurst minder gepreoccupeerd lijkt door de omgang met zijn narratief materiaal. Hij heeft de neiging dat laatste sterk te manipuleren door eindeloze parallellen, spiegeleffecten, toevalligheden, onthullingen en verrassende wendingen in te bouwen. Sommige lezers hebben zich al eens gestoord aan deze "ruwe plotmanipulaties" die hen herinneren aan het genre van het melodrama of, vooral in *The Spell*, dat van de soap. Niettemin kan Hollinghursts aanpak ook beschouwd worden als één van die subversieve pogingen om het 'hoge' genre van de literatuur te versnijden met 'lage', populaire genres zoals de detectiveroman en de sentimentele liefdesroman. De formele eisen en beperkingen waaraan Hollinghurst zich zo graag onderwerpt, zijn altijd maar het vertrekpunt. Telkens opnieuw moeten we rekening houden met de grillige verbeelding van een schrijver die erop uit is om binnen een voorspelbaar patroon onvoorspelbaar te zijn, een schrijver die er genoegen in schept om in de mainstreamliteratuur bepaalde genres binnen te smokkelen die daar normaal niet worden toegelaten – met inbegrip van de pornografie.

Seks, natuurlijk

Het gebruik van een beladen term als pornografie met betrekking tot een schrijver die zo gewaardeerd wordt voor zijn stilistische elegantie en woordkunst, lijkt op het eerste gezicht ongerijmd, maar zo ziet Hollinghurst dat niet. Hij is er integendeel toe geneigd een sceptische blik te werpen op de vaak opportunistische tegenstelling tussen kunst en pornografie. Zulk scepticisme hangt direct samen met zijn uitgesproken ónapologetische houding tegenover homoseksualiteit. Hoewel Hollinghurst niet voor een politieke, laat staan een militante schrijver aangezien kan worden, is zijn werk toch gestoeld op één politiek fundamentele premisse: de wens om homoseksueel verlangen van binnenuit voor te stellen, als een perfect normaal gegeven in het leven van de hoofdzakelijk stedelijke volwassenen die hij portretteert. Dit verleent aan zijn werk een bijwijlen antropologische inslag die nog verhoogd wordt door zijn al even onverstoorbare weigering om wat dan ook van het seksuele leven van zijn personages weg te redigeren. Meer zelfs, zijn expliciete beschrijvingen vormen een cruciaal onderdeel van zijn pogingen om de balans actief te herstellen door in te zoemen op wat al te lang onnoembaar bleef behalve in het meest verfoeide pornografische proza.

Hollinghurst beseft goed dat het onbehagen tegenover mannelijke homoseksualiteit in de Britse samenleving steeds weer terug te voeren is op een breder onvermogen om met seks en seksualiteit om te gaan. Daarom opteert hij ervoor om, loyaal aan zijn realistische principe, een uitgebreid palet van seksuele ervaringen, gevoelens en smaken te vertolken. Een interesse voor pornografie is daar maar één onderdeel van. De lijst met ervaringen en fantasieën die op een zelfde, genadeloos scherpe manier worden getekend, is heel wat langer: ze behelst ook de nachtelijke avonturen van seksuele cruisers, de prettig gestoorde gekte van fetisjisten, het theatrale exhibitionisme van telefoonseks of de roes van synthetische drugs in een grootstedelijk partycircuit. Bij dergelijke beschrijvingen nemen de literaire eisen van het realisme telkens weer de bovenhand op de moralistische parameters die het onderscheid tussen kunst en porno onderbouwen. Nog voor hij zijn eerste roman publiceerde, schreef Hollinghurst vol bewondering over de controversiële fotograaf Robert Mapplethorpe, wiens werk hij typeerde als tegelijk "heet en koud, geil en klassiek, afstandelijk en gepassioneerd", en bij wie hij een visie aantrof "wier esthetische en pornografische impulsen in buitengewone mate met elkaar geïdentificeerd worden".

Een wijdvertakte stamboom

De opvallende combinatie van transgressief onderwerp en klassiek georiënteerde stijl maakt dat Hollinghurst een originele plaats inneemt in de traditie waar hij zich zo overduidelijk inschrijft. Dit geldt zowel voor de meer onzichtbare traditie van de homoliteratuur als voor de mainstream van Britse en internationale literatuur. Vooral de eerstgenoemde traditie is door Hollinghurst voortgezet én getransformeerd. In zijn romans heeft hij zijn eigen stamboom van homoseksuele voorgangers opgebouwd. Een in het oog springend voorbeeld is dat van de dandyeske en eigenzinnige modernist Ronald Firbank, wiens werk (vooral *The Flower beneath the Foot*) op een listige manier in *The Swimming-Pool Library* werd verweven. Maar sporen van de twee andere homoseksuele schrijvers die Hollinghurst in zijn studententijd bestudeerde, E.M. Forster en L.P. Hartley, zijn even goed terug te vinden in zijn debuut. De invloed van iemand als Evelyn Waugh is bovendien onmiskenbaar in de dagboeken van Lord Nantwich, het homoseksuele personage wiens leven ons een blik biedt op de eerste helft van de twintigste eeuw. En net zo duidelijk zijn er allusies op de dichter A.E. Housman of de achttiende-eeuwse oriëntalistische knapenliefhebber William Beckford (het hoofdpersonage bij Hollinghurst heet William Beckwith). In *The Folding Star* wordt deze stamboom van homoseksuele schrijvers nog uitgebreid met meer internationale figuren als Thomas Mann (op wiens *Dood in Venetië* de roman een paar variaties speelt), Henry James, Marcel Proust en Roland Barthes.

Hollinghurst heeft zo een traditie van homoschrijvers helpen vestigen, waarin hij zelf om twee redenen een uitzonderlijke plaats inneemt. Enerzijds hebben zijn romans een traditie van heimelijke verwijzingen naar homoseksualiteit – vol symbolische verschuivingen, allegorieën en seksuele sublimatie – aangevuld met een heleboel expliciete beschrijvingen. Anderzijds vallen zijn historisch en literair zelfbewuste, esthetisch hooggegrepen romans buiten de twee belangrijkste genres die sinds de jaren zeventig in de meer subculturele homoliteratuur zijn ontstaan: de genres van de getormenteerde coming-outroman (vooral beoefend in de vroege jaren van de emancipatiebeweging en vandaag voornamelijk bij etnisch niet-blanke auteurs te vinden) en van de aids-fictie. Voor sommige critici betekent dit tegelijk dat Hollinghurst "er veel toe bijgedragen heeft om homoliteratuur te redden van genregetto's". Maar het betekent ook dat hij tot nog toe relatief weinig aandacht heeft gekregen in de vaak gesofisticeerde academische discipline van de *queer theory*, ondanks het complexe materiaal dat hij hiervoor aanreikt.

Het is ook lang niet zeker dat Hollinghurst zelf door zo'n discipline geclaimd wil worden. De vraag naar zijn literaire antecedenten bij voorbeeld is voor hem niet louter een kwestie van homoseksuele voorbeelden. Hij is een schrijver die doorlopend inspiratie haalt uit bestaande literatuur, waaraan hij scènes, plotelementen, constellaties van personages of een bepaalde atmosfeer ontleent. Het meest uitgesproken is zoiets het geval in *The Folding Star*, waar een aanzienlijk deel van de atmosfeer en een belangrijke verhaallijn rechtstreeks geënt zijn op de symbolistische roman van Georges Rodenbach, *Bruges-la-Morte*. Andere elementen uit het boek zijn dan weer duidelijk afgeleid van

Charlotte Brontës *Villette*. Deze gewoonte om canonieke modellen te hanteren en naar zijn eigen hand te zetten verraadt een aanzienlijke dosis artistiek zelfvertrouwen. In plaats van zich door zijn literaire eruditie geremd te voelen, lijkt Hollinghurst zich met zijn illustere voorgangers vooral te willen meten. Voor drie schrijvers in het bijzonder heeft hij grote bewondering: Henry James, Marcel Proust en Vladimir Nabokov (wiens *Lolita* alweer een van de vele inspiratiebronnen van *The Folding Star* was). Wat Hollinghurst bij deze schrijvers het meest waardeert, is hun vermogen om een fabelachtige techniek te koppelen aan lucide intelligentie, briljante geestigheid en een superieur besef van wat het precies is waarmee ze als schrijver bezig zijn. Het zijn dezelfde criteria waaraan Hollinghurst gemeten wil worden. De echokamer van de canonieke literatuur die doorlopend in zijn boeken meegalmt, laat hem trouwens geen andere keuze: zijn eigen werk houdt zich in zulk eminent gezelschap in stand of is ertoe veroordeeld om als derivatief en pretentieus weggewuifd te worden. In dit opzicht is het alvast een vingerwijzing voor het succes van Hollinghurst tot nog toe dat collega-schrijvers als A.S. Byatt en Nicholson Baker vinden dat een roman als *The Folding Star* inderdaad het niveau van Proust en Nabokov haalt (volgens Byatt) of stilistisch uitmundender is dan Oscar Wilde (dixit Baker), en dat critici hem nu eens "Edith Wharton met een draai" dan weer "Jane Austen op xtc" hebben genoemd.

Ambiguïteit en ambivalentie

Als collega-schrijvers Hollinghurst zo hoog inschatten, heeft dat veel met de subtiliteit van zijn werk te maken. Dit is een auteur die in interviews altijd terugkeert op het belang van ambiguïteit in zijn kunst als de enige manier om een complexe, ambivalent makende werkelijkheid weer te geven. Ambiguïteit en ambivalentie blijken vooral belangrijk bij de psychologische tekening van zijn personages. Bij Hollinghurst worden de hoofdpersonages doorlopend geconfronteerd met gemengde gevoelens. Een van vele voorbeelden vinden we als Edward Manners, de ik-verteller van *The Folding Star*, zich zijn verwarringen als puber herinnert de dag nadat hij voor het eerst seks heeft gehad.

Omdat zijn geliefde een dag later niet meer komt opdagen, merkt Edward op: "De volgende dag was ik ellendig en wist mij zelfs een paar tranen in mijn kamer te ontlokken, wat ik indrukwekkend en bijna opbeurend vond." (*The Folding Star*, p. 224)

Formuleringen zoals deze vormen een vaste ingrediënt in Hollinghursts werk en hun *locus classicus* is te vinden in dezelfde roman, als de 33-jarige Edward in een climactische scène op zijn 17-jarige leerling Luc afstapt – een jongen door wie hij erotisch helemaal geobsedeerd is geraakt. Edward is behoorlijk opgewonden omdat hij Luc op een onverwachte plaats aantreft – een homobar – en hij bekent:

> Ik gaf een kleine grijns die bestond uit allerlei strijdende elementen: plezier omdat Luc omstandig en met veel aplomb aan het vertellen was wat ik hem had gezegd in het fragment van onze les, spijt dat hij mijn *voorkeur* voor de *Prelude* van 1805 en haar jeugdige vitaliteit niet doorgaf (de pijn van maar half herinnerde woorden), paranoïde vermoedens opnieuw dat ik op een of andere manier voor schut werd gezet, zelfs een hint van een nabootsing van meelijwekkende, onhandige liefde; en liefde zelf: niet het koele blauwe waakvlammetje maar het gerommel en de flits als het uur slaat. [...] Ik begon warm te lopen in mijn gezicht, mijn mond en nek werden heet, mijn ballen deden hopeloos pijn. (p. 317)

Deze *vol de moustiques* van getormenteerde gedachten en gevoelens – volgens Roland Barthes typisch voor verliefden – wil niet alleen psychologisch waarachtig zijn; ze dient er ook toe om de lezer in moeilijkheden te brengen. Hollinghurst wil immers personages creëren waarvan de lezer nooit helemaal zeker is hoe hij ze moet inschatten. En er zijn voldoende aanwijzingen om te stellen dat lezers en critici inderdaad op sterk uiteenlopende manieren tegen zijn hoofdpersonages aankijken, vooral bij de listig onbetrouwbare ik-vertellers van zijn eerste twee romans, wier verschillende manieren van verleidelijkheid en eerlijkheid de lezer soms verblinden voor hun donkere kanten. Die ongrijpbaarheid is een stuk minder bij de vier protagonisten van *The Spell*: daar worden de karaktertrekken met zulke genadeloze x-stralen door de derdepersoonsverteller blootgelegd dat het ideaal van de ambiguïteit enigszins opgeofferd lijkt aan een hang naar luciditeit en narratieve beheersing.

CASESTUDY: *THE SWIMMING-POOL LIBRARY*

Toen *The Swimming-Pool Library* in 1988 uitkwam, werd de roman door Edmund White bejubeld als "het beste boek over het homoleven tot nog toe door een Engels auteur geschreven". Hoewel White zich diplomatisch indekte door zijn eigen Amerikaanse romans buiten beschouwing te laten, had hij het boek net zo goed het beste in zijn soort uit de vollédige Engelstalige literatuur van dat moment kunnen noemen. Het is ook het meest sprankelende en flamboyante van Hollinghursts boeken tot nog toe. Veel van dit verfrissende effect is toe te schrijven aan de charmes en humor van de verteller en hoofdfiguur, de 25-jarige aristocraat William Beckwith. De jongeman is een professionele flâneur wiens onverzadigbare seksuele appetijt bij uitstek opgewassen lijkt tegen het defilé van jonge lichamen dat zijn Londense omgeving hem voorschotelt. We bevinden ons aan de vooravond van de aids-crisis, in de zomer van 1983. Zoals Will uitlegt:

> Mijn leven ging er vreemd aan toe die zomer, de laatste zomer van zijn soort die er zou zijn. Ik reed op golven van seks en eigendunk – het was mijn tijd, mijn *belle époque* – maar onophoudelijk vergezeld door een vaag geflikker van rampspoed, zoals vlammen rond een foto, iets opgemerkt vanuit de ooghoeken. (*The Swimming-Pool Library*, p. 3)

Door zijn roman in 1983 te situeren wou Hollinghurst trouw blijven aan zijn oorspronkelijke opzet: het celebreren en traceren van de zinderende seksuele vrijheid die hij in de Londense homoscène tijdens de late jaren zeventig en vroege jaren tachtig had leren kennen. Maar omdat hij er verscheidene jaren over deed om het boek af te ronden, werd hij ertoe gedwongen het snel veranderende maatschappelijke perspectief op deze uitstervende subcultuur uit zijn verhaal te houden. De bedreiging van aids kon alleen gesuggereerd worden in de vorm van vage voorgevoelens en enkele gevallen van dramatische ironie. Door een bijzonder op zichzelf betrokken verteller te gebruiken, met weinig oog voor de bredere sociale context van zijn verhaal, kon Hollinghurst ook makkelijker een levensstijl verslaan die nog onbekommerd was over eventuele gevolgen. Tegelijk probeerde hij de antropologische waarde van dit verslag te verhogen door zijn verteller een mengeling van intelligentie en naïviteit mee te geven. Zijn beslissing ten slotte om William Beckwith ook te voorzien van bijna alle gaven die in een hedonistische stadscultuur worden gewaardeerd – jeugd, schoonheid, gezondheid, tijd en geld in overvloed, culturele bagage, charme en gevoel voor humor – kan gezien worden als een verdere verteltruc die hem in staat stelde zich toe te spitsen op de ongebreideld donjuaneske levensstijl waarover hij wou rapporteren.

Met zijn debuutroman wou Hollinghurst echter heel wat meer doen dan op stijlrijke manier de lotgevallen van een rijk bedeelde en seksueel hyperactieve jonge homo in de grootstad documenteren. Aangezien hij voldoende thematische diepgang wou, compliceerde hij zijn verhaal door er twee op elkaar ingrijpende dimensies aan toe te voegen: een morele en een historische. De eerste dimensie is onopvallend verwerkt in de onbetrouwbaarheid van Will als verteller. Hoewel Hollinghursts protagonist aan de buitenkant een magnetische verleider is, blijkt hij vaak harteloos, brutaal en koud aan de binnenkant. In feite geeft hij nauwelijks om anderen. Dit geldt niet alleen voor de vluchtige sekspartners van wie hij geniet maar ook voor de twee jongens, Arthur en Phil, op wie hij afwisselend (of soms gelijktijdig) verliefd denkt te zijn. Beide jongens zijn niet toevallig weinig geschoolde tieners. Bij de zwarte Arthur komt daar nog bij dat hij arm is, van huis weggelopen en bang. Door zulke contrasten op te zetten nodigt Hollinghurst er ons toe uit de privileges van Will doorlopend in gedachten te houden, zowel wat zijn socio-economische klasse als zijn huidskleur betreft – privileges die Will zelf niet geneigd is te onderzoeken. Gespeend van enige zelfkritiek en vaak weinig bewust van zijn eigen houding wordt Will er slechts nu en dan toe gebracht de bedenkelijker kanten van zijn gedrag te onderkennen. Het meest opvallende voorbeeld hiervan doet zich voor als hij een blik werpt in het dagboek van zijn enige platonische vriend, de schuchtere en correcte maar seksueel afgunstige huisarts James. Omdat de bijzonder kritische opmerkingen van James hem tegen de haren in strijken, wordt Will ertoe gedwongen zijn zelfbeeld even te herbekijken:

> Het was net of ik ontdekte dat iemand die ik vrij goed kende een dubbelleven had geleid: de lekkere blonde superhengst waar ik zo van hield, was in feite een zelfzuchtig rijk ventje, ijdel, verwend en zelfs, bij één pijnlijke gelegenheid, "grotesk". (p. 216)

Dat Will zich niet te beroerd voelt om misbruik te maken van zijn privileges en zich graag overgeeft aan zelfbedrog wordt verder aangetoond als hij volgende notitie in het dagboek van James leest:

> "Ik dacht aan W., ongetwijfeld al terug met zijn jongen, & dwong mij om het allemaal waanzinnig rationeel te bekijken, hoe het nt zou duren, hoe het maar seks was, hoe hij nog maar eens op iemand gevallen was die onmetelijk armer & stommer was dan hij zelf – jonger ook. Ik denk nt dat hij het ooit gedaan heeft met een gediplomeerde. Altijd maar die strooptochten op wie zich nt kan uitdrukken." (p. 218)

Aangezien Will niet de gewoonte heeft achterom te kijken en over het algemeen zelfgenoegzaamheid boven zelfkritiek verkiest, kan hij alleen maar op deze vernietigende analyse reageren door er "een soort compliment" in te zien. Hoe dan ook, de passages in het dagboek van James dwingen hem tot een vluchtig besef van zijn eigen "nutteloosheid" en "egoïsme".

Omdat scènes als deze zeldzaam zijn en het narratieve privilege van Will zo groot is, wordt de lezer voor een moreel dilemma geplaatst dat ook bij de drie favoriete schrijvers van Hollinghurst – James, Proust en Nabokov – vaak voorkomt. We worden er indirect toe aangezet het karakter van de verteller in vraag te stellen en het narcisme, de zelfzuchtigheid of het gebrek aan ethiek ervan te onderzoeken. Ambiguïteit en ambivalentie zijn opnieuw van groot belang bij dit proces. Zoals Hollinghurst beklemtoont:

> Als ik überhaupt morele bekommernissen heb, hebben die te maken met vrijheid van morele voorschriften, met een poging om het hele beoordelingsproces bijzonder complex en à la limite onmogelijk te maken – het gevoel dat de dingen gebeuren los van hoe je ze beoordeelt, dat het erop aankomt de essentie van het menselijk gedrag te proberen raken. [...] Ik denkt niet dat [mijn] boeken amoreel zijn. Ze zitten vol overwegingen van gedragingen die morele implicaties hebben.

Deze complicerende maar ondidactische morele dimensie keert ook terug in de tweede, historische laag van de roman. Op een weinig waarschijnlijke manier raakt Will bevriend met een bejaarde homoseksuele aristocraat, Charles, Lord Nantwich. Dit stelt Hollinghurst in staat het verhaal van Will uit te breiden tot een rijk contrasterend canvas van homo-ervaringen doorheen de twintigste eeuw in Engeland. Charles, symbolisch geboren in het jaar nul van de eeuw, brengt in zijn levensverhaal een gamma aan ervaringen samen dat als typisch mag gelden voor een Engelse homoseksuele elite in een pre-emancipatorisch tijdperk. In veel opzichten functioneert hij als het alter ego van Will. Zo deelt hij met zijn jongere *peer* de haast institutionele inwijding in seks op zijn eliteschool (in zijn geval door een vorm van collectieve verkrachting), maar na zijn studentenjaren in Oxford heeft zijn leven een heel andere wending genomen: Charles bood zich aan om koloniaal ambtenaar in Soedan te worden. Ver van huis gingen zijn homoseksualiteit en koloniale machtspositie een ingewikkelde verhouding aan die recht uit een studie van Michel Foucault had kunnen komen. In zijn relatie tot de lokale mannelijke bevolking schipperde Charles tussen schroomvallig respect en idealisering. Hij vatte een diepe platonische vriendschap op voor een knaap, Taha, die hem bij zijn uiteindelijke terugkeer naar Londen als dienaar bleef volgen. Tijdens de Tweede Wereldoorlog in Londen leidde Charles een dubbelleven vol ondergrondse seksuele activiteit – een periode die eindigde in de repressieve jaren vijftig als hij door de politie in een valstrik werd gelokt, gearresteerd en veroordeeld tot zes maanden gevangenis. Dit vernederende deel van zijn leven bereikte een absoluut dieptepunt toen de inmiddels getrouwde Taha om racistische redenen werd vermoord terwijl Charles nog in de gevangenis zat. Eenmaal weer vrij, trok de gestigmatiseerde aristocraat zich uit het publieke leven terug om als filantroop de boksambities van arbeidersjongens te ondersteunen.

Al deze feiten worden Will beetje bij beetje door de bejaarde Lord ingelepeld in de vorm van dagboeken en notities (die Hollinghurst in staat stellen zijn stilistische veelzijdigheid en historische speurwerk te etaleren). Om Will ertoe te brengen die teksten te lezen, nodigt Charles zijn jonge vriend uit een biografie van de oudere lord te schrijven. De climax van de roman toont echter aan hoeveel sluwe strategie bij deze uitnodiging is komen kijken. De morele kruisvaarder die zich in de jaren vijftig als een gier op Charles heeft gestort (in ruil voor een verheffing in de adelstand) blijkt niemand minder te zijn geweest dan de geadoreerde grootvader van Will zelf, Lord Beckwith. Will wordt aldus geconfronteerd met de mate waarin zijn eigen gepriviligieerde en seksueel avontuurlijke levensstijl historisch mogelijk is gemaakt door een klassegebonden vorm van homofobie en een hypokriete dubbele moraal. Dit plaatst hem voor een onoplosbaar dilemma.

Omdat hij niet bij machte is de biologische draad met zijn eigen privileges door te knippen, kan hij het aanbod om de biografie van Lord Nantwich te schrijven alleen maar afslaan – maar dan niet zonder zich schuldig te voelen en een vaag besef van de noodzaak van politiek engagement over te houden. Tegen het einde van *The Swimming-Pool Library* is de zorgeloze Will een paar ontnuchterende ervaringen rijker. Zo is hij intussen ook het slachtoffer van skinheads geworden en heeft hij moeten meemaken hoe zijn vriend James gearresteerd werd als gevolg van dezelfde undercoverpraktijken die Charles in de jaren vijftig al fataal werden. Het hoeft dan ook niet te verwonderen dat de als een detective opgezette roman de bevrediging van een mooi afgerond einde ontwijkt en het aan de lezer overlaat om verder op de opgeworpen vragen door te denken. Die vragen zijn intussen onverminderd actueel gebleven: ze handelen over de vele manieren waarop in de patriarchale Engelse klassenmaatschappij tot vandaag seksualiteit, macht, geschiedenis en ras een vaak gordiaanse knoop vormen.

BEKNOPTE BIBLIOGRAFIE

Primaire literatuur

The Swimming-Pool Library, London: Chatto & Windus, 1988. (*De zwembadbibliotheek*, vert. C.A.G. van den Broek, Amsterdam: De Arbeiderspers, 1989.)

The Folding Star, London: Chatto & Windus, 1994. (*De herdersster*, vert. Suzan de Wilde, Amsterdam: Atlas, 1995.)

The Spell, London: Chatto & Windus, 1998. (*De betovering*, vert. Rob van der Veer, Amsterdam: Atlas, 1999.)

Secundaire literatuur

ALDERSON, David. "Desire as nostalgia: the novels of Alan Hollinghurst", in: David Alderson & Linda Anderson (red.), *Territories of desire in queer culture: Refiguring contemporary boundaries*, Manchester & New York: Manchester UP, 2000, pp. 29-48.

BRADLEY, John R. "Disciples of St Narcissus: In Praise of Alan Hollinghurst", *The Critical Review* 36 (1996), pp. 3-18.

BRISTOW, Joseph. "Coda: Effeminate endings", in: *Effeminate England: Homoerotic Writing after 1885*, Buckingham: Open University Press, 1995, pp. 166-80.

CANNING, Richard. "Alan Hollinghurst", in: *Gay Fiction Speaks: Conversations with Gay Novelists*, New York: Columbia UP, 2000, pp. 331-65.

CHAMBERS, Ross. "Messing around: gayness and loiterature in Alan Hollinghurst's *The Swimming-Pool Library*", in: Judith Still & Michael Worton (red.), *Textuality and sexuality: Reading theories and practices*, Manchester: Manchester UP, 1993, pp. 207-17.

COOPER, Brenda. "Snapshots of Postcolonial Masculinities: Alan Hollinghurst's *The Swimming-Pool Library* and Ben Okri's *The Famished Road*", *The Journal of Commonwealth Literature* 34,1 (1999), pp. 135-57.

DELLAMORA, Richard. "Tradition and Apocalypse in Alan Hollinghurst's *The Swimming-Pool Library*", in: *Apocalyptic Overtures: Sexual Politics and the Sense of an Ending*, New Brunswick: Rutgers UP, 1994, pp. 173-91.

DE MOOR, Katrien. "Gender and Sexuality in Alan Hollinghurst's *The Swimming-Pool Library*", *Studia Germanica Gandensia* 1 (2001), pp. 30-52.

GALLIGAN, David. "Beneath the Surface of *The Swimming-Pool Library*: An Interview with Alan Hollinghurst", *The James White Review* 14,3 (1997), pp. 1-7; 15,1 (1998), pp. 10-13.

SINFIELD, Alan. "Culture, consensus and difference: Angus Wilson to Alan Hollinghurst", in: Alistair Davies & Alan Sinfield (red.), *British Culture of the Postwar: An introduction to literature and society 1945-1999*, London & New York: Routledge, 2000, pp. 83-102.

KAZUO ISHIGURO
(1954-)

Elke D'HOKER

Als jongeman wou Kazuo Ishiguro songwriter worden. Hij schreef talloze liedjes, stuurde opnames naar platenfirma's en nam deel aan wedstrijden, maar werd keer op keer afgewezen. Het zou hem als schrijver nooit meer overkomen. In 1979, hij is dan vijfentwintig, laat Ishiguro zijn muzikale ambities voor wat ze zijn en begint te schrijven. Hij volgt een schrijfcursus bij auteurs als Malcolm Bradbury en Angela Carter en van dan af gaat het de jonge auteur voor de wind. Zijn eerste kortverhalen verschijnen vlot in literaire tijdschriften en Ishiguro heeft al voor de voltooiing van zijn eerste roman een contract met de uitgever op zak. *A Pale View of Hills* (1982) wordt op bijzonder lovende kritieken onthaald en Ishiguro krijgt de Winifred Holtby Prize voor het beste debuut. Zijn tweede roman, *An Artist of the Floating World* (1986), wordt opnieuw een bestseller en wint de Withbread Book of the Year Award. De internationale doorbraak volgt dan met *The Remains of the Day* (1989). De roman krijgt de prestigieuze Booker Prize en wordt verfilmd in een Merchant Ivory Production met Anthony Hopkins en Emma Thompson in de hoofdrollen, waardoor de auteur ook bij het grotere publiek bekendheid verwerft. Hierna is het lang wachten op Ishiguro's volgende roman. *The Unconsoled* verschijnt in 1995 en stelt verschillende fans teleur. Deze vreemde roman breekt immers met het ogenschijnlijk realisme en de karakteristieke stijl van Ishiguro's eerdere romans: lezers en critici waren verbouwereerd. Toch valt ook dit boek weer in de prijzen: Ishiguro wint de Cheltenham prijs en ontvangt de "Order of the British Empire for services to literature". In zijn meest recente roman, *When We Were Orphans* (2000), tenslotte, combineert Ishiguro nieuwe en oude technieken tot een meer herkenbaar geheel en de roman kon bijgevolg weer op veel bijval rekenen.

Ishiguro zelf beweert bescheiden dat zijn literaire blitscarrière deels te wijten is aan het literaire klimaat van de jaren tachtig. *A Pale View of Hills* verscheen een jaar nadat Salman Rushdie de Booker Prize won en volgens Ishiguro was "iedereen plots op zoek naar meer Rushdies. [...] Meestal verdwijnen eerste romans in het niets, maar ik kreeg veel aandacht, veel recensies en interviews. En ik weet ook waarom: omdat ik een Japans gezicht en een Japanse naam had en omdat dat precies in de mode was." Ishiguro zelf is niet onverdeeld gelukkig met die associatie omdat hij maar weinig affiniteit met Japan voelt. Hij verliet zijn geboortestad Nagasaki in 1960 samen met zijn ouders en twee zussen. Zijn vader, oceanograaf van beroep, had een tijdelijk contract bij de Britse overheid. Dat contract werd echter steeds verlengd en tijdelijk werd voor altijd. Ishiguro benadrukt dat hij slechts vage herinneringen aan Japan heeft en hij zou er ook pas in 1989 naar terugkeren. Volgens hem is het Japan in zijn boeken vooral een fictionele plaats, opgebouwd uit herinneringen, speculatie en veel fantasie. Toch blijven critici halsstarrig Japanse elementen in zijn verhalen onderscheiden en wordt Ishiguro steevast vergeleken met Japanse literaire voorbeelden. Daar waar zijn eerste romans vrij expliciet naar zijn geboortestad verwezen, probeerde Ishiguro met *The Remains of the Day* en *The Unconsoled* nadrukkelijk aan deze stereotypering te ontsnappen. In *When We Were Orphans*, tenslotte, lijkt hij op een meer gelaten wijze met zijn dubbele erfenis om te springen.

Een slechte moeder

Deze dubbele identiteit is eigenlijk al van meet af aan in zijn boeken aanwezig. *A Pale View of Hills* wordt verteld door Etsuko, een Japanse vrouw die huwde met een Britse man en samen met Keiko, haar dochter uit een eerste huwelijk, in Engeland ging wonen. Na de dood van haar echtgenoot en de zelfmoord van Keiko woont Etsuko alleen in het grote huis, ten prooi aan herinneringen, overpeinzingen en schuldgevoelens. Ze krijgt bezoek van haar jongste dochter, Niki, die in Londen woont. Tijdens het korte verblijf van Niki dwalen de gedachten van Etsuko af naar de zomer in Nagasaki toen ze zwanger was van Keiko. Het is kort na de oorlog en zij en haar echtgenoot Jiro wonen in één van de nieuwe appartementsblokken die de stad liet bouwen op het puin van de verwoeste stadsdelen. Etsuko leert de jonge vrouw Sachiko en diens dochtertje Mariko kennen. Er ontwikkelt zich een soort vriendschap tussen beiden en Etsuko bekommert zich om Mariko die, zo vindt ze, door haar moeder wordt verwaarloosd. Mariko is duidelijk getekend door de oorlogsgruwelen die ze heeft meegemaakt en is een vreemd en onhandelbaar kind. Sachiko besluit dan om met haar Amerikaanse geliefde naar het land van de hoop te emigreren, tot grote tegenzin van haar dochter. Hoewel Etsuko geen rechtstreekse commentaar geeft op het waarom van deze herinnering, wordt de betekenis ervan gaandeweg duidelijk. Etsuko voelt zich schuldig voor de dood van Keiko die in Engeland nooit heeft kunnen aarden. Ze vreest dat ze, net als Sachiko, haar eigen welzijn te veel voorrang heeft gegeven op dat van haar dochter. Niki probeert haar gerust te stellen: "Je hebt de juiste beslissing genomen. Je kunt niet gaan zitten toekijken hoe je leven voorbij gaat." Maar Etsuko antwoordt: "Maar zie je, Niki, ik heb het altijd wel geweten. Ik wist altijd al dat ze hier niet gelukkig zou zijn. Maar toch heb ik besloten haar mee te nemen" (*Versluierde heuvels*, p. 191).

Deze zinnen zijn van een directheid die uitzonderlijk is voor Ishiguro. Zowel in de conversaties met haar dochter als in de rest van haar verhaal blinkt Etsuko uit in een omzichtige terughoudendheid, die de meeste van Ishiguro's ik-vertellers kenmerkt. "Ik heb niet zo'n behoefte om nu uit te wijden over Keiko's dood, daar word ik maar mistroostig van. Ik noem haar hier alleen omdat dit alles speelde ten tijde van Niki's bezoek in april en omdat het tijdens dit bezoek was dat ik me Sachiko voor het eerst na al die tijd herinnerde", zo begint Etsuko haar verhaal met een nadruk die doet vermoeden dat er meer aan de hand is (p. 9). Meteen is de lezer op zijn of haar hoede voor de onbetrouwbaarheid van de verteller. Niet dat Etsuko erop uit is om onwaarheden te vertellen. De onbetrouwbaarheid is eerder het gevolg van de ondoorzichtige processen van de menselijke geest die herinneringen verdraait, gevoelens onderdrukt, en verlangens verschuift of omkeert. Zo wordt de lezer in *A Pale View of Hills* gedwongen om tussen de regels te lezen en de diepere betekenis van Etsuko's verhaal te achterhalen. Bij Ishiguro is die lezing echter nooit eenvoudig of rechtlijnig. De ware toedracht wordt niet gevonden. In *A Pale View of Hills* wordt vooral twijfel gezaaid aan het einde van Etsuko's verhaal, waar het vertrek van Etsuko en Sachiko plots samenvallen.

"Als het je daar niet bevalt, gaan we meteen weer terug. Maar we moeten eerst proberen en kijken of het ons daar bevalt. Ik weet zeker van wel", zo troost Etsuko Mariko, of is het Keiko (p. 187)? Dit plotse en onlogische gebruik van de 'wij'-vorm trekt de rest van Etsuko's herinnering in twijfel. Heeft Sachiko echt bestaan of is ze slechts een veruitwendiging van Etsuko's schuldgevoel ten opzichte van haar dochter? De ambiguïteit blijft gehandhaafd en de lezer zal het nooit echt weten.

Afgezien van de verteller zijn ook andere karakteristieke elementen van Ishiguro's oeuvre al in *A Pale View of Hills* aanwezig: de breuklijnen tussen generaties; de gevoelens van schuld en schaamte over het verleden; de gevaren van introspectie en de noodzaak van zelf-aanvaarding. Interessant zijn tenslotte ook de dingen waarover gezwegen wordt. Dit geldt niet alleen voor Etsuko's verhaal, maar ook voor de historische context waarin het zich afspeelt. Etsuko's herinneringen aan Nagasaki zijn er van net na de oorlog. Japan heeft zich overgegeven en wordt door Amerikanen en Britten bezet. Er heerst een gevoel van vernieuwing en verandering en de jeugd wil breken met het verleden. Ook de atoombom moet vergeten worden en op de plaats van de vernieling worden nieuwe appartementsblokken opgetrokken, zoals die van Etsuko en haar echtgenoot. De hele naoorlogse sfeer wordt in *A Pale View of Hills* vooral geëvoceerd door een incident met de Japanse schoonvader van Etsuko, Jiro. In de jaren dertig was hij een schoolhoofd in Nagasaki en zoals velen in zijn positie fervent voorstander van het nationalistische gedachtegoed. Na de oorlog wordt hij geconfronteerd met stemmen die zijn ontslag eisen. Eén van hen is een oud schoolkameraad van zijn zoon en hij verwacht dan ook van Jiro dat die een brief schrijft om de eer van zijn vader te verdedigen. De uitermate beheerste woordenwisseling die hier op volgt is tekenend voor het conflict tussen die generatie die Japan tot de tweede wereldoorlog bracht en de naoorlogse generatie die veel van die waarden veroordeelde. Dat dit incident niet helemaal succesvol in het boek verweven zit is wellicht een teken van Ishiguro's relatieve onervarenheid als romanschrijver in *A Pale View of Hills*. Het thema vormt wel de kiem van zijn volgende roman, *An Artist of the Floating World*, waar het op een beklijvende manier wordt uitgewerkt.

LANTAARNS EN BONZAI-BOOMPJES

Masuji Ono, de verteller van Ishiguro's tweede roman, ondergaat net als Etsuko's schoonvader een bij tijden felle kritiek op zijn vooroorlogse principes en idealen. Aanleiding zijn de huwelijksonderhandelingen voor zijn tweede dochter, Noriko. Ono vreest dat zijn verleden een goede overeenkomst in de weg kan staan. In een reeks flashbacks blikt Ono terug op zijn carrière als propagandaschilder voor de Japanse overheid en komt hij geleidelijk tot een besef van zijn persoonlijke en politieke fouten. Maar deze aarzelende bekentenissen worden op hun beurt ondermijnd door de beweringen van Ono's dochters als zou zijn invloed en bekendheid voor en tijdens de oorlog helemaal niet zo groot geweest zijn en in elk geval los staan van Noriko's mislukte huwelijksovereenkomst. Verschillende andere elementen in Ono's relaas krijgen in deze optiek ook nieuwe betekenis: de valse bescheidenheid waarmee hij zijn invloed onder de kunstenaars uit de doeken doet, het belang dat hij hecht aan uiterlijk vertoon en de insinuaties van zijn dochters als zou hun vader aan depressie leiden. Ono's herinneringen zijn ook vaak verre van rechtlijnig: hij haalt gebeurtenissen door elkaar, spreekt zichzelf tegen en trekt zelf de juistheid van zijn herinneringen in twijfel. Door de beleefde gereserveerdheid die Ono's conversaties en verhalen kenmerkt wordt de aandacht van de lezer opnieuw gevestigd op de dubbele bodem van uitspraken of de dubbele wijze waarop ze geïnterpreteerd kunnen worden. Kortom, de onbetrouwbaarheid van herinneringen en introspectie wordt door Ishiguro opnieuw op schitterende wijze uitgebeeld.

Net als *A Pale View of Hills* eindigt *An Artist of the Floating World* op een noot van berusting. Ono herinnert zich de wijze woorden van zijn ideologische strijdmakker Matsuda:

> "Maar we moeten onszelf niet méér verwijten maken dan nodig is," zei hij. "We handelden naar wat we toen geloofden en we deden wat we konden. Alleen, toen puntje bij paaltje kwam, bleken we maar heel gewone mannetjes te zijn. Gewone mannetjes die niet speciaal met inzicht waren begiftigd. We hadden de pech dat we gewone mannetjes waren in zulke belangrijke tijden." (*Een kunstenaar van het vlietende leven*, p. 224)

Ono heeft zich verzoend met zijn verleden, en laat de toekomst graag over aan de jongeren: "Welke fouten ons land in het verleden ook gemaakt heeft, nu lijkt het een kans te krijgen om de zaken beter aan te pakken. Je kunt die mensen alleen maar het beste wensen" (p. 231). Het "vlietende leven" uit de titel krijgt op deze wijze een nieuwe betekenis. Het verwijst enerzijds naar de schilderkunst van Ono's eerste leermeester: hij probeerde het vergankelijke aardse leven op doek vast te leggen met beelden van het schemerende uitgangsleven van de stad. Onder invloed van Matsuda echter, keerde Ono zich af van deze *l'art pour l'art* beweging om kunst voor het volk, kunst met een boodschap te gaan maken. Maar uiteindelijk blijkt ook die boodschap vlietend en is zijn propagandistische schilderkunst mogelijk nog vergankelijker dan die van zijn voorganger.

Meer nog dan in *A Pale View of Hills* geeft deze roman de indruk een Japans boek te zijn. *An Artist of the Floating World* lijkt een realistisch beeld te schetsen van de recente Japanse geschiedenis: het patriottisme van de jaren dertig, de gruwelen van de oorlog en de radicale vernieuwing in de jaren vijftig. Ook de villa van Ono, zijn evocaties van de heuvels rond de stad en van de Westerse nieuwbouw die plots verschijnt zijn herkenbaar Japans. En precies hierin schuilt het verraderlijke van de indruk die Ishiguro creëert. Zijn Japan is het Japan zoals de Westerling zich dat voorstelt: compleet met theerituelen, lantaarns en bonsai boompjes. Malcolm Bradbury noemt *An Artist of the Floating World* dan ook terecht: "een bizar maniëristisch werk, een gestileerd staaltje *Japonaiserie*" (cit. Lewis, p. 52). Het enige dat echt Japans is, is volgens Bradbury de beleefde gereserveerdheid van alle personages. En ook dat is wellicht misleidend: want het is met precies dezelfde terughoudendheid dat Ishiguro in zijn volgende roman een overtuigend portret van een Engelse butler neerzet.

WAARDIG SCHERTSEN

De verteller in *The Remains of the Day* is Stevens, butler van het landgoed Darlington Hall. Het is 1954 en de gloriedagen van Darlington Hall zijn voorbij: van de grote groep bedienden zijn er nog maar vier over en de aristocratische Engelse familie heeft plaats gemaakt voor de Amerikaanse zakenman, meneer Farraday. Bovendien houdt

Farraday er een informele, schertsende houding op na die de stijve butler alarmerend vindt. Farraday stelt hem voor eens vakantie te nemen – wat Stevens in zijn dertig jaar dienst nooit gedaan heeft – om iets van zijn mooie land te gaan zien. Een brief van juffrouw Kenton doet Stevens vervolgens besluiten toch een reisje te ondernemen, naar the West Country, om haar op te zoeken. Stevens haast zich echter te benadrukken dat de reden van zijn bezoek louter "beroepsmatige aangelegenheden" zijn. Hij wil juffrouw Kenton, die lange tijd huishoudster was op Darlington Hall, vragen om opnieuw in dienst te treden.

Farraday reageert geamuseerd met "Tjongejonge Stevens. Een vriendin. En dat op jouw leeftijd." En hoezeer Stevens ook de moeite doet om het ongegronde van dergelijke insinuaties te weerleggen, de lezer vermoedt meteen dat er meer aan de hand is. De uitgebreide flashbacks waarmee Stevens op zijn samenwerking met juffrouw Kenton terugblikt suggereren inderdaad een affectie tussen beide, waarvan Stevens zich echter niet bewust is. Hij heeft het te druk met zijn professionele verplichtingen en bovenal met zijn ambitie zich steeds als 'groot butler' te gedragen. Wat een groot butler precies is probeert Stevens in omstandige reflecties duidelijk te maken. Waardigheid is hierbij het sleutelwoord:

> 'waardigheid' heeft vooral te maken met het vermogen van een butler om niet uit het beroepsmatige wezen waarin hij huist te voorschijn te treden. Mindere butlers zullen bij de minste of geringste aanleiding als privé-persoon uit hun beroepsmatige wezen te voorschijn treden. [...] De grote butlers zijn groot dankzij hun vermogen om, wat er ook gebeurt, in hun beroepsmatige rol te blijven. (*De rest van de dag*, p. 52)

Het is die waardigheid die Stevens probeert hoog te houden wanneer zijn vader sterft tijdens de grote internationale conferentie in Darlington Hall. Als Miss Kenton hem vraagt of hij mee willen komen kijken, antwoordt hij slechts: "Ik heb het momenteel heel druk, juffrouw Kenton, strakjes misschien." En het is slechts door de bezorgde opmerking van één van de gasten – "Je bent toch niet onwel?" – dat hij zijn onderdrukte gevoelens laat raden. Eenzelfde voorval doet zich een tiental jaar later voor. Opnieuw is Darlington Hall de plaats van geheime politieke besprekingen, die later in het Pact van Munich zouden uitmonden. Juffrouw Kenton doet een laatste wanhopige poging om Stevens' aandacht op zich te vestigen door aan te kondigen dat ze een huwelijksaanzoek heeft gekregen. Maar Stevens laat zijn butler-zijn op mens-zijn primeren en zegt: "Ik wil niet grof zijn, juffrouw Kenton, maar ik moet echt onverwijld terug naar boven. In dit huis vinden momenteel namelijk gebeurtenissen van wereldomvattende betekenis plaats" (p. 233). Het is voor juffrouw Kenton de spreekwoordelijke druppel: ze trouwt en verlaat Darlington Hall. Toch beweert Stevens met een gevoel van triomf op die avond terug te blikken: hij heeft zijn waardigheid als butler bewaard en was bovendien "zo dicht bij het grote middelpunt van het wereldgebeuren gekomen als een butler maar wensen kon" (p. 242).

Tijdens zijn verhaal probeert Stevens zijn toehoorders ervan te overtuigen dat zijn perfecte organisatie en persoonlijke waardigheid als butler op Darlington Hall wel degelijk een verschil hebben gemaakt. Door "de vooraanstaande heren in wier handen het lot van de beschaving [...] berust" zo goed mogelijk te dienen, dient hij, hoe bescheiden ook, de beschaving in het algemeen. De ironie van *The Remains of the Day* is natuurlijk dat de geschiedenis Lord Darlington en de zaak die hij nastreefde in het ongelijk heeft gesteld. De wreedheden van Hitlers regime waren groter dan Lord Darlington en de andere Engelse nazi-sympathisanten hadden durven vermoeden. En de vooroorlogse contacten tussen beide regeringen, bemiddeld door Lord Darlington, worden na de oorlog als de grootste vergissing beschouwd. Het vertrouwen dat Stevens stelde in zijn werkgever blijkt misplaatst en de nobele zaak waarvoor hij zijn privé-leven offerde allerminst waardevol.

Door zijn gesprekken met de gewone Engelsman en zijn confrontatie met de nieuwe democratische wind die door het land waait komt ook Stevens uiteindelijk tot dit inzicht:

> Zijn lordschap was een moedig man. Hij koos een bepaalde richting in het leven, en die bleek verkeerd te zijn, maar goed, hij kan tenminste zeggen dat hij haar zelf had gekozen. Wat mezelf betreft kan ik zelf dat niet eens zeggen. Ik vertrouwde namelijk op hem. Ik vertrouwde op de wijsheid van zijn lordschap. Al die jaren dat ik hem gediend heb, vertrouwde ik erop dat hij bezig was met iets dat de moeite waard was. Ik kan niet eens zeggen dat ik zelf voor mijn fouten verantwoordelijk ben. Nou – dan kun je je afvragen – wat is daar nog waardig aan? (p. 258)

Ook op persoonlijk vlak voert zijn reis naar meer zelfkennis. In zijn ontmoeting met juffrouw Kenton, beseft Stevens wat hij haar en zichzelf ontzegd heeft: "op dat moment brak mijn hart". Net als Ono in *An Artist of the Floating World*, put Stevens echter uit deze inzichten nieuwe kracht om verder te gaan. Hij neemt zich voor zich met hernieuwde energie toe te leggen op het schertsen, als een warmere manier waarop mensen met elkaar omgaan. Hoewel je als lezer wel kunt vermoeden dat Stevens een hopeloze grappenmaker zal zijn, spreekt er toch moed en waardigheid uit zijn hoop dat "de avond" misschien wel "het beste deel van de dag" is.

Met *The Remains of the Day* bracht Ishiguro de eigen stijl die hij ontwikkelde in *A Pale View of Hills* en *An Artist of the Floating World* tot een ongezien hoogtepunt. Door slim gebruik van stijl en woordgebruik weet hij de persoon van Stevens op overtuigende wijze gestalte te geven. Bovendien verwijzen lapsussen en al te manifeste negaties de lezer al snel naar het min of meer onbewuste verhaal dat achter het ik-verhaal verscholen zit, zonder dat de figuur van Stevens zelf belachelijk wordt. Anders dan in de vorige twee boeken, echter, is dit dieperliggende verhaal vrij duidelijk: aan het eind van de roman blijft weinig twijfel bestaan over de ware toedracht van de gebeurtenissen. De lezer ziet zijn vermoedens omtrent Stevens' gemiste kansen en misplaatst vertrouwen uiteindelijk bevestigd, wat het boek een zekere harmonie mee geeft die zonder twijfel tot het grote succes heeft bijgedragen. Deze bijna volmaakte beheersing van *The Remains of the Day*, die recensenten tot vergelijkingen met Japanse miniatuurkunst inspireerde, is tegelijk ook één van de beperkingen van de roman. Ishiguro zelf leek dit te beseffen wanneer hij oordeelde in een interview dat zijn verteltechniek in *The Remains of the Day* te perfect, te *polished* was geworden, zodat ze hem toeliet de reacties van de lezer tot in het kleinste detail te voorspellen: "Hier een lach. Hier wat droefheid. Hier zullen ze de eerlijkheid van Stevens tegenover zichzelf in twijfel beginnen te trekken, enz." (cit. Lewis, p. 140). En Ishiguro kondigde ook aan dat hij zijn volgende boek heel anders zou maken – een voorspelling die meer dan verwacht bewaarheid werd met *The Unconsoled*.

DROOMWERELD

Weinige lezers hadden durven vermoeden dat *The Unconsoled* zo anders zou worden. Het boek is dik: meer dan het dubbele van de vorige romans; een historische context ontbreekt; de plaats is noch Japan, noch Engeland, maar een niet nader genoemde centraal Europese stad; van harmonie is hoegenaamd geen sprake; en een echte ontknoping is er ook al niet. Lezers wisten duidelijk niet wat ze met deze roman aan moesten en de reacties van critici spraken boekdelen. Het boek werd slecht, chaotisch en saai genoemd. En de recensente Kate Kellaway vroeg zich vertwijfeld af: "Wat is er misgelopen? [...] Het is alsof de elegante butler van *The Remains of the Day* zijn deftige vest heeft afgelegd, zijn kleren heeft uitgetrokken en volkomen op hol is geslagen" (cit. Lewis, p. 140). Hoewel deze reactie zonder twijfel overdreven is, is het boek wel chaotisch en fantastisch genoeg om een afdoende samenvatting onmogelijk te maken. Een vage schets zal moeten volstaan.

Het verhaal begint nochtans realistisch genoeg. Meneer Ryder is een beroemd concertpianist die arriveert in een middelgrote Europese stad om een recital te geven. De ontvangst in het hotel is enigszins verward – hij had blijkbaar vroeger moeten aankomen – maar Ryder wordt door de bejaarde baggagist Gustav naar zijn kamer gebracht. In de lift doet Gustav hem nagenoeg zijn hele leven uit de doeken. Deze lange monoloog beslaat meer dan vijf bladzijden, genoeg om de lift twintig keer naar de derde verdieping te laten gaan, en ondermijnt al meteen de realistische verwachtingen van de lezer. Aan het einde van die monoloog blijkt plots nog een derde persoon in de lift aanwezig te zijn, juffrouw Stratmann, die Ryder wijst op het drukke programma dat hij gedurende de drie dagen van zijn bezoek zal moeten afwerken. Ryder knikt instemmend, herinnert zich dat hij het programma ontvangen heeft maar is verder alle details vergeten. Voer voor een nachtmerrie, zo lijkt het wel.

Gaandeweg wordt duidelijk dat de stad in een impasse verkeert: de bewoners zijn misnoegd, het bestuur is verdeeld, en de stad nog slechts een schim van haar vroegere glorie. De problemen die de stad beheersen blijken verband te houden met een muzikale twist tussen meneer Christoff, die artistieke beheersing predikt, en meneer Brodsky, die opnieuw passie en emotie moet losweken. Brodsky is een excentrieke alcholicus die door de notabelen van de stad letterlijk uit de goot is gehaald om het orkest voor het recital van Ryder te leiden en zo de stad een nieuw élan te geven. Ryder beseft al snel dat meer van hem verwacht wordt dan een recital. Hij moet de problemen oplossen en de mensen weer hoop geven. Heel het boek lang wordt Ryder dan ook van alle kanten belaagd door vragen, verzoeken, problemen; maar tot zijn intense frustratie heeft hij nergens tijd voor. Bij die professionele verplichtingen komen dan nog eens zijn persoonlijke problemen want ook de vrouw en zoon van Ryder blijken in de stad te wonen en vragen voortdurend zijn aandacht.

De logica van *The Unconsoled* is voor een groot deel die van een droom. Dit wil niet zeggen dat plots alles mogelijk is, maar wel dat de werkelijkheid op een dusdanige wijze gemanipuleerd wordt dat ook het vreemde volstrekt logisch lijkt. Zo blijkt de dochter van Gustav plots Sofie, de vrouw van Ryder te zijn; of herkent Ryder zijn hotelkamer als de logeerkamer van zijn tante in Wales. Een vreemde man op straat blijkt ineens een oude schoolkameraad, en de busconducteur zijn eerste liefje. Ryder bezit ook de onmogelijke gave om gesprekken te volgen die plaats vinden achter gesloten deuren en kan zelfs de gedachten van mensen te lezen. Typisch voor dromen zijn ook de absurde scènes waarin de ergste fantasie plots werkelijk wordt: Ryder arriveert in kamerjas op een deftig diner en net wanneer hij een toespraak wil houden valt zijn jas open; wanhopig op zoek naar het concertgebouw raakt hij verdwaald in eindeloze steegjes en wordt hij geconfronteerd met verschillende blinde muren; net voor het optreden verliest Brodsky zijn houten been dat dan vervangen wordt door een strijkplank die op de verkeerde momenten opengaat, enzovoort. Het realistisch verwachtingspatroon van de lezer wordt voortdurend verbroken. Net als in de postmoderne roman wordt de lezer gevraagd zijn werkelijkheidsvisie aan te passen en mee te gaan in de logica van het verhaal.

Voor Ishiguro is deze vervreemdingstechniek echter meer dan een postmodern spel. De wereld die hij zo creëert in *The Unconsoled* geeft immers op prachtige wijze gestalte aan het innerlijk van Ryder. Daar waar in Ishiguro's andere romans de persoonlijke conflicten en twijfels van de vertellers vorm kregen in reflecties en herinneringen, worden die hier als het ware veruitwendigd. De personen die Ryder in de stad tegenkomt zijn veelal alter ego's van zichzelf: mensen die zijn verleden en toekomst letterlijk gestalte geven. Centraal conflict staat hierbij opnieuw het conflict tussen generaties: de hooggespannen verwachtingen van de vader en de drang naar affectie en erkenning van de zoon. Zoals schaarse flashbacks aantonen, draagt Ryder een ongelukkige jeugd met zich mee waarin hij de verwachtingen van zijn ouders steeds leek te beschamen. In Boris, de zoon van Sofie en Ryder, wordt deze moeilijke kindertijd uitgebeeld. Sofie hoopt met een nieuw huis hun huwelijk te redden en Boris probeert doorheen het verhaal de aandacht van zijn vader te trekken. Stephan, de volwassen zoon van hoteleigenaar Hoffman, verbeeldt dan weer Ryders verlangen om aan de hooggespannen verwachtingen van zijn ouders met een verbijsterende muzikale performance te voldoen. En Christoff en Brodsky zijn de muzikanten die Ryder in latere fases van zijn carrière voorafspiegelen: eenzaam, gebroken en niet langer 'in de mode'. Anders dan Etsuko, Ono en Stevens, komt Ryder niet tot een ontluisterend zelfinzicht. Aan het eind van de roman verlaat hij de stad en zet koers naar Helsinki waar een nieuwe missie hem wacht. Maar er is al bij al weinig hoop dat hij daar troosteloze stedelingen, ouders en kinderen zal kunnen genezen.

Sherlock Holmes in Sjanghai

Ook in *When We Were Orphans* geeft Ishiguro gestalte aan een man die problemen moet oplossen – ditmaal in de meer realistische gedaante van een detective. Christopher Banks, ik-verteller van *When We Were Orphans* is een beroemd detective in het Engeland van de jaren dertig. Met een afstandelijk flair, Sherlock Holmes waardig, lost hij moeiteloos society-misdaden op. Maar er is één misdaad die hem dwars blijft zitten: de verdwijning van zijn ouders in Sjanghai twintig jaar eerder. Omdat een wereldoorlog onvermijdelijk dreigt te worden, reist Banks terug naar Sjanghai om het mysterie op te lossen en zo de hele "wereld van de ondergang te redden". Op de Britse ambassade in Sjanghai wordt Banks inderdaad ontvangen als de man die een Japanse aanval kan tegenhouden. En van dan af wordt het verhaal allengs ongeloofwaardiger. Banks bezoekt het huis van zijn ouders, voert een bizar onderzoek en raakt dan in een hallucinant gevecht verwikkeld tussen de Chinese en Japanse strijdende partijen, hierbij geholpen door zijn Japans schoolkameraadje Akira. Als de waarheid uiteindelijk aan het licht komt is die veel prozaïscher. Banks beseft dat hij de klok niet kan terugdraaien, noch een wereldoorlog kan tegenhouden. Toch eindigt *When We Were Orphans* opnieuw met het gevoel van berusting en aanvaarding dat ook de eerste van Ishiguro's romans kenmerkte. Banks staat terug met beide voeten in de werkelijkheid en vindt voor het eerst troost in menselijke relaties, ondermeer met zijn geadopteerde dochter Jennifer. Hij besluit:

> Ik wil niet zelfgenoegzaam overkomen, maar terwijl ik hier in Londen mijn dagen slijt meen ik zelfs te kunnen opbiechten dat ik enigermate tevreden ben. Ik geniet van mijn wandelingen in de parken, ik bezoek kunsttentoonstellingen, en de laatste tijd grasduin ik in de leeszaal van het British Museum steeds vaker met een dwaas soort trots in oude krantenverslagen over mijn zaken. Met andere woorden, deze stad is mijn thuis geworden, en ik zou het niet erg vinden hier de rest van mijn dagen te moeten doorbrengen. Niettemin zijn er ook van die momenten dat een soort leegte mijn uren vervult, en ik zal Jennifers uitnodiging ernstig blijven overwegen. (*Toen we wezen waren*, pp. 333-34)

When We Were Orphans is doordrongen van een melancholie die Ishiguro's hele oeuvre kenmerkt. De vertellers kijken weemoedig terug op een tijd waarin alles harmonieuzer, duidelijker en beter was. Het zijn eigenlijk allemaal *wezen*: mensen wier beschermde kindertijd tot een al te abrupt einde kwam en die zich plots alleen voelen in een veel hardere wereld. Pogingen, zoals die van Banks of Stevens, om die gelukkige tijd terug te halen, zijn gedoemd te mislukken. Op een vrij naïeve manier gelooft Banks dat hij zijn ouders kan terugvinden, de schurken straffen en vreedzame orde in de wereld herstellen. Ishiguro vergelijkt zijn geloof met dat van traditionele Engelse detectiveromans waar de detective de mysterieuze misdaad opheldert en orde op zaken stelt. Over Banks zegt hij: "Het beeld dat ik voor ogen had was dat van een dergelijke detective, eentje die gelooft dat hij het kwade kan bestrijden met die archaïsche methodes, losgelaten in de moderne wereld. En het absurde van zijn pogingen de tweede wereldoorlog te verhinderen met een vergrootglas." Toch is Banks nooit louter een komische figuur. Ishiguro maakt hem tot een herkenbaar vertegenwoordiger van het naïeve geloof in orde dat in ieder van ons schuilt. Zijn absurde speurtocht is dus ook heroïsch en zijn uiteindelijke confrontatie met de werkelijkheid aangrijpend en tragisch.

Met *When We Were Orphans* zocht Ishiguro dus in menig opzicht weer aansluiting bij *The Remains of the Day* en *An Artist of the Floating World.* Toch weerhoudt hij van zijn experiment in *The Unconsoled* een grotere onzekerheid aangaande de schimmige grens tussen werkelijkheid en fantasie. Daar waar de lezer in *The Unconsoled* meteen in een droomwereld terechtkomt, verloopt in *When We Were Orphans* de overgang geleidelijker. In de loop van zijn verhaal komt Banks meer en meer in een fantastische, innerlijke wereld terecht om uiteindelijk zijn greep op het alledaagse weer terug te vinden. Deze schemerzone maakt het boek zo mogelijk nog *unheimlicher* en interessanter dan zijn voorgangers. Welke weg Ishiguro verder nog zal afleggen, daar hebben we het raden naar. Dat hij in de voorbije jaren getoond heeft verandering en uitdaging niet te schuwen, is in elk geval veelbelovend. Samen met Etsuko, Ono, Stevens, en Banks, zijn we dan ook bijzonder hoopvol gestemd.

BEKNOPTE BIBLIOGRAFIE

Primaire literatuur

A Pale View of Hills, London: Faber & Faber, 1982. (*Versluierde heuvels*, vert. Paul de Bruin en Rita Lander, Amsterdam: De Arbeiderspers, 1985.)

An Artist of the Floating World, London: Faber & Faber, 1986. (*Een kunstenaar van het vlietende leven*, vert. C.A.G. van den Broeck, Amsterdam: De Arbeiderspers, 1987.)

The Remains of the Day, London: Faber & Faber, 1989. (*De rest van de dag*, vert. Bartho Kriek, Amsterdam: De Arbeiderspers, 1989.)

The Unconsoled, London: Faber & Faber, 1995. (*De troostelozen*, vert. Bartho Kriek, Amsterdam: Atlas, 1995.)

When We Were Orphans, London: Faber & Faber, 2000. (*Toen wij wezen waren*, vert. Marijke Versluys, Amsterdam: Atlas, 2000.)

Secundaire literatuur

ADELMAN, Gary. "Doubles on the Rocks: Ishiguro's *The Unconsoled*", *Critique: Studies in Contemporary Fiction* 42,2 (2001), pp. 166-79.

LEWIS, Barry. *Kazuo Ishiguro*, Manchester: Manchester UP, 2000.

O'BRIEN, Susie. "Serving a New World Order: Postcolonial Politics in Kazuo Ishiguro's *The Remains of the Day*", *Modern Fiction Studies* 42,4 (1996), pp. 787-806.

SAVAN, Charles. "Floating Signifiers and *An Artist of the Floating World*", *Journal of Commonwealth Literature* 32,1 (1997), pp. 93-101.

SHAFFER, Brian. "An interview with Kazuo Ishiguro", *Contemporary Literature* 42,1 (20001), pp. 1-14.

—. *Understanding Ishiguro*, Columbia: University of South Carolina Press, 1998.

SU, John J. "Refiguring National Character: The Remains of the British Estate Novel", *Modern Fiction Studies* 48,3 (2002), pp. 552-80.

WALCOWITZ, Rebecca. "Ishiguro's Floating Worlds", *ELH* 68 (2001), pp. 1049-76.

WALL, Kathleen. "*The Remains of the Day* And Its Challenges to Theories of Unreliable Narration", *Journal of Narrative Technique* 24,1 (1994), pp. 18-42.

WONG, Cynthia. *Kazuo Ishiguro*, Tavistock: Northcote House, 2000.

DORIS LESSING
(1919-)

Guido KUMS

Doris Lessing werd in 1919 geboren als Doris May Tayler in Kermanshah, in het toenmalige Perzië, waar haar vader voor de Imperial Bank werkte. In 1924 verhuisde het gezin naar een afgelegen farm in Zuid-Rhodezië, het huidige Zimbabwe, om er tabak te kweken. De jonge Doris groeide er vrij geïsoleerd op. Ze liep korte tijd school in de hoofdstad Salisbury, maar vormde vooral zichzelf door alle boeken te lezen die ze in handen kon krijgen. Toen ze later baantjes had als nurse, secretaresse of telefoniste, raakte ze geïnteresseerd in politiek: ze was actief in de Rhodezische Labour Party en in kleine Marxistische discussiegroepen. Haar eerste huwelijk in 1939 met Charles Wisdom liep al vlug op een scheiding uit en haar tweede met Gottfried Lessing, een vluchteling uit nazi-Duitsland, eindigde in 1949. Uit beide huwelijken had Doris Lessing twee zonen en een dochter. Na haar tweede scheiding verliet ze Rhodezië en ging in Londen wonen. Daar werd in 1950 haar eerste roman, *The Grass is Singing*, gepubliceerd. Sindsdien en tot op vandaag heeft Doris Lessing zich volledig aan haar schrijverschap kunnen wijden en heeft ze een omvangrijk en gevarieerd oeuvre neergeschreven.

In 1956 bezocht Doris Lessing opnieuw Rhodezië, maar de toegang tot Zuid-Afrika werd haar geweigerd omwille van haar uitgesproken linkse opvattingen over het rassenprobleem. Ook in 1956 verliet ze, na drie jaar lidmaatschap, de Communistische Partij na de Sovjetinval in Hongarije en na de onthullingen over het schrikbewind van Stalin. Ze bleef wel actief in linkse bewegingen en schreef voor linksgerichte publicaties. In de late jaren zestig begon Doris Lessing zich meer en meer van communistische ideeën te distantiëren en nam ze zelfs scherp stelling tegen partij-communisme en tegen de Sovjet-Unie. Tegelijkertijd vertoonde haar werk, naast de reeds vroeger waarneembare invloed van Freud en Jung, duidelijk belangstelling voor Soefisme en voor paranormale en esoterische ideeën. Doris Lessing heeft heel wat Britse en vooral internationale prijzen gekregen voor haar romans en kortverhalen. Haar werken werden vertaald in vrijwel alle Europese talen.

Naar volwassenheid groeien in Afrika

De eerste romans en verhalen van Doris Lessing spelen zich af tegen de achtergrond van haar jeugd: zuidelijk Afrika vóór en tijdens de tweede wereldoorlog. In een wereld met conservatieve kolonialistische en racistische opvattingen moet het hoofdpersonage, meestal een jonge blanke vrouw, haar progressieve ideeën en haar persoonlijkheid trachten te ontwikkelen. Het culturele isolement van de kolonies en de rigide traditionele machtsstructuren – mannen domineren vrouwen, blanken minachten zwarten – maken ook de kleinste verandering in de bestaande maatschappelijke orde vrijwel onmogelijk.

In *The Grass is Singing* (1950) overleeft Mary Turner haar aarzelende afwijking van het traditionele rollenpatroon niet. Haar man blijkt niet opgewassen tegen het harde, monotone leven op de farm en als hij ziek wordt moet Mary zich met harde hand laten gelden als baas over de zwarte werkkrachten. Zelf is ze echter al een tijd gefascineerd geraakt door Moses, haar "houseboy", een volwassen zwarte man die voor de vereenzaamde vrouw een mysterieuze aantrekkingskracht heeft. Hoewel ze weet dat ze een taboe schendt, begint Mary een verhouding met Moses. Ze raakt echter meer en meer verstrikt in haar eigen chaotische emoties: Moses wordt niet alleen haar geliefde, maar is ook een vaderfiguur, en tegelijkertijd blijft hij voor haar toch ook de "achterlijke neger", een haast bestiale figuur die ze haat en vreest omwille van de mysterieuze macht die hij over haar heeft. Moses krijgt dan ook voortdurend verwarrende signalen van afstoting en aantrekking te verwerken. De spanning die zich tussen beiden ophoopt leidt tot een fatale afloop: wanneer Mary op een bepaald ogenblik de zweep tegen hem gebruikt, wordt ze door de radeloze, uitzinnige Moses gedood. De blanke gemeenschap sluit na deze tragedie echter onmiddellijk de rangen. Hoewel over Mary afkeurend gefluisterd wordt "dat ze het zichzelf heeft aangedaan", luidt de officiële versie van de feiten dat Moses een typische, onbetrouwbare "kaffer" was die bij een diefstal zijn meesteres heeft vermoord. Hij wordt snel veroordeeld en opgehangen en zo vlug mogelijk doet iedereen alsof er nooit iets gebeurd is. Door de subtiele en geloofwaardige manier waarop Doris Lessing personages en situaties behandelde, verviel *The Grass is Singing* nooit in cliché of melodrama en het succes van haar boek gaf haar de gelegenheid om zich daarna volledig op het schrijven toe te leggen.

Martha Quest, de hoofdfiguur in de vijfdelige romanserie *Children of Violence* (1952-1969), heeft veel autobiografische trekken van Doris Lessing meegekregen. In haar jeugd op de geïsoleerde farm van haar ouders in Zuid-Rhodezië is ze vooral aangewezen op lectuur en op haar eigen fantasiewereld. Ze is intens verbonden met de Afrikaanse natuur rondom haar en moet de verwarring van haar ontluikende seksualiteit voor zichzelf verwerken. Later begint Martha meer uitgesproken ideeën te hebben over de rassenverhoudingen en andere sociale problemen, maar ze botst op de verstarde koloniale mentaliteit. Martha vindt alleen gelijkgestemde zielen in een praatgroepje van Marxistische intellectuelen waarbij enkele luchtmachtpiloten aansluiten die tijdens de oorlog in Rhodezië gestationeerd zijn. Maar al het praten en plannen verandert geen zier aan de situatie die voor Martha meer en meer op een vacuüm gaat lijken: de oorlog, de schokkende gebeurtenissen en veranderingen spelen zich elders af en in Rhodezië kan men alleen maar afwachten, trachten te weten te komen wat 'thuis' in Engeland gebeurt. Ondertussen proberen de kolonialen zoveel mogelijk hun vroegere levensstijl te bewaren, wat de atmosfeer nog verstikkender maakt.

Martha heeft echter nog een andere persoonlijkheid in zich: ze wordt soms 'Matty', de flirtgrage toffe meid die zonder veel nadenken in de blanke sportclub volop geniet van het geprivilegieerde leventje dat ze anders zelf graag bekritiseert met haar politieke vrienden. Haar eerste huwelijk met een vriend uit die sportclub is eigenlijk meer een poging om de conventionele blanke kringen rond haar uit te dagen dan een weloverwogen beslissende stap in haar leven. Dat huwelijk duurt dan ook nauwelijks een tweetal jaar en tegen het einde van de oorlog trouwt Martha opnieuw, dit keer met de rigide ideoloog van haar politieke kring. Ook dit huwelijk valt uit elkaar en Martha's leven verzinkt geleidelijk in verlammende doelloosheid. Ze kan al die disparate rollen die ze zelf gekozen heeft of die haar opgedrongen werden niet verder spelen: zorgeloze jonge vrouw, moeder, echtgenote, gescheiden vrouw, maîtresse, geprivilegieerde blanke die ijvert voor emancipatie van de zwarten, feministe, communiste, Britse patriot,.... Nu de oorlog voorbij is voelt Martha dat ze haar leven een meer bepaalde richting moet geven en daarvoor wil ze weg uit Rhodezië, naar Engeland.

The Golden Notebook als keerpunt

In 1962, toen de laatste twee delen van *Children of Violence* nog niet gepubliceerd waren, verscheen Doris Lessings bekendste en meest complexe roman *The Golden Notebook*. Deze roman betekende meteen de internationale doorbraak van Lessing. Hij werd vrijwel onmiddellijk in verscheidene talen vertaald en hij vestigde de reputatie van Lessing als een van de meest belangwekkende en ambitieuze auteurs van haar generatie. *The Golden Notebook* bracht echter ook een radicale wending in Doris Lessings schrijverschap die niet altijd begrepen en geapprecieerd werd. Tot dusver waren de romans en verhalen van Lessing doordrongen van sociaal realisme. De evolutie van Martha Quest bijvoorbeeld werd tot in detail zo werkelijkheidsgetrouw mogelijk weergegeven. *The Golden Notebook* daarentegen is metafictie, een roman over het schrijven, en hij demonstreert de onmogelijkheid van een realistische weergave van de sociale, materiële werkelijkheid in fictie.

Centraal in *The Golden Notebook* staat Anna Wulf. Ze is schrijfster en haar achtergrond vertoont veel gelijkenis met die van Martha Quest – en dus ook van Doris Lessing. Anna heeft een *writer's block*: na de publicatie van één succesvolle roman over Afrika lukt het schrijven haar niet meer omdat haar leefwereld en haar eigen persoonlijkheid zo chaotisch zijn dat het minimum aan orde en structuur, vereist voor het schrijven van een roman, er niet meer is. In een poging om voor zichzelf klaarheid te scheppen verdeelt Anna haar ervaringen in vier verschillende 'gebieden' en voor elk begint ze een apart notitieboek. In een zwart notitieboek probeert Anna haar verleden als jonge vrouw in Zuid-Rhodezië te reconstrueren. Dat verleden was het 'materiaal' voor haar eerste roman. In hetzelfde zwarte notitieboek noteert Anna ook met veel ironie de opportunistische pogingen van

TV- en filmproducenten om de rechten van haar roman te kopen en van haar boek een commerciële film te maken. Het rode notitieboek gaat over Anna als politiek geëngageerde vrouw: over haar toetreding tot de Communistische Partij, haar politieke activiteiten daar en haar latere, ontgoochelde uittreding. Het gele notitieboek is een weinig geslaagde poging om toch weer een verhaal te schrijven over zichzelf als Ella, de journaliste-schrijfster en haar stukgelopen relaties. Tenslotte is er een blauw notitieboek waarin Anna haar psychologische situatie en evolutie probeert te volgen en rapporteert over de psychoanalyse die ze doormaakt bij een Jungiaanse analiste.

De notitieboeken, bedoeld om orde en overzichtelijkheid in Anna's leven te brengen, hebben het tegenovergestelde effect. Ze lopen allemaal uit op meer chaos, verwarring, gefragmenteerdheid van ervaring. Het selectieve, onbetrouwbare geheugen vervormt vroegere belevenissen, politieke ideologieën blijken mythes die geen zin en structuur aan het handelen kunnen geven, kunst of psychoanalyse brengen het individu geen gevoel van harmonie of zekerheid. Anna is dus geen stap verder geraakt met haar notitieboeken, integendeel. Wanhopig gooit Anna dan maar het hele kluwen van haar chaotische levenservaring op één hoop in een nieuw, een gouden notitieboek.

Daarin probeert Anna haar nieuwe relatie met Saul Green te beschrijven. Hij is een ontwortelde Amerikaan op de dool in Europa met zijn hoofd vol gebroken illusies en paranoïde cynisme. Hun relatie wordt een neurotische duik in hun eigen donkere zielenleven, een mallemolen van angsten, tederheid, frustraties, haat, dominantie en onderwerping. Gekwelde dromen, hallucinaties en trance-toestanden brengen Anna en Saul op de rand van de fysieke en psychische ineenstorting. In die toestand begint Anna te zien dat er een "principle of joy in destruction" aan de wortels van het leven knaagt en dat alle vormen van levenservaring daardoor aangetast en vergiftigd worden. Maar geleidelijk groeit in Anna ook een ander inzicht, dat een tegengewicht vormt. Het kwaad wordt niet bestreden door grote romantische gestes. Het moet bestreden worden met de gestadige, volhardende, nederige en gezamenlijke inzet van iedereen. De kunstenaar draagt hiertoe bij door te werken aan de bewustzijnsvergroting van de mensheid. Dit inzicht kristalliseert in een verhaal dat Saul aan Anna vertelt: het verhaal van de rotsblokduwers. Mensen die dieper kijken dan de oppervlakkige werkelijkheid, ook de kunstenaars dus, moeten beetje bij beetje een zwaar rotsblok een hoge berg opduwen. De berg is de berg van de menselijke dwaasheid en oppervlakkigheid, zijn ondergrond is het kwaad; het rotsblok is het inzicht dat langzaam en met enorme inspanning steeds een beetje hoger moet worden geduwd, naar de top van de berg toe. Daar staan enkele mensen die in inzicht en verbeeldingskracht de mensheid reeds honderden jaren voorop zijn, de enkelen die reeds een nieuwe aarde en een nieuwe mens zien. Kunstenaar zijn, schrijver zijn in deze tijd is als een positief gemotiveerde Sisyphus mee zijn schouder tegen het rotsblok zetten, met de hoop de mensheid tenslotte te brengen waar die vérschouwende wijzen nu al staan.

Deze ervaring heeft Anna een nieuw inzicht gegeven in haar taak. Tot dusver was schrijven voor Anna een mimetische activiteit: in woorden zo getrouw mogelijk de werkelijkheid reproduceren. Dat schrijven leidt naar chaos en fragmentering, die wezenskenmerken van de werkelijkheid zijn. Nu gaat Anna schrijven opvatten als een moeizaam trachten bij te dragen tot een verruimd menselijk bewustzijn. Schrijven, kunst, moet de mens de weg tonen naar de rijke, diepe mogelijkheden die onder een rationalistische en materialistische oppervlaktelaag in het menselijk bewustzijn sluimeren. Schrijven moet niet de uitwendige wereld trachten te kopiëren, maar de mens in contact brengen met zijn eigen diepste wezen.

De visie op het schrijverschap die in *The Golden Notebook* wordt ontwikkeld blijft niet tot dit boek beperkt. Het laatste deel van de *Children of Violence* serie, *The Four-Gated City* (1969), speelt zich in het naoorlogse Londen af. Martha Quest komt er in aanraking met de kunstenaar Mark Coldridge en vooral met zijn vrouw Lynda. Die verblijft meestal in de kelderverdieping van het grote huis en Martha spendeert geleidelijk meer en meer tijd 'ondergronds' met haar. Lynda is 'abnormaal': ze heeft visioenen en waanvoorstellingen en lijkt in buitenzintuiglijk contact te staan met andere vormen van bewustzijn over de wereld verspreid. Martha raakt in Lynda's waanzin opgeslorpt en verliest aansluiting met de dagelijkse werkelijkheid rondom haar. *The Four-Gated City* eindigt met een episode gesitueerd in de jaren negentig, op het ogenblik van de publicatie van het boek dus nog de toekomst: een atoomoorlog heeft de mensheid grotendeels uitgeroeid, maar verspreid over de aarde leven in grotten en afgelegen valleien kleine groepjes overlevenden, van wie sommigen echter met anderen over de hele wereld in geestelijk contact staan. De overlevenden hebben een mutatie ondergaan en maken zich klaar om een nieuwe, humanere wereld op te bouwen.

The Four-Gated City werd door een aantal critici negatief beoordeeld: na het overtuigende sociaal realisme van de vorige delen in de *Children of Violence* serie keken ze nu aan tegen een boek dat eindigt met parapsychologische experimenten en esoterische inzichten en als klap op de vuurpijl een sciencefictionachtige utopie van een nieuwe wereld voorspiegelt. Die critici waren echter de les van *The Golden Notebook* vergeten en hadden niet voldoende begrepen wat Doris Lessing over die centrale roman in een voorwoord had gezegd: "Het eigenlijke verloop van het schrijven zelf, en niet alleen de ervaringen die in het schrijven verwerkt waren, was diep traumatisch voor mij: het heeft mij veranderd."

Andere werelden

Die 'andere' Doris Lessing schreef na *The Four-Gated City* een aantal romans waarin de alledaagse werkelijkheid moet wijken voor dromen, visioenen, hallucinaties en buitenzintuiglijke waarneming, voor vormen van waanzin die naar diepere waarheid leiden. In *Briefing for a Descent into Hell* (1971), *The Summer before the Dark* (1973) en *The Memoirs of a Survivor* (1974) vinden we protagonisten die een of andere vorm van *breakdown* ervaren en hun rationele kijk op de werkelijkheid zien verglijden naar abnormale geestestoestanden die geleidelijk een eigen zin en waarheid openbaren. In deze romans blijkt ook duidelijk Lessings interesse in de zgn. 'antipsychiatrie' van de Schotse psychiater R.D. Laing, wiens boeken erg populair waren. Laing verdedigt de stelling dat een 'gestoorde' geest het bijna onvermijdelijke gevolg is van de onmenselijke druk die de moderne maatschappij op het individu uitoefent en dat precies de geestelijke ineenstorting het begin is van de ontdekking van nieuwe, diepere geestelijke krachten die het individu naar het echte menszijn brengen. De invloed van Laing liep in Lessings werk gedeeltelijk parallel met haar belangstelling voor het Soefisme, een tendens in de Islam die een mystieke en pantheïstische interpretatie aan de godsdienst wil geven en zich daarbij bedient van symbolische verhalen die diepere inzichten willen communiceren.

In de vijf boeken van de *Canopus in Argos* serie (1979-1983) slaat Doris Lessing haar vleugels uit voor een aantal mythische reizen door tijd en ruimte. Velen noemden de serie science fiction, Lessing zelf sprak van "space fiction", maar eigenlijk stellen de zeer verschillende verhalen altijd fundamentele vragen over onze beschaving. Het gaat Doris Lessing duidelijk niet om futuristische ruimteschepen, gesofistikeerde robots of andere verbluffende technologische hoogstandjes. Wel gaat het erom onze huidige beschaving en de evolutie ervan doorheen de geschiedenis, onze ideologieën en waardeschalen *sub specie aeternitatis* te bekijken, en dus schept Lessing een onbegrensd universum van galaxieën en werelden waar ze naar believen kan reizen in tijd en ruimte om andere mogelijkheden van maatschappij- en mensbeeld te exploreren, maar altijd met het oog op de relevantie van die andere werelden voor onze wereld nu. In de serie zijn er boeken die doorheen vele millennia beschavingen laten opkomen en vervallen, naar andere werelden in de kosmos laten uitwijken (onder meer ook naar onze gevallen planeet) om daar totaal anders te evolueren. Maar er is ook plaats voor verhalen die zich binnen een beperkt tijdsbestek afspelen in een wereld die wel een soort alternatief voor de onze lijkt te zijn. Doris Lessing laat in deze romans ook zien hoe mythologieën tot leven komen, hoe de grote verhalen over ontstaan en uiteindelijke bestemming zich verspreiden en zich voortdurend transformeren, en hoe de taal, de manier van communiceren en verhalen vertellen, bepaalt hoe de mens zichzelf en zijn wereld ziet.

Het Latere Werk

In 1983 werd het manuscript van de roman *The Diary of a Good Neighbour* aan diverse uitgevers toegestuurd door een onbekende debutante Jane Somers. Alle uitgevers, behalve Michael Joseph, stuurden het manuscript met een afwijzing terug. In 1984 werd een tweede roman van Jane Somers, *If the Old Could*, door dezelfde uitgever gepubliceerd en pas toen werd bekend dat Jane Somers Doris Lessing was. Beide boeken werden daarna samen gepubliceerd onder de titel *The Diaries of Jane Somers*. In een voorwoord neemt Doris Lessing de wereld van uitgevers en recensenten met veel ironie op de korrel: als je al geen bekende naam bent, is het vrijwel onmogelijk gepubliceerd te geraken en critici die je vroegere werk uitvoerig becommentarieerd hebben herkennen geen van allen je nieuwe roman als je naam niet op de kaft staat. Gedeeltelijk ter verontschuldiging van die critici kan misschien wel worden gezegd dat *The Diaries of Jane Somers* terugkeren naar het gedetailleerde sociaal realisme van Lessings vroege werk. De twee verhalen geven een indringend portret van de aftakeling van oude mensen, van hun vaak miserabele levensomstandigheden en van het onbegrip tussen hen en de jongere generaties, ook als die vol goede wil proberen de ouderen te helpen.

Love, Again (1996) geeft dan weer een ironische kijk op een ouder wordende journaliste en toneelschrijfster die, ondanks haar ruime ervaring in het liefdesleven, verstrikt geraakt in een 'ongepaste' relatie met een veel jongere theatermaker en daar toch weer de onvermijdelijke emotionele kwetsuren aan overhoudt. De roman speelt wel met de tegenstelling realiteit/toneel, die tegelijkertijd de tegenstelling heden/verleden impliceert, maar toch kan ook van *Love, Again* gezegd worden dat de sociale werkelijkheid hier centraal staat. Ook *The Good Terrorist* (1985) en de recente roman *The Sweetest Dream* (2001) keren terug naar thema's die Doris Lessing al aangeraakt had in de Martha-Quest-serie. *The Good Terrorist* laat zien hoe een commune van sociaal bewogen maar ook naïeve jonge mensen in ideologische verblinding een terroristische aanslag beramen en de uitvoering zo verknoeien dat hun eigen groep eraan tenonder gaat. *The Sweetest Dream* is de droom van de communistische wereldrevolutie die in de jaren zestig sommige beroepsrevolutionairen de gelegenheid gaf van de ene partijbijeenkomst naar het andere congres te reizen en die daarbij de kapitalistische glamour van die levensstijl niet schuwden, terwijl ze aan anderen het ondankbare, miskende dagelijkse sleurwerk overlieten om het leven van sociaal gemarginaliseerde mensen wat draaglijker te maken.

De ontluistering van een droom is ook de beginsituatie van *The Fifth Child* (1988) en het vervolg daarop *Ben, in the World* (2000). In een hecht, sociaal en materieel succesvol gezin wordt een vijfde kind geboren, een kind dat van in het begin moeilijk en 'anders' is. Ben groeit op en wordt hoe langer hoe gewelddadiger en door zijn onverklaarbaar kwade inborst wordt het ideale gezin waarin hij opgroeit volledig uit elkaar gerukt. Later kunnen instellingen noch sociale structuren Ben in bedwang houden en hij wordt een gevreesde maar tegelijkertijd ook fascinerende incarnatie van destructief en zinloos geweld waar niemand raad mee weet.

Alhoewel we ons in de toekomst bevinden, neemt *Mara and Dann* (1999) ons mee naar vertrouwd terrein, naar het zuiden van het continent "Ifric", waar de zus en broer uit de titel proberen te ontsnappen uit hun door droogte en oorlog geteisterde land en een mythische trektocht ondernemen naar het Noorden, waar een beter leven mogelijk is. De jarenlange tocht leidt hen door gevaarlijke situaties, confronteert hen met ecologische rampen en vreemde culturen, drijft hen uit elkaar en brengt hen tenslotte weer samen. Zoals in de *Canopus in Argos* serie is de confrontatie met andere werelden en culturen de gelegenheid om na te denken wat essentieel is en wat bijkomstig in ons bestaan.

In de loop van haar carrière heeft Doris Lessing, naast haar romans, een groot aantal kortverhalen geschreven. Ook hier vinden we een aantal centrale thema's terug: Afrika en de rassenverhoudingen tijdens en na de kolonisatie, de rol van de vrouw in een snel evoluerende maatschappij, politiek en ideologische zelfbedwelming, de tegenstelling tussen een rationele, materialistische wereldvisie en vormen van paranormale, 'gestoorde' persoonlijke ervaring.

Wie de mens achter de auteur Doris Lessing beter wil leren kennen, kan terecht in de twee volumes van haar autobiografie. In 1994 verscheen het eerste deel *Under My Skin*. Hierin geeft Doris Lessing een gedetailleerd beeld van haar jeugd en haar beginnend schrijverschap tot aan de publicatie van *The Grass is Singing*. Het tweede deel, *Walking in the Shade* (1997) vertelt over haar leven en werk in de jaren vijftig en de vroege jaren zestig, tot aan de publicatie van *The Golden Notebook*, dat ook in de autobiografie gezien wordt als een centraal keerpunt in haar leven. Doris Lessing heeft verklaard dat er geen verder deel van haar autobiografie komt omdat er nog teveel mensen in leven zijn die niet graag bepaalde aspecten van hun leven en relaties met haar openbaar gemaakt willen zien. In de twee delen van haar autobiografie zullen haar lezers heel wat fundamentele thema's van Doris Lessings werk herkennen, naast een hoop details die in haar romans en verhalen een fictionele vertaling hebben gekregen. Het oeuvre van Doris Lessing is indrukwekkend in zijn omvang, diepgang en gevarieerdheid en overal in het werk zijn er grote lijnen of nauwelijks zichtbare fijne draadjes die teruglopen naar de rijke persoonlijkheid van de vrouw achter de schrijfster.

BEKNOPTE BIBLIOGRAFIE

Primaire literatuur

The Grass is Singing, London: Michael Joseph, 1950. (*Het zingende gras*, vert. Paul van Kampen, Amsterdam: Contact, 1974.)

Children of Violence: Martha Quest, A Proper Marriage, A Ripple from the Storm, Landlocked, en *The Four-Gated City*, London: Michael Joseph/ MacGibbon & Kee, 1952-1969. (vert. Geertje Lammers, Amsterdam: Bert Bakker, 1980-1983.)

The Golden Notebook, London: Michael Joseph, 1962. (*Het gouden boek*, vert. Nettie Vink, Amsterdam: Bert Bakker, 1978.)

Briefing for a Descent into Hell, London: Jonathan Cape, 1971. *(Instructie voor een hellevaart*, vert. Hans Muus, Amsterdam: Bert Bakker, 1979.)

The Summer before the Dark, London: Jonathan Cape, 1973. (*De zomer voor het donker*, vert. Nettie Vink, Amsterdam: Bert Bakker, 1983.)

The Memoirs of a Survivor, London: Octagon Press, 1974. (*Herinneringen van een overlevende*, vert. Pauline Moody, Amsterdam: Bert Bakker, 1982.)

Canopus in Argoes: Re: Colonized Planet 5, Shikasta; The Marriages between Zones Three, Four, and Five; The Sirian Experiments; The Making of the Representative for Planet 8 en *The Sentimental Agents in the Volyen Empire*, London: Jonathan Cape, 1979-1983. (vert. J.W. Korthals, Amsterdam: Bert Bakker, 1981-1985.)

The Diaries of Jane Somers: The diary of a good neighbour, If the old could, London: Michael Joseph, 1984. (*Oud en alleen/In de herfst van het leven*, vert. Liesbeth Kramer, Amsterdam: Elsevier, 1984, 1985.)

The Good Terrorist, London: Jonathan Cape, 1985. (*De barmhartige terroriste*, vert. Marion Op den Camp, Amsterdam: Bert Bakker, 1986.)

The Fifth Child, London: Jonathan Cape, 1988. (*Het vijfde kind*, vert. Ankie Blommesteijn, Amsterdam: Bert Bakker, 1988.)

Love, Again, London: HarperCollins, 1996. (*Terug naar de liefde*, vert. Christien Jonkheer, Amsterdam: Bert Bakker, 1995.)

Mara and Dann, an Adventure, London: HarperCollins, 1999. (*Mara en Dann*, vert. Ankie Blommesteijn, Amsterdam: Bert Bakker, 1999.)

Ben, in the World, London: Flamingo, 2000.

The Sweetest Dream, London: Flamingo, 2001. (*Het huis van Julia*, vert. Ankie Blommesteijn, Amsterdam: Bert Bakker, 2002.)

Under My Skin. Vol. One of My Autobiography, London: HarperCollins, 1994. (*Onder mijn huid: autobiografie tot 1949*, vert. Sjaak de Jong et al., Amsterdam: Bert Bakker, 1994.)

Walking in the Shade. Vol. Two of My Autobiography, London: HarperCollins, 1997. (*In de schaduw: autobiografie 1949-1962*, vert. Christien Jonkheer, Amsterdam: Bert Bakker, 1997.)

Secundaire literatuur

WHITTAKER, Ruth. *Doris Lessing*. Basingstoke: Macmillan, 1988

PICKERING, Jean. *Understanding Doris Lessing*. Columbia: University of South Carolina Press, 1990.

SPRAGUE, Claire (red.). *In Pursuit of Doris Lessing. Nine nations reading*. Basingstoke: Macmillan, 1990.

MASLEN, Elizabeth. *Doris Lessing*. Plymouth: Northcote House, 1994.

IAN MCEWAN
(1948-)

Steven VERVAET

JEUGDZONDEN VAN EEN MORALIST

Wanneer midden jaren zeventig McEwans kortverhalen op de markt komen leveren die hem onmiddellijk de bijnaam 'Ian McAbre' op. Aan de originaliteit en de duistere aantrekkingskracht van *First Love, Last Rites* (1975) en *Between the Sheets* (1978) twijfelt niemand. Geprezen wordt zijn uiterst elegante maar even verontrustende schrijfstijl. Wat zijn bedoelingen betreft tonen de critici aanvankelijk enige reserve. Extreme thema's als geweld, seksuele aberratie, infantilisme, waanzin en onverzadigbare obsessies, die McEwan zonder mededogen en met oog voor het grimmige detail ten tonele voert, tonen volgens sommigen een schrijver die enkel uit is op aanstootgevende sensatie. Zo is het satirische "Pornography" het relaas van een seksueel geobsedeerde man die zijn stoutste fantasieën beleeft wanneer hij door zijn bedrogen minnaressen gecastreerd wordt. De verteller in "Homemade" blikt terug op zijn initiatie in de wereld der volwassenen, die hij, zo vertelt hij zonder wroeging, te danken heeft aan zijn zusje en haar voorliefde voor 'vadertje en moedertje spelen'. In "Solid Geometry" – later verfilmd maar nog tijdens de productie door de BBC in de ban geslagen – laat een wiskundige zijn gefrustreerde vrouw verdwijnen in een möbiusring nadat die zijn dierbaarste bezit, het ingelegde geslachtsdeel van een negentiende-eeuwse misdadiger, vernietigd heeft. "Butterflies" is de belijdenis van een excentrieke eenzaat die zich mentaal voorbereidt om zijn medeleven te gaan betuigen bij de ouders van een meisje dat daags voordien levenloos in het kanaal werd aangetroffen. Zonder een schijn van empathie vertelt hij ons hoe hij het kind heeft verleid, aangerand en vermoord.

Aanstootgevend is niet zozeer de groteske situatie of de lugubere brutaliteit die McEwans wereld beheersen maar wel de vanzelfsprekendheid waarmee zijn ontwrichte protagonisten hun motieven en handelingen evalueren. De neutrale, bijna klinische toon van de verteller ontwapent de lezer; zijn morele ontvoogding is verleidelijk. Nu en dan mag de zwarte humor of de satirische inzet van de verhalen dan wel een bevrijdende lach opwekken, maar het is, om het met de woorden van één van McEwans schepselen te zeggen, "een lachen dat in je keel blijft steken" (*In Between the Sheets*, p. 123). Telkens weer slaat het komische plots om in het akelige, het alledaagse in het immorele, wat ons met een onbehaaglijk gevoel van medeplichtigheid achterlaat, alsof ook onze waardigheid door de macht van woorden werd aangetast. McEwans esthetica biedt een verklaring voor de subtiele dwangmatigheid van zijn verhalen. Voor hem is creatief schrijven nooit de illustratie van een morele positionering, maar wel een niets ontziende exploratie uitgaande van een verteltechnische premisse. De vroege verhalen zijn voor hem als het ware hermetisch gesloten laboratoria met intrinsieke formele beperkingen. Die laten enerzijds toe de integriteit en noodzakelijkheid van het retorisch experiment vol te houden. Anderzijds nemen ze de controle over het materiaal over, wat aan de vorm een quasi automatisch karakter verleent dat elke morele overweging onbeslist laat. Zo toont McEwans volharding in de boosheid hoe onder de schijnbaar rationele organisatie van de leefwereld een duistere obsessie werkzaam is die de orde van de normaliteit zal verstoren.

Met de twee novelles die onmiddellijk op de kortverhalen volgen, bevestigt McEwan zijn reputatie. Ook hier is een claustrofobische wereld, schijnbaar vrij van elke historische of sociale inbedding, het décor voor latente dreiging en weerzinwekkende excessen: infantiele regressie en incest in *The Cement Garden* (1978), voyeurisme en sadomasochisme in *The Comfort of Strangers* (1981). Ook hier volgt het verhaal een logica die even aanstootgevend als onwrikbaar is. En ook hier is McEwans psychologisch realisme dwingend en kaatst elke morele verontwaardiging af op de ontwrichte maar zelfzekere verteltoon. Bij het verschijnen van *The Child in Time* (1987) werd McEwan echter door sommige critici té tendentieus bevonden. Voor het eerst beschrijft McEwan een normale, tedere verhouding tussen een meisje en haar liefhebbende ouders. Voor het eerst benadrukt hij het verband tussen individueel-psychologische problemen en maatschappelijke context. Het boek wordt op gejuich onthaald door diegenen die hem vroeger van zelfgenoegzaamheid en een gebrek aan engagement verdachten. Maar tegelijk heeft McEwan met deze 'ideeënroman', zo menen anderen, zijn artistieke integriteit opgeofferd aan ethische bekommernissen en politieke stellingname.

Algemeen wordt aangenomen dat McEwan zich in die optiek na *The Comfort of Strangers* radicaal heeft bezonnen. Een niet onbelangrijke biografische factor mag zijn dat de auteur intussen zelf vader geworden is, en zich naar eigen zeggen niet meer kan veroorloven zijn artistieke verbeelding te laten gelden ten koste van zijn ethische betrokkenheid. Even belangrijk zijn McEwans excursies in film en televisiedrama in de jaren tachtig. Het is duidelijk dat deze formele heroriëntering ook een grondige inhoudelijke verschuiving met zich meebrengt. In de film *The Imitation Game* (1981) toont McEwan voor het eerst zijn aandacht voor de diepgewortelde ongelijkheid tussen mannen en vrouwen. En ook zijn aanklacht tegen het gebrek aan historisch bewustzijn in Groot-Brittannië klinkt in deze periode steeds luider. In *The Ploughman's Lunch* (1983) wordt een pubmaaltijd valselijk als 'traditioneel' gecommercialiseerd. Tegen de achtergrond van de Suez-crisis en de Falkland-oorlog hekelt de film de manier waarop de Britten al dan niet bewust de geschiedenis herschrijven ten bate van een leefbaar zelfbeeld en de gevestigde machtsverhoudingen. Seksuele identiteit en het vertellen van verhalen, beide in crisis: het zijn de thema's die ook McEwans proza een steeds bredere maatschappelijke en morele draagwijdte zullen geven.

Toch is het niet helemaal duidelijk welk werk precies de wending inluidt, en elke nieuwe roman is wel eens tot 'keerpunt' uitgeroepen. Ten eerste is het verband tussen psychologische ontwrichting en maatschappelijk verval van in het begin impliciet aanwezig. Meer dan eens geeft McEwan te kennen dat de gevoelloosheid van zijn marginale personages diepe wortels heeft in hun stedelijke, onverschillige omgeving. Ten tweede verdwijnt het morbide nooit helemaal, al wordt het gematigd door mededogen, tederheid, en een hoopvol verlangen naar ethische integriteit. Een coherent verhaal dat McEwans oeuvre indeelt in zonde, inkeer en ethische verlichting mag ons er niet van weerhouden ook in het 'rijpere' werk de terugkeer van de vroege obsessies waar te nemen voor wat ze zijn: obsceen en alarmerend in hun banaliteit.

Tenslotte toont McEwans werk zelf dat het waarnemen van betekenisvolle keerpunten en het fabriceren van sluitende verhalen een menselijke – misschien al te menselijke – poging is om de kloof tussen het verlangen naar integriteit en de contingente werkelijkheid te dichten en zo het spook van het (of de) andere te bezweren. In wat volgt zou ik het conflict tussen artistieke en ethische integriteit als een constante in McEwans oeuvre willen toelichten.

Een lijk in de kelder: overgangsrites

Een cruciaal en terugkerend moment in McEwans werk is de initiatie van de mannelijke protagonist. Soms vroegtijdig bewerkstelligd, soms onnodig uitgesteld, is deze gebeurtenis altijd gewelddadig en vaak traumatisch voor de betrokkene of zijn omgeving. De verteller weeft een web van woorden rond een onverwerkte confrontatie met de werkelijkheid zodat de meest immorele daden gevoelloos worden uitgevoerd. In vele opzichten vormt het vroege werk – in het bijzonder *The Cement Garden* – de blauwdruk van een mechanisme dat McEwan later, in *The Innocent* en *Black Dogs*, zeer overtuigend politiek zal herinterpreteren. *The Cement Garden* is McEwans stedelijke variant op Goldings *Lord of the Flies*, zij het met een uitgesproken oedipale, incestueuze plot. “Ik durf niet te stellen dat ik mijn vader vermoord heb, maar ik heb hem zeker een eindje op weg geholpen”, zo begint Jack zijn verhaal (p. 9). Op het moment dat hij boven in de badkamer voor het eerst masturbeert, sterft Vader in de tuin, die hij uit praktische overwegingen aan het cementeren was. Met een nonchalante beweging veegt Jack Vaders afdruk in de verse cement weg. Niet lang daarna sterft ook Moeder, zodat de verteller, zijn oudere zus Julie en jongere zus Sue alleen achterblijven. Om de Familie samen te houden beslissen de kinderen Moeder in de kelder te verbergen in een laag cement. Ingekapseld in een huis dat hen behoedt tegen het dorre landschap buiten de muren en tegen vijandige indringers die deel willen uitmaken van de Familie, laten de kinderen zich hun nieuwgewonnen vrijheid welgevallen. Maar nog vóór totale anarchie haar tol eist herrijzen stilaan de contouren van een weggewiste dode vader en een verdrongen moeder, een constellatie waarin de regressie van de kleine Sue goed van pas komt. De novelle eindigt met Jacks en Julies incestueuze vereniging onder het blauwe licht van arriverende politiewagens.

The Cement Garden illustreert hoe de initiatie tot mannelijk wasdom altijd een verdrukking is van het verontrustende. Elke confrontatie met de werkelijkheid, die als brutaal, contingent en betekenisloos wordt ervaren, roept het spook op van een oedipaal verlies. Verontrustend bij uitstek is de rauwe materialiteit van het – vrouwelijke – lichaam, en het is dit lichaam dat gedood, verdrongen, gemystificeerd of in abstracties verhuld moet worden wil het individu zijn autonomie en macht bevestigd weten. Toch zal de cementen grafsteen sporadisch barsten vertonen. De mannelijke autonomie is daardoor altijd in crisis, maar daarom niet minder obsessief en gewelddadig. Ook al wil de mens als *sociaal* wezen zich wel eens buiten deze oedipale tijd situeren, toch eist de broosheid van de mannelijke identiteit de instandhouding van het oedipaal taboe, dat als een chronische ziekte van generatie op generatie overgedragen wordt en de patriarchale machtsverhoudingen telkens opnieuw stilzwijgend herstelt.

Meer dan eens ziet McEwans proza een verband tussen de oedipale *rite de passage* en bepaalde politieke constellaties. Dit is voor het eerst het geval in *The Child in Time* (1987), dat een individueel drama van verlies en herstel linkt aan de nationale noodtoestand op het einde van de twintigste eeuw. McEwan tekent de Engelse natie als een Orwelliaanse dystopie, waarin opportunisme en onoprechtheid hoogtij vieren, sociale zekerheden tanen, het klassenverschil dramatische proporties aanneemt en de mensheid afstevent op een ecologische ramp. Een conservatieve regering werkt aan "de geautoriseerde handleiding voor kinderzorg", dat "de aloude analogie van kindsheid en ziekte" predikt, en boven elk hoofdstuk de toon zet als een ironisch leidmotief (p. 179). *Het kind is spoorloos.* Toch komt McEwan in dit boek nog het dichtst bij een hoopvolle herkansing van de initiatierite, al getuigt die herkansing meer van een emancipatorisch verlangen naar een verloren onschuld dan van de overtuiging dat die ook kan teruggevonden worden. Tijdens het winkelen stelt Stephen plots vast dat zijn driejarig dochtertje verdwenen is. Na de paniek volgt de geleidelijke bewustwording van een onherstelbaar verlies. De oorzaak van de verdwijning komt nooit aan het licht, en de voornaamste factor in Stephens trauma is dan ook de tijd – de objectieve en onomkeerbare loop der dingen. Doorheen het boek worden verschillende benaderingen van tijd en tijdsverstoring onder de loep genomen: de lege tijd van het eindeloze wachten, de relatieve en complementaire tijd van de kwantumfysica, de onherstelbare tijd van een reëel verlies, de regressieve tijd van Stephens dementerende vriend en surrogaatvader. Stilaan dringt het tot Stephen door dat het 'kind in de tijd' spoorloos *kan* zijn omdat het 'kind buiten de tijd' – de ongemedieërde volheid van een paradijselijke zuiverheid – niet bestaat. De 'betekenisvolle tijd' die aan een reëel verlies zin geeft is dan ook een nostalgische illusie die het contingente karakter van de werkelijkheid moet verhullen.

Toch is het precies deze onmogelijkheid die zich aandient, en zo Stephens genezingsproces inluidt. Tijdens een epiphanisch moment weet Stephen zich even 'buiten de tijd', vóór zijn geboorte, wanneer hij getuige is van de twijfels van zijn moeder over haar pas verwekte kind, Stephen. Zijn moeder 'ziet' hem, en kiest voor zijn bestaan. Op die manier doorbreekt Stephen de logica van de objectieve tijd en voelt de kosmische geborgenheid die hem toelaat zijn eigen bestaan te bewerkstelligen. Hij verschalkt de traumatische scène van zijn *rite de passage* en is getuige van zijn eigen zuiver begin met oneindig veel mogelijkheden, een lege ruimte vrij van patriarchale machtsverhoudingen en gezuiverd van verlies. Dit bevrijdend moment helpt hem de wonde te helen en in te zien hoe "al het leed, al het ledige wachten was ingesloten in betekenisvolle tijd" (p. 211). Het paranormale, anachronistische karakter van de episode en Stephens romantisering van de tijd laten er echter weinig twijfel over bestaan dat zowel de initiatie als het verlies voldongen feiten zijn. Het is dan ook geen toeval dat Stephens zoektocht naar het verloren kind (in hemzelf) begeleid wordt door de extreemrechtse "geautoriseerde handleiding voor kinderzorg", alsof de twee projecten in feite blijk geven van een gelijkaardige crisis. In *The Child in Time* toont McEwan zich humanistischer dan voorheen. De horror van de vroege jaren heeft plaats geruimd voor een tragisch referentiekader. Opmerkelijk is de menselijke, meer betrokken houding van de verteltoon ten aanzien van een gruwelijke gebeurtenis. Aan de hand van Stephens drama en dubieuze genezing verkent McEwan ook voor het eerst de analogie en wisselwerking tussen de chemie van het mannelijke bewustzijn en het politieke lichaam. Deze emancipatorische kijk op de dingen betekent echter niet dat McEwan voortaan zal kunnen afzien van het monsterlijke, dat te pas en te onpas zal herrijzen als noodzakelijk bijproduct van deze emancipatie.

De initiatie als politiek gegeven is ook de inzet van *The Innocent* (1999), dat zich aandient als een politieke allegorie in de vorm van een spionagethriller. Leonard, de onschuldige uit de titel, is een jonge Brit die deel uitmaakt van 'Operation Gold' in een gecapituleerd Berlijn bij het begin van de Koude Oorlog. Om op de hoogte te blijven van de vijandelijke plannen graven de geallieerden een tunnel tot diep in de Russische sector. Net als zijn collega's heeft Leonard het ijdele gevoel over cruciale geheime informatie te beschikken. Terwijl de graafwerken vorderen dringt het echter tot hem door dat zijn kennis slechts een schakel is in een onoverzichtelijk labyrint. Niemand weet eigenlijk iets. Terwijl de nieuwe wereldorde zich in de gedissecteerde stad ingraaft, leert Leonard de pleziertjes van de Amerikaanse *way of life* appreciëren. Een geschikte bondgenoot vindt hij echter in de jonge Duitse Maria, die hem graag zal inwijden in de wereld der volwassenen en hem zal leren het masker van zijn mannelijkheid te dragen. Hun relatie is gebaseerd op wederzijds respect en vertrouwen, en mag symbool staan voor een internationale gemeenschap gebouwd op de ruines van de twintigste eeuw.

Desondanks betekent Leonards initiatie in de seksuele en intersubjectieve politiek niet zozeer een emancipatorische progressie als wel een ethische transgressie. Het tunnelmotief doet in dit opzicht sterk denken aan de Congorivier in Conrads *Heart of Darkness.* Ook daar is de zoektocht naar waarheid en authenticiteit tegelijk een ont-aarding van de politieke en morele onschuld. Aan het eind van de tunnel klopt het duistere hart dat de verhouding tussen individu en wereld bezielt. Wat we vinden is niet authenticiteit, maar het monsterlijke zonder meer. Zo ziet de onschuldige zijn initiatie ontsporen in machtswellust en de ontmenselijking van het lichaam. Het geweld dat zich stilaan van binnenuit meester maakt van Leonards prille liefde verschijnt op het toneel in de persoon van Maria's agressieve echtgenoot Otto, die nu de affaire van buiten uit in gevaar brengt en uit de weg dient geruimd te worden. Het felbegeerde eind van de tunnel en tegelijk de meest memorabele episode in de roman is de weerzinwekkende dissectie van Otto's lijk, die ons bladzijdenlang met de neus op de feiten drukt en herinneringen oproept aan McEwans vroege werk.

Alsof de allegorische betekenis van de tunnel niet voor zich spreekt, leert Leonard van zijn overste dat geheimen ten grondslag liggen aan het bewustzijn van individu en maatschappij. Zonder hen zouden we niet zijn wie we zijn: "geheimenis heeft ons mogelijk gemaakt." (p. 47) Uiteindelijk zal blijken dat de Russen al die tijd al op de hoogte waren van de operatie. De informatie die ze door de geallieerden lieten aftappen was bedoeld om hen te misleiden. Wat meteen een verdacht licht werpt op het taboe dat de grondslag zou zijn van het bewustzijn. Is er wel een geheim dat gekend kan worden? Is dat geheim misschien niet meer dan een functie van onze zoektocht naar de ultieme waarheid? Dat is zo ongeveer de conclusie die Leonard bereikt via zijn individueel-psychologische expeditie. Tussen de onschuld en de brute materialiteit van het ontmenselijkte lichaam gaapt een immense leegte die met woorden gevuld moet worden. De initiatie is met andere woorden een literair *topos* dat de wonde slechts schijnbaar geneest, maar intussen het/de verontrustende andere bezweert en verdringt.

ONGENODE GASTEN: EMANCIPATIE EN ONBEHAGEN

Wat McEwan gemeen heeft met andere contemporaine Britse auteurs is zijn obsessie met het narratieve karakter van onze verhouding tot de werkelijkheid. Hij onderscheidt zich enigszins door de rol die hij daarin toekent aan een diepgewortelde seksuele eigenheid. Zo wordt McEwans schriftuur meer dan eens gekenmerkt door een spanning tussen de 'vrouwelijke tijd' van de herhaling en de 'mannelijke tijd' van de lineariteit en de maniakale controle. Nergens heeft McEwan zich zo expliciet geëngageerd als in het antinucleaire oratorio "Or Shall We Die?" (1983), waarvoor hij de tekst schreef bij muziek van Michael Berkeley. Hier staat het destructief mannelijke "meesterschap" tegenover het verlossend potentieel van het vrouwelijke principe: "shall we have womanly times". Het hoeft dan ook niet te verwonderen dat McEwan weldra uitgeroepen werd tot de mannelijke spreekbuis voor vrouwenaangelegenheden. Toch is het onduidelijk waar de auteur precies staat in deze materie, en de politisering van zijn werk is zeker niet zonder slag of stoot verlopen. Enerzijds is het er McEwan werkelijk om te doen de begronding van machtsverhoudingen aan het licht te brengen. Een terugkerend inzicht is bijvoorbeeld dat de verdrukking van de vrouw door wat voor 'mannelijk' doorgaat meestal onzichtbaar blijft, omdat 'mannelijk' in deze context 'menselijk' zonder meer betekent. Anderzijds voeren McEwans analyses niet meteen tot maatschappelijk bruikbare stellingnamen en zijn ze niet zelden subversief en politiek incorrect. Volgens McEwan volstaat het namelijk niet in sociale termen over de relatie tussen mannen en vrouwen te spreken. In de eerste plaats wil hij de psychologische en emotionele grondlaag van het mannelijk chauvinisme onderzoeken. De seksuele verbeelding blijkt diepe wortels te hebben en onze bewuste verlangens blijken gedreven door iets wat we liever niet onder ogen zien. "Het volstond niet rationeel te zijn", verklaart McEwan, "want er zouden wel eens verlangens kunnen bestaan – masochisme in vrouwen, sadisme in mannen – die de verdrukking van vrouwen in patriarchale maatschappijen ten uitvoer brengen maar eigenlijk bronnen van genot geworden zijn" (Haffenden, p. 178). Tot zover McEwan de feminist.

Met terugwerkende kracht kan The *Comfort of Strangers* gelezen worden als McEwans eerste uiteenzetting met het feminisme. De novelle speelt zich af in een niet nader genoemd maar duidelijk herkenbaar Venetië. De stad draagt haar literaire geschiedenis met zich mee: ze is sinister en verrukkelijk, intimiderend en verleidelijk. Zoals in Manns *Der Tod in Venedig* fungeert de decadentie van de stad als correlaat van een gemoedstoestand, en het onbewuste als een labyrint met onvermoede geheimen en fatale dwalingen. Dit is de plaats waar Colin en Mary, een geëmancipeerd en zelfgenoegzaam koppel, hun rationele ingesteldheid ten prooi zien vallen aan de verontrustende vreemdeling. Die vreemdeling – en net zoals in *The Innocent* mogen we vermoeden dat het vreemde niet zomaar van buitenaf komt – ontmoeten ze in de patriarchaal gezinde Robert. Zelf slachtoffer van een chauvinistische opvoeding verkondigt hij dat vrouwen niks liever willen dan de ongelijkheid der seksen: "ze spreken over vrijheid en dromen van gevangenschap", wat zijn masochistische en kreupele echtgenote beaamt (p. 72).

De ontmoeting heeft iets van een bezwering. Alhoewel Mary en Colin redelijke mensen zijn en Robert de belichaming is van al wat ze verachten, voelen ze zich onbewust aangesproken door zijn voyeuristisch oog. Een "niet erkende samenzwering van de stilte" volgt, waarin hun erotische verbeelding herleeft met perverse dromen van dominantie en onderdanigheid (p. 91). Stilaan worden ze slachtoffer van een duistere aantrekkingskracht, en onderwerpen ze zich aan een hypnotische logica die afstevent op een einde dat zowel banaal als brutaal is. Meest onbehaaglijk is de passiviteit waarmee de twee hun lot ondergaan, en de vanzelfsprekendheid waarmee ze de dunne laag van hun 'vrouwvriendelijke' kijk buitenspel laten zetten. Heeft hun mentale verwarring haar oorsprong in de onoverzichtelijkheid van de stad, dan wel in de diepten van hun innerlijk? Net als Aschenbach in Manns *Tod in Venedig* lijken McEwans protagonisten op zijn minst mede verantwoordelijk voor hun tragisch einde. Emancipatie van patriarchaal geweld lijkt met andere woorden een ijdele hoop die zich even gemakkelijk laat verschalken als ze geformuleerd wordt.

Black Dogs (1992) herneemt de fragiele hoop op emancipatie als een politiekhistorisch gegeven. Lijken momenten van excessief geweld nog gratuit en ondoorgrondelijk in *The Comfort of Strangers*, dan wordt de eigenlijke betekenis ervan pas echt duidelijk in *Black Dogs*. Met deze roman keert McEwan ook terug naar een probleem waaraan hij ook al in zijn filmscripten aandacht had geschonken: emancipatie is altijd in crisis, en staat of valt bij een correct historisch bewustzijn. Ethische integriteit mag zich met andere woorden nooit verzoenen met de esthetische integriteit van een gesloten verhaal. *Black Dogs* thematiseert dit door het conflict van de geschiedschrijver die zich geconfronteerd weet met de wetten van het genre én met de morele imperatief die vervat ligt in de gruwelen van de twintigste eeuw.

9 November 1989. Twee werelden reiken elkaar de hand en beginnen hoopvol aan een wederopbouw die decennialang is uitgesteld. De euforische stemming in Berlijn kan Jeremy's scepsis over het welslagen van de operatie niet geheel temperen. Alles wijst erop dat de oude wonden niet geheeld zijn, en dat de val van de muur misschien niet het glorieuze einde is van een emancipatieproces. Om met deze twijfels in het reine te komen besluit hij de memoires van zijn schoonouders op te tekenen, wier persoonlijke geschiedenis grondig verweven is met de naoorlogse situatie. Hij zal het conflict trachten te vatten dat June en Bernard Tremaine reeds kort na hun huwelijk heeft uiteen gedreven. Op huwelijksreis in Frankrijk wordt June op een bergpad belaagd door twee bloeddorstige honden. Hoewel ze zich kan verdedigen laat de gebeurtenis diepe sporen na, vooral wanneer ze uit de mond van dorpsbewoners het verhaal hoort over de zwarte honden die destijds door de Nazi's zijn afgericht om de plaatselijke

bevolking te terroriseren, en waarvan nu en dan nog een exemplaar opduikt. Voor June betekent de ervaring een epiphanisch keerpunt in haar leven. Op slag zweert ze haar marxistische sympathieën af en geeft ze gehoor aan haar religieuze roeping. De honden zijn een manifestatie van het kwade in een Manicheïstische wereld, zo vertelt ze Jeremy. Voor haar materialistisch-deterministisch gezinde echtgenoot daarentegen is deze mystieke interpretatie van het voorval niet meer dan een retrospectieve mythologisering, en een symptoom van hun dieperliggende ideologische verschillen. Voor June zijn de honden de belichaming van de boosheid van de verbeelding, die altijd vrij is de wereld naar haar hand te zetten. In Bernards positivisme is er voor symboliek en verbeelding weinig plaats.

De harde feiten omtrent de zwarte honden komen Jeremy, en met hem de lezer, pas laat in het verhaal ter ore. Aldus fungeren ze als het afwezige centrum waarrond Jeremy's memoires in wording zich pogen te organiseren. Ze belichamen een weerbarstig contactpunt tussen werkelijkheid en fictie, de traumatische kern die de geschiedenis fundamenteel in twee splijt. Elke omschrijving van de honden is dan ook tegelijk een miskenning ervan, omdat ze een vaste betekenis krijgen in een coherent verhaal. Nog vóór Jeremy met de gemythologiseerde beesten geconfronteerd wordt, beseft hij echter dat zijn hachelijke onderneming tot mislukken gedoemd is. De metafoor van de honden heeft namelijk heel wat gemeen met de geschiedschrijving, en met de monumenten die haar moeten valideren. Een officieel monument wordt immers verondersteld "een eerbare burgerlijke trotsering van het vergeten" te zijn (p. 110). Als betekenaar in dienst van een dwingend en zelfgenoegzaam verhaal is het monument echter altijd al een verdrukking van een weerbarstige realiteit. Jeremy voelt dan ook dat het monument zelf wel eens "een ziekte van de verbeelding" zou kunnen zijn, "en een levend gevaar, een nauwelijks bewuste samenzwering met het kwade" (ibid.). Los van de interpretatiemogelijkheden die Jeremy besluiteloos maken beseft hij dat het in die zin wel té rustgevend mag zijn de honden als 'keerpunt' te identificeren, want

> Keerpunten zijn de uitvindingen van vertellers en dramaturgen, een noodzakelijk mechanisme wil men een leven reduceren, vertalen tot een plot, wil men uit een opeenvolging van handelingen een moraal distilleren en het publiek naar huis sturen met iets onvergetelijks dat de ont-

wikkeling van een personage tekent. [...] Deze schier onbestaande beesten waren té geruststellend. (p. 50)

Als memoires in wording zit *Black Dogs* dan ook machteloos gevangen tussen twee imperatieven. Terwijl ze zich niet mogen laten verleiden tot het monumentaliseren van het weerbarstige van de geschiedenis, kunnen de memoires niet anders dan de mechanismen van de geschiedschrijving herhalen. *Black Dogs* is tegelijkertijd een leesbare tekst en een fragmentarisch leesproces. De temporele structuur van het boek is dan ook niet lineair maar spiraalvormig. Als een constante dreiging is er telkens weer de terugkeer van en naar het traumatisch moment, dat als een zwart gat elke stabiele betekenis in zich opzuigt. *Black Dogs* is zo'n zwarte hond: het wil de waarheid vatten, maar legt tegelijkertijd zijn eigen wordingsproces en tekstuele status bloot. Op die manier geeft het boek gehoor aan de verschrikkelijke angst dat de dreiging niet achter ons ligt. Het monument zal barsten vertonen, en de gruwelen van de twintigste eeuw zullen terug wortel schieten, juist *omdat* ze ingekaderd worden in een zinvol verhaal. De Honden van de Tremaines zijn de wonden van de geschiedenis, die "verdwijnen in de uitlopers van de bergen, vanwaar ze zullen terugkeren om ons te achtervolgen, ergens in Europa, in een andere tijd" (p. 174).

Met *Black Dogs* weigert McEwan zondermeer de postmoderne amnesie te aanvaarden. Tegelijk toont hij dat emancipatie een imperatief en een oneindig project is, dat zich gevaarlijk beweegt op de dunne grens tussen zingeving en verantwoordelijkheid. Als deze laatste nergens anders kan verankerd worden dan in de legitimiteit van een dwingend verhaal, maar dit verhaal altijd en dwangmatig ontaardt in een blinde herhaling van geweld, staan ethische en esthetische integriteit elkaar machteloos tegenover.

Schrijven op de grens: legitimiteit en de onmacht van fictie

Naar aanleiding van 11 september schreef McEwan in *The Guardian* dat terrorisme te wijten is aan een gemis aan empathie: "Waren de kapers in staat geweest zich in te leven in de gedachten en gevoelens van de passagiers, dan hadden ze niet aan de slag kunnen gaan. [...] De verbeelding van wat het betekent een andere te zijn dan wie we zijn is de essentie van onze menselijkheid." In een interview met *Humo* herhaalt hij deze stelling, en hij voegt eraan toe dat hier een belangrijke rol is weggelegd voor de literatuur: "In een roman bewoon je de geest van iemand anders – 't is empathie in haar zuiverste vorm: hoe is het om iemand anders te zijn?" Het getuigt van talent en doorzettingsvermogen dat er in McEwans fictie weinig overblijft van deze naïeve verheerlijking van de literatuur en haar democratisch perspectivisme, als zou ze rechtdoen aan het autonome leven en denken van een ander. Empathie en verbeelding *staan* centraal in McEwans latere werk, niet als een gegeven maar als een probleem, dat als het ware spontaan gegroeid is uit de neurose van zijn vroege vertellers. Waren deze in hun excentriciteit nog het toonbeeld van een fatale afwezigheid van empathie, zo worden zijn latere protagonisten geconfronteerd met de onmogelijkheid zich de ander op een ethisch correcte manier te verbeelden, hoe hartstochtelijk ze dat ook zouden willen. "Binnentreden in een [onafhankelijke] geest, en tonen hoe die werkt, of bewerkt wordt, en dit doen volgens een symmetrische constructie, dat zou een artistieke triomf zijn," lezen we in *Atonement* (2001, p. 282) Het boek zelf is er zo één, net als zijn voorgangers, *Enduring Love* (1997) en *Amsterdam* (1998). Het zijn vlekkeloze composities, die hun materiaal perfect lijken te beheersen en erin slagen zelfs het toevallige en verontrustende als strikt noodzakelijk te beschrijven. Tegelijkertijd zijn de romans ook achterdochtig tegenover vlekkeloze composities. Op verschillende manieren laat McEwan zien hoe de verbeelding zichzelf legitimeert, naar stabiliteit en geslotenheid zoekt, en hoe ze controle wil krijgen over het monsterlijke dat ze *precies dan* zelf aan het voortbrengen is. Zijn protagonisten trachten de andere te verbeelden, maar nemen *op dat moment* de toekomst in een artistieke houdgreep die vroeg of laat ontspoort en haar eigen leven gaat leiden.

In *Amsterdam* sluiten een journalist en een componist een euthanasiepact. De één zal de ander laten ombrengen wanneer die bij hem de symptomen van fysieke of mentale aftakeling merkt waaraan hun gemeenschappelijke vriendin is overleden. Gedreven door psychologische motieven en verblind door hun respectievelijke genres (de symfonie en de roddelpers) zien ze weldra voldoende aanleiding om tot handelen over te gaan. Net als de protagonisten van *Enduring Love* en *Atonement* dwingen ze verleden en toekomst in een esthetisch verantwoord keurslijf. Waar eerst onzekerheid en leegte is, zien ze plots een zinvolle orchestratie van causale verbanden. Onbehagen sluipt binnen in de perfecte compositie wanneer fictie en werkelijkheid, verantwoordelijkheid en geweld in elkaars verlengde komen te liggen.

"Geloven is zien", weet Joe, de verteller van *Enduring Love*. Het is een menselijke maar gevaarlijke neiging, die orde en symmetrie aan de werkelijkheid opdringt en zich meester maakt van wat in feite oncontroleerbaar is. Als vulgariserende wetenschapsjournalist heeft hij het fenomeen reeds onder de aandacht gebracht. Zijn doorzicht in de wetten van de waarneming komt hem goed van pas wanneer hij er zichzelf en zijn omgeving van moet overtuigen dat zijn leven stilaan in de ban raakt van Jed Perry, een religieuze fanaat. Joe's taak bestaat erin een duidelijke grens te trekken tussen zijn eigen redelijkheid en de waanzin van zijn stalker. Deze lijdt aan het 'Clérambault-syndroom', een neurotische verliefdheid die zelfs contingente of weerbarstige voorvallen in de werkelijkheid altijd in het teken en ter bevestiging ziet van zijn relatie tot zijn liefdesobject. In zijn brieven aan Joe legt Jed volledig beslag op diens leven:

> Ik heb elk van je artikels gelezen als een brief die je geschreven hebt naar de toekomst toe, een toekomst die ons beide zou bevatten. Wat was je dan toch van plan met mij, zat ik te denken. Me pijnigen? Beledigen? Testen? [...] Ergens in je verklaringen over God weerklinkt een smeekbede om te worden gered uit de vallen van je eigen logica. [...] Je artikels zijn niet meer dan een lange kreet van eenzaamheid. (pp. 133-35)

Ongetwijfeld heeft zijn stalker iets van de terrorist, die in de werkelijkheid een gemis waarneemt en er, aldus McEwan in *The Guardian*, dankzij "zijn fanatieke zekerheid en misplaatst religieus vertrouwen" in slaagt zich te "zuiveren van zijn aangeboren inlevingsvermogen". Toch is het lange tijd onduidelijk of de verteller zelf wel betrouwbaar is. Is Joe's "organisatorische trance" die van een integere wetenschapper die ten onrechte en door spijtig toeval zijn geloofwaardigheid verliest (p. 143)? Of hebben we te maken met een paranoide geest die de wereld naar zijn hand schrijft en zo een kloof slaat tussen zichzelf en zijn naasten? Zou Joe's inkadering van zijn stalker vanuit een ander perspectief bekeken ook niet op hemzelf van toepassing kunnen zijn? De eerste die Joe's verhaal in twijfel trekt is dan ook zijn vrouw, die op haar beurt begaan is met de literaire verbeelding, met Keats, en met diens credo dat schoonheid en waarheid één zijn. Hoe meer de verteller zich van Jeds waanzin wil vergewissen, hoe gevaarlijker redelijkheid en waanzin elkaar naderen. Hoe meer hij poogt het 'keerpunt' te localiseren waarop hij de controle over zijn leven verloren is, hoe meer hij in zichzelf opgesloten geraakt en elk contact met de wereld verliest.

Een appendix brengt helderheid in de zaak. Aan het boek is een wetenschappelijke artikel toegevoegd dat Jed Perry als gevalstudie aanvoert bij een onderzoek naar het Clérambault-syndroom. Het bewijsmateriaal en de classifiëring, evenals de neutrale en ontluisterende toon van de appendix, lijken de triomf van Joe's rede eens en voorgoed af te grenzen van zijn vrouws literaire empathie en Jeds religiueze waanbeelden. Deze overwinning komt echter aan het wankelen wanneer we in beschouwing nemen dat het geciteerde artikel zelf verzonnen is. De grens tussen de hoofdtekst en de wetenschappelijke bijlage, die de verankering van de één in de ander moet legitimeren, is met andere woorden zelf onderhevig aan de wetten van de fictie.

Enduring Love en *Amsterdam* hebben ongetwijfeld hun eigen verdiensten. Tegelijk zijn ze een prelude tot het grotere *Atonement*, dat de weg traceert die McEwan heeft afgelegd van de morbide excessen in de jaren zeventig over de politieke allegorieën van de jaren tachtig naar de latere problematiek van emancipatie en empathie, en dat, bij wijze van boutade, kan beschouwd worden als McEwans persoonlijke boetedoening voor de destructieve verbeeldingskracht, de geweldige controle, kortom de onverantwoordelijkheid van zijn fictie.

Op de heetste zomerdag van 1935 is het landhuis van de familie Tallis in Surrey volop in de weer met de voorbereidingen voor de thuiskomst van Leon, de oudste zoon. Alhoewel. Moeder Emily Tallis heeft last van migraine, en slaat de bezigheden angstvallig gade vanuit haar slaapkamer. Vader moet verstek geven wegens te druk met werk en maitresse in Londen. Zus Cecilia, net terug uit Cambridge en zonder toekomstplannen, verdeelt haar tijd tussen verveling en tegenstrijdige gevoelens voor de jonge en getalenteerde Robbie, de zoon van de poetsvrouw en protégé van de familie. Verder ontmoeten we Lola, Jackson en Pierrot Quincey, de kinderen van Emily's zuster, die tegen wil en dank op het landgoed logeren terwijl hun ouders elders hun echtscheiding uitvechten. Briony Tallis, dertien en aarzelend op weg naar volwassenheid, is gezien de omstandigheden zowat aan haar lot overgelaten. Op de vlucht voor een onverschillige omgeving trekt ze zich terug in de eenzaamheid van haar innerlijke wereld, waar ze troost vindt in de literatuur. Ze ambiëert schrijfster te worden, om zo haar zelfstandigheid en controle over de werkelijkheid te laten gelden. Briony is dan ook de enige die van Leons komst grootse dingen verwacht, want voor hem – maar vooral voor haarzelf – zal ze *De Lotgevallen van Arabella* opvoeren, een melodrama van haar hand, waarvoor ze ook de Quinceys heeft ingeschakeld. De toewijding van haar acteurs laat echter te wensen over, en algauw lopen de voorbereidingen spaak. Terwijl Briony twijfelt aan gemiste kansen en een ongehoorzame wereld dient zich met de gebeurtenissen van de dag echter voldoende stof aan voor een historisch drama dat haar meesterlijke verbeelding niet zomaar had kunnen bedenken.

Zo ziet ze vanuit het raam hoe haar zus Cecilia zich buiten in de tuin uitkleedt en de fontein instapt, terwijl Robbie erop staat te kijken. De lezer komt te weten wat daar werkelijk gaande is, maar voor de jonge Briony is de scène obsceen en ondoorgrondelijk. Toch zal ze het verdere verloop van de dag in het licht van dit schouwspel interpreteren. Een pornografische liefdesbrief komt per vergissing in haar handen terecht; een tedere liefdesscène die niet voor haar ogen bestemd was kan ze enkel als agressie verstaan; 's nachts vindt een aanranding plaats, maar het slachtoffer kan haar agressor niet identificeren. Eén en ander blijft voorlopig onduidelijk, maar Briony heeft haar verhaal. Nog vóór de dageraad aanbreekt is een onschuldige gearresteerd, zijn een paar mensenlevens grondig verwoest, en heeft Briony zichzelf veroordeeld tot een levenslange lijdensweg.

Tekenend voor Briony's doen en laten is haar literatuuropvatting. Haar ideaal van de literaire verbeelding is gestoeld op de perfecte controle van een poppenspeler, die de touwtjes strak in handen houdt en de scène weet te manipuleren. Wanneer ze voelt dat haar controle als toneelschrijfster beperkt is, zoekt ze haar heil in het proza:

> Een verhaal was direct en eenvoudig, en liet niet toe dat er iets tussen haarzelf en de lezer kwam te staan [...] geen bemiddelaars met hun particuliere ambities en incompetenties, geen tijdsdruk, geen beperkingen van de inspiratie. In een verhaal had je maar te wensen, je had het maar op te schrijven, en je kon de hele wereld hebben [...] Door symbolen op een blad te tekenen was ze in staat om haar gedachten en gevoelens over te brengen van haar geest naar die van de lezer. [...] Een zin lezen en hem verstaan waren hetzelfde [...] Er was geen hiaat waarin de symbolen ontrafeld werden. (p. 37)

Bijgevolg "was er niks dat ze niet kon beschrijven" (p. 156). Wanneer ze de gebeurtenissen interpreteert vanuit één feit, dat ze bovendien verkeerd heeft ingeschat, volgt ze in feite de wetten van een literair genre. Als een vampier zuigt ze het leven uit haar omgeving om het om te toveren tot letters op een blad papier.

Briony's zondeval is een mislukte *rite de passage* die een licht werpt op de banaliteit van het kwade. De gesloten en destructieve logica die ze aan haar omgeving opdringt is haar strategie om orde te scheppen in een wereld die voor haar opaak en opstandig is. Haar kinderlijke arrogantie maken haar blind voor wat buiten haar verbeeldingskracht valt, en kan zelfs dan op begrip van de lezer rekenen. In het tweede en derde deel van het boek wordt het drama van Briony's familie gelinkt aan de politieke catastrofe die Europa teistert. We ontmoeten Robbie tijdens de terugtocht van de geallieerden in Duinkerke. In ruil voor een vervroegde vrijlating uit de cel is hij nu overgeleverd aan de gruwelen van een oorlog die geen verhaal toelaat en hem eens te meer het zwijgen oplegt. Ook Briony wordt geconfronteerd met een werkelijkheid die zich verzet tegen elke narratieve perspectivering. Bij wijze van boete voor wat ze haar omgeving heeft aangedaan verzorgt ze gewonde soldaten in het St. Thomas Hospital in Londen. Waar ze vroeger gefaald heeft, zal ze nu het onbegrijpbare recht in de ogen kijken, ook al is dat "zo intiem, en nooit bedoeld om gezien te worden" (p. 302):

> Elke geheim van het lichaam werd prijsgegeven – een door het vlees stekend bot, het ontheiligende zicht van een darm of een oogzenuw. Van dit nieuw en intiem gezichtspunt leerde ze iets dat simpel was en vanzelfsprekend, dat ze altijd al had geweten, en dat iedereen wist: dat een mens onder andere een materieel ding is, gemakkelijk kapot gemaakt, niet gemakkelijk hersteld. (p. 304)

Om haar schuld in te lossen ziet ze wat ze ooit weigerde te zien – de kwetsbaarheid van het lichaam, en de onomkeerbaarheid van leed berokkend aan anderen – in de volle wetenschap dat ook dat de wonde niet zal kunnen helen. Cecilia en Robbie, die elkaar na de oorlog terugvinden, zijn dan ook niet in staat zich met Briony's berouw te verzoenen.

Hier zou men kunnen opperen dat enig optimisme toegestaan is omtrent de inlevingskracht die door het perspectivisme van de roman wordt opgewekt. De empathie die McEwans romankunst aan de dag legt zowel bij de beschrijving van Briony's schuld en boete als bij de bijzonder overtuigende representatie van het oorlogstrauma spreekt toch vóór de mogelijkheid van de empathische verbeelding en een correcte ethische betrokkenheid via de taal van de fictie. Het laatste deel van *Atonement*, "London 1999", haalt deze mogelijkheid grondig onderuit. Briony is intussen 77 en heeft haar jeugdige ambities ten volle waargemaakt. Ze heeft troost gezocht in een verhaal dat ze verschillende keren geschreven heeft, voor het eerst op die fatale zomerdag in 1935, voor het laatst in de roman die we te lezen krijgen. Haar levenswerk is een ethisch correcte en zinvolle representatie van schuld en boete, die een democratisch perspectivisme vol kan houden en de alteriteit van de andere geen geweld aandoet. Deze is zelf echter een vertekening van de feiten. Het geeft betekenis en zoekt naar een zinvol verhaal dat zich, zo vernemen we, om diverse redenen niet heeft kunnen voltrekken in de werkelijkheid.

De paradox van Briony's (en ook McEwans) project is uiteraard dat het enkel door fictie kan tonen hoe fictie voortdurend ontspoort in een miskenning van de andere. Enkel door haar artistieke verbeelding kan Briony de wonden helen die ze eens met dezelfde middelen heeft aangebracht. *Atonement* is dan ook tegelijkertijd een apologie en een verheerlijking van fictie. Literatuur is het medium bij uitstek om de andere te verbeelden, maar is tot mislukking gedoemd omdat geweld en betekenis in de literaire representatie zelf zijn ingeschreven. McEwans legitimeringsproces van de fictionele werkelijkheid is op die manier een herdefiniëring van fictie en haar politieke macht. Fictie kan in het beste geval weerstand bieden tegen haar eigen vervolmaking. Voor de rest is ze ongegrond, en machteloos:

> Hoe kan een schrijfster boete doen als ze, met haar absolute macht om gebeurtenissen naar haar hand te zetten, God is? Er is niemand, geen enkele hogere entiteit, waartoe ze zich kan wenden, of waarmee ze kan verzoend worden, of die haar kan vergeven. Buiten haar is er niets. In haar verbeelding heeft ze de grenzen en de voorwaarden vastgelegd. Geen verzoening [atonement] voor God of romanschrijvers, zelfs al zijn ze atheïst. (p. 371)

BEKNOPTE BIBLIOGRAFIE

Primaire literatuur

First Love, Last Rites, London: Jonathan Cape, 1975. (*De laatste dag van de zomer*, vert. Heleen ten Holt, Amsterdam: De Harmonie, 1975.)

In Between the Sheets, London: Jonathan Cape, 1978. (*Tussen de lakens*, vert. Heleen ten Holt, Amsterdam: De Harmonie, 1977.)

The Cement Garden, London: Jonathan Cape, 1978. (*De cementen tuin*, vert. Heleen ten Holt, Amsterdam: De Harmonie, 1978)

The Comfort of Strangers, London: Jonathan Cape, 1981. (*De troost van vreemden*, Amsterdam: De Harmonie, 1981.)

The Imitation Game, London: Jonathan Cape, 1981. (*Het imitatiespel: drie televisiespelen*, vert. Heleen ten Holt, Amsterdam: De Harmonie, 1982.)

Or Shall We Die?, London: Jonathan Cape, 1983. (*Of sterven we?: oratorium*, vert. Judith Herzberg, Amsterdam: De Harmonie, 1983.)

The Ploughman's Lunch, London: Methuen, 1985.

The Child in Time, London: Jonathan Cape, 1987. (*Het kind in de tijd*, vert. Eva Wolff, Amsterdam: De Harmonie,p 1987.)

The Innocent, London: Jonathan Cape, 1989. (*De brief in Berlijn*, vert. Heleen ten Holt, Amsterdam: De Harmonie, 1990.)

Black Dogs, London: Jonathan Cape, 1992. (*Zwarte honden*, vert. Ernst Ris, Amsterdam: De Harmonie, 1992.)

The Daydreamer, London: Jonathan Cape, 1994. (*De dagdromer*, vert. Heleen ten Holt, Amsterdam: De Harmonie, 1995.)

Enduring Love, London: Jonathan Cape, 1997. (*Ziek van liefde*, vert. Rien Verhoef, Amsterdam: De Harmonie, 1998.)

Amsterdam, London: Jonathan Cape, 1998. (*Amsterdam*, vert. Rien Verhoef, Amsterdam: De Harmonie, 1998.)

Atonement, London: Jonathan Cape, 2001. (*Boetekleed*, vert. Rien Verhoef, Amsterdam: De Harmonie, 2002.)

Secundaire literatuur

HAFFENDEN, John. *Novelists in Interview*, London: Methuen, 1985, pp. 168-90.

REYNOLDS, Margaret & Jonathan NOAKES. *Ian McEwan: The Essential Guide*, London: Vintage, 2002.

FLETCHER, John. "Ian McEwan", in Jay L. Halio (red.), *Dictionary of Literary Biography* 14, Detroit: Gale Research Company, 1983, pp. 495-500.

KIERNAN, Ryan. *Ian McEwan*. London: Northcote House, 1994.

VANEGEREN, Bart. "'Boetekleed': Ian McEwan" (Interview), *Humo* 17 December 2002, pp. 156-59.

IRIS MURDOCH
(1920-1999)

Richard TODD

Tot halfweg de jaren negentig, toen haar laatste roman, *Jackson's Dilemma* (1995) verscheen, wisten weinigen van haar vele lezers iets over het leven van Iris Murdoch als persoon. Algemene kennis beperkte zich tot het feit dat ze zowel romanschrijfster als moraalfilosoof was, twee activiteiten die ze zelf als volstrekt gescheiden wenste te beschouwen. Zij en haar echtgenoot John Bayley reisden veel en een toenemend aantal lezers zal haar, zoals gebruikelijk is geworden in de Britse *meet-the-author* cultuur, ook in levende lijve ontmoet hebben op literaire festivals of gelijkaardige bijeenkomsten. Een beperkter – maar nog steeds aanzienlijk – aantal lezers, zal haar ook effectief ontmoet hebben, voornamelijk om een boek te laten signeren. Er bestaan verscheidene gepubliceerde interviews, maar opmerkelijk weinig radio of TV opnames. (Dit kan te maken hebben met het feit dat Murdoch lichtjes doof was en een afkeer had van de gesproken media, en zelfs van de telefoon. Tot voor haar ziekte was er geen TV in het Murdoch-Bayley huishouden.) Het was eveneens genoegzaam bekend dat Murdoch er uitgesproken standpunten op na hield over verschillende andere publieke onderwerpen, zoals het onderwijs of de oorlog in Vietnam. Deze twee onderwerpen vonden trouwens ook hun weg naar haar romans, respectievelijk in *A World Child* (1975) en *An Accidental Man* (1971). Maar in het algemeen was Murdoch voor haar talrijke lezers iemand die, ondanks haar ogenschijnlijk open houding, een leven leidde dat gehuld was in een waas van mysterie. Ze maakte gebruik van een Londense *pied-à-terre*, maar dit maakte het niet minder moeilijk haar te vinden, want de plaats stond in de telefoongids geregistreerd onder “Bayley, J.” Het adres bleek slechts bekend bij een paar interviewers, vrienden en geliefden.

In de jaren negentig kwam er om verschillende redenenen een einde aan dit teruggetrokken leven. Er was het begin van de ziekte van Alzheimer in 1993 of 1994. Tot 1996 echter werd de ziekte geheim gehouden, maar omdat er duidelijk iets mis was, berichtte de pers over een *writer's block*. Pas in 1997 werd de diagnose publiek gemaakt en Murdoch stierf aan longcomplicaties ten gevolge van de ziekte op 8 februari 1999. Ze was toen 79 jaar. Er was John Bayley's driedelige biografie, waarvan het eerste – en veruit het beste – deel, *Iris Murdoch: A Memoir* (1999; Amerikaanse titel: *Elegy for Iris* (2000)) reeds geconcipieerd werd in 1996. Er was Peter J. Conradi's bijzonder gedetailleerde biografie, vooral over Murdochs vroege leven, die verscheen in 2001. En tenslotte was er de film van Richard Eyre, *Iris*, die in 2001 in de zalen kwam en voornamelijk gebaseerd was op het eerste volume van Bayleys biografie. Voor een schrijfster die over haar privé-leven waakte tot ze er niet langer toe in staat was, dient deze uitzonderlijke vloed aan persoonlijke revelaties in acht te worden genomen bij een postume terugblik op haar werk.

Het is dan ook het opzet van dit essay om Murdochs fictie te bespreken in het licht van wat sinds haar ziekte en dood bekend is geworden over haar leven en om te onderzoeken of deze kennis, die nu onvermijdelijk lijkt, de receptie van haar werk beïnvloedt. Deze vraagstelling betreft vanzelfsprekend ook de gevolgen, en zelfs de geschiktheid, van wat we nu weten. Het is hierbij de vraag of de aantrekkingskracht die Murdochs romans uitoefenden op een generatie lezers dreigt verloren te gaan, dan wel of deze nieuwe externe kennis de receptie van haar werk ten goede komt.

Twee belangrijke interessevelden dienen zich hier aan. Ten eerste is er Murdochs seksleven, dat na haar dood een punt van bijzondere, en vaak verbaasde, interesse is geworden voor veel lezers die er voorheen van uit waren gegaan dat de uitzonderlijke seksuele *mores* van Murdochland slechts ontsprongen waren aan een levendige en onconventionele verbeelding. Deze *mores* omvatten niet louter homo- en heteroseksuele relaties, maar ook relaties over generaties heen, en zelfs incestueuze relaties. Ook fantasieën van dominantie en macht komen vaak voor. Een tweede interesseveld, dat verwant is met het eerste omdat Murdochs erotische verbeelding ook onderwerpen aanraakt die in haar filosofische werken besproken worden, betreft de visie die Murdoch steeds verdedigde als zouden haar filosofie en haar fictie twee totaal verschillende activiteiten zijn. Murdoch beweerde dat de filosofie enkel in haar romans binnendrong omdat ze toevallig filosofe was, net als varen dat zou doen als ze een zeeman was, en net als zwemmen dat deed omdat ze een goede zwemster was. Maar elke poging om ethische principes af te leiden uit of in verband te brengen met haar romans zou, zo stelde ze, volstrekt zinloos zijn. Verschillende critici beschouwen deze visie nu als onoprecht en men kan zich afvragen waarom Murdoch zoveel moeite deed ze te verdedigen. In wat volgt wordt vooral aandacht besteed aan Murdochs opvatting over de liefde, die ze steeds meer in Christelijk Boeddhistische termen zou begrijpen, waarbij de overgave van het ik voorwaarde is voor een volledig begrip van de ander. Zo argumenteerde Murdoch herhaaldelijk en in steeds meer doordachte vorm dat de meeste vormen van "liefde" eigenlijk egocentrisch zijn, aangezien ze gevoed worden door de fantasieën van het ik eerder dan dat ze gericht zijn op wat in theologische termen kan begrepen worden als *kenosis* of de overgave van het ik aan de geliefde. Er bestaat een duidelijke tegenstelling tussen deze twee interessevelden: het verlangen een relatie te beheersen valt moeilijk te verzoenen met het ideaal van *kenosis*. De twee motieven kunnen zelfs met elkaar verward worden. Zelfvernedering kan immers een vorm van egotisme zijn wanneer het een onvoorwaardelijk respect voor de geliefde verwisselt met een bevrediging van het ik.

Liefdesleven

Bayleys elegie, samen met Conradi's biografie en Eyres film, hebben een overtuigend beeld geschetst van een schrijfster die seksueel actief was voor ze Bayley ontmoette, met wie ze huwde in 1956. Ze was zes jaar ouder dan Bayley en hij was, zo beweert hij, nog maagd. Murdochs meest intense en best bekende voorhuwelijkse relaties (of ze al dan niet geconsumeerd werden is niet duidelijk) waren met Frank Thompson, oudere broer van de bekende historicus E.P. Thompson, en met Franz Steiner. Beide relaties eindigden tragisch. Thompson ging in dienst bij het leger in 1939, vocht met de partizanen in Bulgarije en werd doodgeschoten door de Nazis in 1944. Steiner, een Joods emigrant uit Oostenrijk, stierf aan een hartaanval in 1952; hij was pas 43. Deze relaties lijken grotendeels "kuis" geweest te zijn, hoewel

Conradi suggereert dat Steiner gestorven is in omhelzing met Murdoch. In elk geval vertelt Bayley zelf hoe hij in 1956 kennis nam van een hele reeks geliefden van beider geslacht die deel uitmaakten van Murdochs leven sinds het begin van de jaren veertig en die dat zouden blijven doen in de twee daaropvolgende decennia. Murdoch werd ooit "monumentaal ontrouw" genoemd, en zelf zou ze een kennis hebben aangeduid als de enige man in Oxford met wie ze nog niet had geslapen.

Dit promiscue beeld werd verder versterkt door de recensies van Conradis boek die suggereerden dat de Britse smaadwetten verantwoordelijk waren voor de anonimiteit van veel van Murdochs verhoudingen. Murdochs partners blijken zowel ouder als jonger dan zij geweest te zijn, zowel vrouwen als mannen, zowel vrienden als vreemden, en meest ontnuchterend van al, vaak de partners van andere gehuwde vrienden. Murdoch was niet aantrekkelijk in conventionele zin, maar bleek over een enorme erotische kracht te bezitten. Zelf noteerde ze in haar dagboek dat ze in staat was iedereen te verleiden. Zo had ze in de jaren zestig een relatie met Philippa Foot-Bosanquet, haar beste vriendin, en met Foots echtgenoot, wat zonder twijfel tot de echtscheiding van het paar heeft bijgedragen. Een ander voorbeeld betreft haar relatie met een collega *don* in St-Annes college die wellicht de oorzaak vormde van haar ontslag als *fellow* in 1963, hoewel als officiële reden gold dat Murdoch meer tijd aan haar carrière als schrijfster wilde besteden. Hier tegenover staat de recente getuigenis van iemand die Murdoch kende vijftien jaar voor ze Bayley ontmoette, als zou Murdochs liefdesleven voor 1940 volledig onschuldig en zelfs zonder erotiek zijn geweest.

Wellicht de meest invloedrijke minnaar van Murdochs leven (maar niet noodzakelijk de persoon op wie ze het meest "verliefd" was), was de sterke, ontwortelde en dominante dichter Elias Canetti (1905-94). Hij was geboren in Bulgarije in een Sefardisch-Joodse familie, maar moest vluchten voor de dreiging van het Nazi-regime en vestigde zich in Londen, waar hij zich echter afzijdig hield van het literaire leven. Bayley, die naar Canetti verwijst als *der Dichter*, koestert nog steeds een diepe afkeer voor Canetti, die naast (en tegelijk met) Murdoch nog veel andere partners had. De drie jaar durende affaire van Canetti en Murdoch in de jaren vijftig lijkt alvast niet te zijn afgebroken door haar huwelijk. Bayley kreeg in elk geval veel ontrouw te verduren. Bovendien had Murdoch vaak meerdere affaires op hetzelfde moment, die ze wonderwel voor elkaar wist te verbergen. Kortom, Murdoch was een expert in het opdelen van haar liefdesleven in compartimenten, een eigenschap die veel overspeligen haar zullen benijden.

De relatie met Canetti vormde niet alleen de inspiratiebron voor een bepaald type in Murdochs oeuvre. Hij stimuleerde wellicht ook Murdochs interesse voor vormen van transgressieve seks, waaronder fetisjisme. Bovendien lijkt de relatie Murdoch ook ingewijd te hebben in het Dostoevskiaanse idee dat verschillende van haar dominante personages zou bepalen: “doe wat je wil doen zal de hele wet zijn”. Dit gebod leidde bij Murdoch niet altijd tot zelfdestructie, zoals in het geval van Radeechy in *The Nice and the Good* (1968). Vaker was het gevolg een quasi-toevallige vernietiging van anderen. Zo werd de dood van Rupert Foster in *A Fairly Honourable Defeat* (1971) indirect veroorzaakt door Julius King. De dood van John Robert Rozanov in *The Philosopher's Pupil* is dan weer een tussengeval, omdat onduidelijk blijft of zijn verdrinkingsdood al dan niet gewild was. Het Dostoevskiaans gebod kan dus even goed gezien worden als een bevrijdigingsesthetica die Murdoch toeliet haar sterke en dominante verbeelding de vrije loop te laten. Immers, het zijn de boeken waar dit proces van overheersing het sterkst is die Murdoch als haar favoriete werken beschouwde. Dat deze werken niet noodzakelijk haar meest succesvolle zijn heeft te maken met het feit dat de open en ontwrichte fictionele constructie die Murdoch zelf als de grootste esthetische en morele overwinning beschouwde, hier vaak dreigde om te slaan in een afgesloten structuur. Doorheen haar hele oeuvre werd Murdoch gekweld door het conflict tussen de vrijheid die het Dostoevskiaans gebod mogelijk maakte en het “vaste en ondoorzichtige kader” dat ze bewonderde in het werk van Jean-Paul Sartre, het onderwerp van haar eerste boek.

Vroege werken

Gezien de graad van seksuele activiteit die we mogen veronderstellen tussen halfweg de jaren veertig en de late jaren zestig, of zelfs later, is het treffend dat de eerste echt erotisch geladen scènes pas in Murdochs vierde roman, *The Bell* (1958), voorkomen. Dit boek markeert het einde van de eerste golf van Murdochs romanpublicaties en het begin van een driejarig zwijgen dat zou onderbroken worden in 1961 met de publicatie van de roman *A Severed Head* en het invloedrijke essay "Against Dryness". Murdochs vroege romans hebben een bijzonder eigen aura. Haar eerste werk, *Under the Net* (1954), is een soort Engelse existentiële roman. Jake Donaghue, een onbemiddeld veelschrijver en vertaler, keert terug van Parijs naar Londen, waar hij verneemt dat zijn vriendin hun relatie heeft verbroken. Omdat hij plots zonder verblijfplaats zit, neemt Jake zich voor om de draad van een vroegere relatie, met zangeres en actrice Anna Quentin, weer op te nemen. Terwijl hij in Londen op zoek gaat naar Anna, die nu in een mimetheater werkt, komt hij enkele oude bekenden tegen, waaronder Sadie, de zus van Anna, en Hugo Belfounder. Belfounder vertegenwoordigt een type dat wel meer in Murdochs oeuvre zou voorkomen. Hij is Jakes intellectuele alter ego evenals, tenminste in de ogen van Jake, zijn seksuele rivaal. Bovendien heeft Jake vroeger Hugo verraden door verschillende van hun conversaties over filosofie en taal in boekvorm te publiceren, wat Jakes situatie verder compliceert.

Wat het boek tot een uitzonderlijk sterk debuut maakt, is de zelfzekere vertolking van een mannelijke verteller in Jack Donaghue en de bijzonder persoonlijke uitbeelding van Londen en, in mindere maar even indrukwekkende mate, van Parijs. Jack Donaghues beschrijving van Londen als een stad met "noodzakelijke" en "voorwaardelijke" delen kan, zo argumenteert Peter Conradi, een onbewuste reflectie zijn van Dostoevskis opdeling van St-Petersburg in "intentionele en "onintentionele" stadsdelen. Verschillende aspecten in dit sterke debuut zouden overigens in andere vormen terugkeren in heel Murdochs oeuvre: de opvatting over en sterke vertolking van mannelijkheid (critici hebben gesuggereerd dat de "homoseksuele man" één van Murdochs seksuele rollen was); de misplaatste zoektocht naar Anna (uiteindelijk blijkt het immers Sadie te zijn die echt van Jake houdt); en de kunstenaar-heilige verhouding van Jake en Hugo Belfounder. Er is geen expliciete erotiek in *Under the Net*, noch in de volgende, meer barokke roman, *The Flight from the Enchanter* (1956). Daar waar *Under the Net* was opgedragen aan Raymond Queneau (die Murdoch had ontmoet tijdens haar verblijf in Oostenrijk met de UNRRA), was de tweede roman opgedragen aan Canetti. In *The Flight from the Enchanter* zien we ook de eerste personages die Malcolm Bradbury omschreef als *psychopomp* figuren. In Murdochs oeuvre zijn dit typisch Midden-Europese emigranten, zoals Canetti, of de veel zachtaardigere Franz Steiner. Hierdoor wordt duidelijk dat vanaf het begin van haar carrière, Murdochs vrij onorthodoxe autobiografische ervaringen sporen nalieten in haar romans. Desondanks bleef Murdoch zelf altijd terughoudend over pogingen leven en werk te verbinden. En zelfs wanneer ze een bepaald verband erkende, stelde ze dat altijd voor als oppervlakkig. In *The Sandcastle* (1957) bijvoorbeeld, opgedragen aan John Bayley, kan het stotteren van de sympathieke hoofdpersoon, kunstleraar Bledyard, worden gezien als een affectieve geste naar Bayley zelf. Overigens gaat *The Sandcastle* wel over de kracht van de liefde, maar enkel in theoretische zin: Bill Mor die gevangen zit in een verstikkend huwelijk, wordt verliefd op een jonge portretschilder, Rain Carter. In een sleutelmoment van het boek vindt een centraal principe van Murdochs ethiek zijn weg naar de roman, met name wanneer Bledyard Mor ervan beschuldigt dat hij Rain niet beschouwt als een menselijk wezen, los van zijn erotische constructie van haar. Deze visie op de liefde wordt in gelijkaardige termen verwoord in een essay van 1959, "The Sublime and the Good", als "de bijzonder moeilijke realisatie dat iets anders dan het ik werkelijk is". De schier onmogelijke opdracht om de werkelijkheid, onafhankelijkheid en andersheid van de Geliefde te bevatten zou steeds weer terugkomen in Murdochs romans.

Het is dus pas met *The Bell* dat Eros voor het eerst een reële kracht wordt in Murdochs fictie, meer bepaald in de uitzonderlijk doorleefde beschrijving van de liefde tussen de priester Michael Meade en de veertienjarige Nick Fawley. Nick en Michael omhelzen elkaar maar hebben geen seks met elkaar (dit boek verscheen dan ook voor het *Lady Chatterley* proces van 1960. De romans van de jaren zestig zijn explicieter in hun beschrijvingen en taalgebruik). Nog andere Murdoch thema's worden aangekondigd in *The Bell*: Michael wordt verraden door Nick, maar jaren later zien ze elkaar terug in het religieuze tehuis Imber Court. De verhouding tussen Michael en Nick is ondertussen ten einde, en Michael voelt zich aangetrokken tot een andere jonge man, Toby Gashe. Toby die op Imber Court verblijft tijdens de zomervakantie, wordt zelf ontmaagd door Dora Greenfield. Toby wordt hierbij ongemerkt gadegeslagen door Nick, die Toby confronteert met een dronken preek:

> "Jij bent het bestuderen meer dan waard, beste jongen, geloof me. Zo puur, zo mooi, toen je aankwam, je voelde je zelf zo goed, deel van de gemeenschap van heiligen. Wat een plezier was dat, zeker, het deed mijn hart goed om je van alles zo te zien genieten. Maar wat gebeurt er dan, wat ontdekken we? Onze onschuldige, die zo snel bijleert. Zijn hoofd slaat op hol, zijn ijdelheid wordt gestreeld. Hij heeft iets aangenamer ontdekt dan religieuze emotie. Flirten onder de muur van het klooster – wat is er meer opwindend? Dus speelt hij eerst de vrouw en dan, om zeker te zijn dat hij beide kan, speelt hij de man!"
> "Stop ermee, Nick, stop ermee!" riep Toby. Hij stond recht voor hem met gebalde vuisten en een vuurrood gezicht.
> "Ik heb je bezig gezien," zei Nick. "Ik heb je liefdesleven in de bossen gezien, onze deugdzame leider tot sodomie verleiden en onze verrukkelijke boeteling tot overspel. Wat een prestatie! Zo jong en toch zo bijzonder veelzijdig!" Hij dronk nog wat van de fles.

Het is goed hierbij op te merken dat Nick, ook al is hij dronken, dichter bij de waarheid komt, dan enig ander personage uit het boek, wat Toby zeer pijnlijk en verontrustend vindt. Het einde is in verschillende opzichten verrassend en, voor Nick althans, fataal. Dit destructieve handelingsverloop zou nog vaak in Murdochs werk tot uitdrukking komen, en misschien wel meest treffend in *A World Child* (1975). Hoewel de plot van *The Bell* Murdochs verbazingwekkende vermogen toont om een ervaring te verbeelden die haar niet eigen is, toch kan deze kwaliteit ook gekoppeld worden aan haar meer persoonlijke gave om op Proteaanse wijze verschillende seksuele rollen aan te nemen.

Komedie

De romans die Murdoch bijna jaarlijks publiceerde in de jaren zestig werden minder goed ontvangen en hebben ook minder goed de tand des tijds doorstaan. Met uitzondering van *The Nice and the Good* (1968) en *Bruno's Dream* (1969) zijn de meeste slechts formulaire en experimentele ideeënromans. Een van de meest merkwaardige boeken is *A Severed Head* (1961). Murdoch zelf zag deze roman als een extreem geval, niet wat betreft de verhouding tussen het ik en de ander, maar wat betreft het toegeven aan patronen van de verbeelding die diepgeworteld waren in haar eigen geest. We kunnen ons dus afvragen wat die patronen zijn, of waren. Generisch gezien is het boek een *comedy of manners* en het is één van de weinige boeken van Murdoch die verfilmd werden. Het is bovendien de eerste roman waarin de interesse voor kleren – altijd aanwezig in Murdochs oeuvre – het fetisjistische benadert (er is ook schoen- en haarfetisjisme in het boek). Later, in *The Black Prince*, zullen de kleren van het twintigjarige jongensachtige meisje Julian een enorme fetisjistische aantrekkingskracht uitoefenen op de verteller, de 58-jaar oude Bradley Pearson. Het is enkel wanneer ze verkleed is als Hamlet dat Bradley succesvol de liefde kan bedrijven. Pearson raakt geobsedeerd door de geuren die Julians laarzen afgeven, en dat terwijl een gelijkaardige geur bij zijn vereenzaamde en gekke zus, Priscilla, hem afstoot. Fetisjisme wordt dus gezien als een egocentrisch mechanisme eerder dan een teken van echte liefde.

A Severed Head is ook de eerste roman waarin incest een deel van de plot wordt – een thema dat nog veel opvallender zal behandeld worden in *The Time of the Angels* (1966) en *The Philosopher's Pupil* (1983). In de eerste van die romans is er sprake van een vader-dochter relatie, in de tweede onthult John Robert Rozanov op het einde dat hij verliefd is op zijn kleindochter Hattie en dit blijkt de motivatie achter de conventionele topos van de mysterieuze erfenis. *A Severed Head* is tevens de eerste roman die abortus behandelt als een voorbije crisis in het leven van één of meer vrouwelijke personages. Ook dit element zal later in meer insistente vorm terug komen in het geval van Tamar Hernshaw in *The Book and the Brotherhood* (1987). Er zijn overigens relatief weinig kinderen in Murdochs fictie (er waren natuurlijk geen kinderen in het Murdoch-Bayley huwelijk, noch nichtjes en neefjes: Murdoch was enig kind en Bayley's oudere broer bleef ongehuwd), en geen van hen gedraagt zich, of ervaart de wereld op een normatieve manier. (Als kind had Murdoch wel nichten, en ze creëerde bovendien voor zichzelf een broer – in wiens bestaan één van haar vriendinnen tot aan het eind van Murdochs leven zou geloven.) Wat kinderen betreft, valt *The Nice and the Good* op, omdat de Brianne tweeling zoniet alledaags, dan toch sympathiek is. Toch hebben ook zij een verbeeldingsleven dat rijker is dan gebruikelijk in romans over volwassenen. Op meer morfologisch vlak bestaat de plot van *A Severed Head* uit de seksuele "dans" die we in Shakespeares komedies terugvinden: voortdurend wijzigende seksuele relaties en verbintenissen tussen een beperkte set personages. Wat dit patroon in *A Severed Head* bijzonder Murdochiaans maakt is de wijze waarop twee van de partners, Honor Klein en haar halfbroer Palmer Anderson, de twee meest dominante figuren zijn waarrond al de andere personages zich steeds hergroeperen. Door de narratieve constructie waarbij één van de andere personages, Martin Lynch-Gibbon (alle ik-vertellers in Murdochs romans zijn mannen), het verhaal vertelt, is het alsof hij zelf uit het centrum van zijn eigen verhaal geduwd wordt, tot hij uiteindelijk ontdekt dat hij verliefd is op Honor die hem aanvankelijk afstootte.

In het licht van wat we nu over Murdochs leven weten, wordt het veel moeilijker om deze elementen als louter verzinsels te beschouwen. Het is misschien juister te stellen dat haar lange en gevarieerde seksuele ervaring toegang verschafte tot wat altijd al aanwezig was in de verbeelding, zodat het in de romans kon voorgesteld worden met wat Murdoch in haar dagboek beschreef als de overtuiging dat ze iedereen kon verleiden.

Dominante liefde

Van *A Severed Head* tot *The Time of the Angels* (1966) was de context van Murdochs romans anti-realistisch tot zelfs gotisch, met als uitzondering de enige historische roman die Murdoch ooit schreef, *The Red and the Green* (1965). Maar vanaf 1968 tot in de jaren zeventig keerde Murdoch terug naar een meer realistische, en zelfs zeer burgerlijke context, die meer geschikt was voor wat ze in haar romans probeerde te bereiken. Afgezien van geëngageerde romans als *An Accidental Man* (1971) over de oorlog in Vietnam en *A World Child* (1975) waarin ze haar groeiende afkeer van niet-selectief algemeen vormend onderwijs vertolkte, is wellicht de meest typische roman uit deze periode *A Fairly Honourable Defeat* (1970).

De dominante figuur in deze roman, Julius King, verwijst duidelijk naar Elias Canetti. Hij is, net als Canetti, een Joods emigrant, spreekt vier talen en heeft zijn familie in de Holocaust verloren. Interessant is ook Julius' band met Tallis Browne, één van de meest boeiende personages in de roman. Tallis heeft visioenen. Hij ziet dingen in de onbeschrijfelijke puinhoop van Julius' keuken plots tot leven komen en over de vloer wegvluchten (deze wegvluchtende dingen keren trouwens terug in Murdochs laatste roman, *Jackson's Dilemma* in de "entiteiten" die het huis van Owen Silbury rommelig maken). Een van de terugkerende visioenen van Tallis gaat over zijn dode tweelingzus die verschijnt wanneer hij in slaap valt. De andere personages aanvaarden Tallis' uitleg als zou zijn zus gestorven zijn aan polio, maar alleen Julius krijgt het ware verhaal te horen: Tallis' zus werd verkracht en vermoord door een seksmaniak toen ze veertien was.

Julius betekent verschillende dingen voor verschillende personages. Zo heeft hij een passionele affaire achter de rug met Morgan, of mevrouw Tallis Browne. Net als Julius (maar niet met hem), betreedt Morgan de Londense bourgeois scène, komende vanuit Amerika. Morgan vertelt herhaaldelijk over haar fantasieën waarin Julius haar domineert en tot slaaf maakt. Deze fantasie wordt werkelijkheid, zij het op kluchtige wijze, wanneer Morgan onuitgenodigd in Julius' appartement verschijnt. Julius, die niet blij is haar te zien, dreigt ermee haar kleren in stukken te snijden als ze niet weg gaat. Morgan is opgewonden, tot ze ontdekt dat Julius is vertrokken en ze nu alleen en naakt in zijn flat zit. Ondertussen komt Simon Foster aan in de flat, uitgenodigd door Julius die de afspraak is vergeten. Simon heeft een homosexuele relatie met Axel Nilsson, waaraan hij een einde probeert te maken (we moeten niet vergeten dat deze roman zich afspeelt in de late jaren '60). Morgan overtuigt Simon dan om haar zijn kleren te lenen zodat zij de hare weer kan gaan halen. Het motief van homoseksuele en biseksuele *cross-dressing* doorkruist zo dat van dominantie en macht.

Er is ook nog een nauwere band tussen deze personages. Hilda, de zus van Morgan, is getrouwd met Rupert, de broer van Simon. *A Fairly Honourable Defeat* opent overigens met snelle dialoog tussen dit koppel die functioneert als een noodzakelijke flashback – één van Murdochs favoriete retorische technieken in deze periode. In die dialoog krijgen we een gelukkig en tevreden huwelijk te zien. Maar in de rest van de roman, blijkt dit huwelijk – door Julius' bemoeienissen – een broze relatie, die net als de relatie tussen Simon en Axel, op springen staat. Uiteindelijk vernietigt Julius met zijn intriges het huwelijk van Hilda en Rupert. Maar ook het toeval, of het lot, draagt ertoe bij: Hilda's pogingen tot toenadering komen net niet op tijd om Rupert van de verdrinkingsdood in hun zwembad te redden. Zo blijft het verdict open. De homoseksuele relatie (waarover Murdoch elders beweerde dat ze altijd gevaar loopt omwille van externe, maatschappelijke druk) in *A Fairly Honourable Defeat* blijft echter standhouden ondanks Julius' manipulatie. Daar waar de mislukte relatie te wijten is aan oneerlijkheid, of meer nog het gebrek aan eerlijkheid op een cruciaal moment, is het standhouden van Simon en Axel te danken aan de eerlijkheid die Simon moedig toont op het kritieke moment. Het is hier dat Julius' Canetti-achtige dominantie (die Murdoch zelf ervaren moet hebben) kruist met de pijlers van Murdochs moraalfilosofie. Dit is de essentie van de liefde, die toelaat de geliefde te zien met een blik die niet vertroebeld wordt door de egoïstische waarnemingen van het ik. Murdoch maakt duidelijk dat we deze blik – als ze al mogelijk is – zeker niet altijd kunnen bereiken. Zo hebben Ruperts leugentjes te maken met zijn zelfgenoegzame visie van zichzelf als wijze *Whitehall* mandarijn en lid van de hogere klasse met *Oxbridge* diploma. Zijn verborgen misprijzen over het feit dat Hilda geen universitair diploma heeft is de oorzaak van zijn ellende. Immers Rupert kan de "tredmolen" van zijn vooroordelen, zoals Murdoch het elders noemde, niet doorbreken waardoor Hilda het slachtoffer wordt van Ruperts gedachten over haar. Axel daarentegen, is een ambtenaar die vreest dat het openbaar maken van zijn relatie met Simon zijn carrière zal doen kelderen. Simon heeft het meeste te verbergen want Axel is monogaam en staat vijandig tegenover Simons *camp* en bijna verwijfde gedrag, zijn uitgesproken homoseksuele gewoontes, en zijn promiscue geflirt. Vandaar ook het bijzondere van de gemiste afspraak in Julius' flat waarbij Simon zijn kleren aan Morgan afstaat, want zo verandert Morgan ook in een androgyne figuur. Uiteindelijk blijkt Simons liefde zijn noodzaak tot liegen (en daarmee ook die van Axel) te overwinnen, en hun relatie overleeft hoewel ze onorthodox is volgens de normen van de tijd. Rupert daarentegen houdt teveel van zichzelf om zijn liefde voor Hilda uit de "tredmolen" te houden, en de bestraffing die beiden hiervoor oplopen is wreed, maar blijkbaar toch voldoende om de hele zaak de titel "a fairly honorouble defeat" mee te geven.

In verschillende interviews wees Murdoch op een frivole allegorie die in *A Fairy Honourable Defeat* verborgen zit, waarvan moeilijk kan worden verondersteld dat zelfs de meest ingenieuze lezer er zelf op zou komen (dit is op zich niet uniek: zo beweerde Murdoch bijvoorbeeld dat de James Arrowby in *The Sea, The Sea* (1978) verliefd was op zijn neef Charles, de verteller van de roman en dit was iets wat zeer weinig lezers hadden opgemerkt). In *A Fairly Honourable Defeat*, zo stelt Murdoch, staat de vader van Tallis, Leopold Browne, voor wie "het allemaal van bij het begin misliep", voor God de Vader. Julius zou dan de Duivel zijn en Tallis een gehavende Christus – of eerder een Christelijk Boeddhistische "hoge incarnatie", die een tijd in de Tibetaanse *Bardo* zou verbleven hebben, vooraleer enkele jaren later terug te keren (in een latere roman, *The Good Apprentice* (1985) komt een dergelijk personage opnieuw voor als Jesse Baltram, en ook Jackson in *Jackson's Dilemma* zou op dergelijke wijze geïnterpreteerd kunnen worden). Het gevoel van identificatie tussen Julius en Tallis zou deze interpretatie kunnen steunen, maar ze blijft toch verre van evident.

In het licht van *A Fairly Honourable Defeat*, die als representatief geldt voor verschillende andere romans, wordt het nu moeilijk te aanvaarden dat de fantasieën van dominantie en macht in Murdochs werken niet op enige wijze op biografische ervaringen zouden steunen. Het is even onmogelijk om de morele dimensie van de romans los te zien van de grote thema's in haar filosofie. De vraag dringt zich dus op waarom Murdoch zoveel moeite deed om deze link tussen leven en werk te verbergen en waarom ze in interviews uitspraken deed die het verband zelfs ontkenden. En hoe zijn de romans, als creatieve producten, beïnvloed door het argument dat het leven en het werk een veel nauwere band vertonen dan hun biografisch subject en auteur ons wil doen geloven?

Uiteindelijk lijkt het erop dat Murdoch zelf meer van dergelijke ongeautoriseerde lezingen toeliet dan men aanvankelijk zou denken. Misschien waren haar uitspraken in interviews slechts bedoeld als een rookgordijn: om haar privacy te beschermen dan wel om andere, meer speelse redenen. In de discussie die volgde op de presentatie van *A Fairly Honourable Defeat* in Amsterdam door Diana Phillips, vroeg Karin Lesnik-Oberstein aan Murdoch:

> Wat is de relatie tussen uw kritiek op uw werk en onze kritiek op uw werk? En in hoeverre is datgene wat u vertelt wat uw boeken doen belangrijker dan wat wij denken dat er uit komt?

Murdochs antwoord suggereert tevens een antwoord op de vragen die gesteld werden bij het begin van dit essay, over hoe postume biografische informatie haar fictie beïnvloedt, en het lijkt passend het laatste woord aan haar te laten:

> Ja, mensen kunnen verschillende interpretaties hebben, en er zijn sommige interpretaties die ik in zekere zin zou verwelkomen, omdat ze aantonen dat de lezer heeft nagedacht over het werk. Andere interpretaties zou ik verkeerd vinden, maar natuurlijk is dat enkel wat de auteur denkt, en uiteindelijk zijn het anderen, niet de auteur, die zullen bepalen wat het werk betekent.

BEKNOPTE BIBLIOGRAFIE

Primaire literatuur

Under the Net, London: Chatto & Windus, 1954. (*Onder het net*, vert. Clara Eggink, Amsterdam: Contact, 1974.)

The Flight from the Enchanter, London: Chatto & Windus, 1956.

The Sandcastle, London: Chatto & Windus, 1957. (*Op zand gebouwd*, vert. E. Veegens-Latorf, Amsterdam: Contact,1963.)

The Bell, London: Chatto & Windus, 1958. (*De klok*, vert. Hella Haasse, Amsterdam: Contact, 1961.)

A Severed Head, London: Chatto & Windus, 1961. (*Een afgehouwen hoofd*, vert. H. W. J. Schaap, Amsterdam: Contact, 1964.)

"Against Dryness", *Encounter*, 16 January 1961, pp. 16-20.

The Unicorn, London: Chatto & Windus, 1962. (*De eenhoorn*, vert. N. Funke-Bordewijk, Amsterdam: Contact, 1974.)

The Red and the Green, London: Chatto & Windus, 1965.

The Time of the Angels, London: Chatto & Windus, 1966.

The Nice and the Good. London: Chatto & Windus, 1968.

Bruno's Dream, London: Chatto & Windus, 1969. (*Bruno's droom*, vert. Clara Eggink, Amsterdam: Contact, 1974.)

A Fairly Honourable Defeat, London: Chatto & Windus, 1970. (*Een nogal eervolle aftocht*, vert. Clara Eggink, Amsterdam: Contact, 1974.)

An Accidental Man, London: Chatto & Windus, 1971.

The Black Prince, London: Chatto & Windus, 1973. (*De zwarte prins*, vert. P. Hawinkels, Amsterdam: Contact, 1974.)

A Word Child, London: Chatto & Windus, 1975. (*Een kind van veel woorden*, vert. W.A. Dorsman-Vos, Amsterdam: Contact, 1976.)

The Sea, The Sea, London: Chatto & Windus, 1978. (*De zee, de zee*, vert. Jo Fiedeldij Dop, Amsterdam: Bert Bakker, 1980.)

The Philosopher's Pupil, London: Chatto & Windus, 1983. *(De leerling-filosoof*, vert. Heleen ten Holt, Amsterdam: Bert Bakker, 1984.)

The Good Apprentice, London: Chatto & Windus, 1985. (*De leertijd*, vert. Heleen ten Holt, Amsterdam: Contact, 1986.)

Jackson's Dilemma, London: Chatto & Windus, 1995.

Secundaire literatuur

BAYLEY, John. *Iris Murdoch: A Memoir*, London: Viking Penguin, 1998.

—. *Iris and the Friends: A Year of Memories*, London: Duckworth, 1999.

CONRADI, Peter J. *Iris Murdoch: A Life*, London: HarperCollins, 2001.

FLETCHER, John, and Cheryl BOVE. *Iris Murdoch: A Descriptive Primary and Annotated Secondary Bibliography*, New York: Garland, 1994.

TODD, Richard (red.). *Encounters with Iris Murdoch*: Proceedings of an Informal Symposium on Iris Murdoch's Work held at the Free University, Amsterdam, on 20 and 21 October 1986, Amsterdam: Free University Press, 1988.

vertaald door Elke D'hoker

CARYL PHILLIPS
(1958-)

Bénédicte LEDENT

EEN ATLANTISCHE IDENTITEIT

De lastige vraag waar hoor ik thuis vormt letterlijk de kern van Caryl Phillips' werk. In zijn recente essay "The 'High Anxiety' of Belonging" geeft de auteur een persoonlijk antwoord op deze vraag door te kiezen voor een Atlantische identiteit als de enige voor hem passende invulling van het meervoudige, ambivalente begrip 'thuis'. De Altlantische Oceaan, gelegen op het snijpunt van "het Afrika van zijn voorouders, de Caraïben waar hij is geboren, het Groot-Brittannië waar hij is opgegroeid, en de Verenigde Staten waar hij nu verblijft" vormt inderdaad een perfecte spiegel voor de complexiteit en mobiliteit die het leven van Phillips, en dat van zijn personages, kenmerkt (*A New World Order*, p. 6).

Caryl Phillips is geboren in 1958 in St. Kitts, in de Oosterlijke Caraïben. Toen hij nog maar een paar maanden oud was, verhuisde hij samen met z'n ouders naar Groot-Brittannië. Hij groeide op in Leeds, daarna in Birmingham, in een Engeland dat nog uitsluitend blank was, of beter: dat van zichzelf dacht dat het uitsluitend blank was. Die achtergrond gaf de jonge Phillips een speciaal inlevingsvermogen voor de moeilijke positie van de buitenstaander. Tot op heden is dit een van de centrale kenmerken van zijn werk gebleven. Toen hij in 1979 afstudeerde in Oxford met een diploma Engels had Phillips al besloten dat hij zou proberen schrijver te worden. Zijn ervaringen in Oxford en een korte reis naar de Verenigde Staten in 1978 waar hij het werk van Richard Wright ontdekte, hadden hem een dieper inzicht verleend in de gespletenheid van de gemeenschap waarin hij was opgegroeid. Zijn verzet tegen allerlei uitsluitings-mechanismen werd daardoor aangescherpt, maar bovenal ontwikkelde hij de behoefte om in het reine te komen met "de culturele verwarring van iemand die zowel zwart als Brits is" (*The European Tribe*, p. 2). Na zijn universitaire studie maakte Phillips nog enkele reizen – naar de Caraïben in 1980 en door Europa in 1984 – die zijn besef van de rijkdom van zijn multiculturele achtergrond (Afrikaans, maar ook Europees en Indisch) verder verdiepten en zijn voornemen om te gaan schrijven versterkten. In de daaropvolgende jaren leidde dit tot een rijke reeks geschriften: verscheidene filmscripts, waaronder *Playing Away* (1987), over een cricket match tussen een team West-Indiërs uit de grote stad en hun Engelse tegenstanders van het platteland; drie toneelstukken, *Strange Fruit* (1981), *Where There is Darkness* (1982) en *The Shelter* (1984), waarin de lotgevallen van West-Indiërs in Groot-Brittannië centraal staan naast de verhouding tussen blanke vrouwen en zwarte mannen; twee romans, *The Final Passage* (1985) en *A State of Independence* (1986), die respectievelijk de naoorlogse Caraïbische migratie naar Groot-Brittannië behandelen en het neokolonialisme op een Caraïbisch eiland aan de vooravond van de onafhankelijkheid; en ten slotte een reisverslag, *The European Tribe* (1987), dat Phillips in zijn voorwoord beschrijft als "een notitieboek waarin ik allerlei gedachten heb opgetekend over een Europa waar ik me tegelijkertijd wel en niet bij voel horen" (*The European Tribe*, p. xiii). Anders dan in zijn fictie, waarin hij de woede steeds weet te omzeilen, levert hij in dit non-fictie boek een vlijmscherpe en uitgesproken politieke anatomie van het Europese racisme, wat hem niet door iedereen in dank is afgenomen.

Aan het eind van de jaren tachtig verbleef Phillips twee jaar in de Caraïben en begon hij aan een academische carrière die hem naar Zweden, India, en uiteindelijk naar Amherst in de Verenigde Staten zou voeren. Met *Higher Ground* (1989), *Cambridge* (1991), *Crossing the River* (1993) en *The Nature of Blood* (1997) – vier romans die enthousiast werden onthaald en bekroond met prestigieuze prijzen – verbreedde Phillips het blikveld van zijn fictie aanzienlijk. Waar zijn eerste twee romans middels migrantenfiguren scherpstelden op de gespannen verhoudingen tussen de Caraïben en Groot-Brittannië, zijn deze latere romans begaan met meer omvattende thema's. *Higher Ground* en *Crossing the River* gaan over de Afrikaanse slavenhandel en beslaan de geschiedenis van de Afrikaanse diaspora zowel in de Nieuwe Wereld als in Europa. *Cambridge* speelt zich af op een negentiende-eeuwse Caraïbische plantage en behandelt de slavernij en de complexiteit van de meester-slaaf-verhouding. *The Nature of Blood* is een nevenschikking van de Joodse Holocaust, de jodenvervolging in de vijftiende eeuw, het lot van een figuur als Othello in het zestiende-eeuwse Venetië en de afwijzing van Ethiopische vluchtelingen in Israël aan het eind van de twintigste eeuw. In de jaren negentig profileerde Phillips zich bovendien als criticus en stelde hij twee bundels samen: *Extravagant Writers: A Literature of Belonging* (1997), een verzameling teksten van Britse auteurs van buitenlandse afkomst, en *The Right Set* (1999), een bundel over tennis. In dezelfde periode schreef hij een indrukwekkend aantal essays die in 2001 samen met eerdere stukken gebundeld zijn in *A New World Order: Selected Essays.*

Sinds 1998 is Philips hoogleraar Engelse literatuur aan Barnard College, University of Columbia, in New York. Hoewel hij de laatste tijd veel energie besteedt aan non-fictie (zoals *The Atlantic Sound* uit 2000 en talrijke recensies en essays in kranten en tijdschriften, blijft hij ook fictie schrijven. Zijn meest recente roman, *A Distant Shore* (2003), onderzoekt de situatie in het hedendaagse Groot-Brittannië dat met tegenzin de contemporaine sociale en culturele verschuivingen begint te erkennen. In die zin slaat Phillips met deze laatste roman een nieuw pad in want, met uitzondering van *A State of Indepedence,* beperkte hij zich tot nu toe in zijn fictie tot een al dan niet ver verleden. Phillips' bewerking van V.S. Naipaul's *The Mystic Masseur* in 2001 voor de filmmaker Ismail Merchant bevestigt zowel zijn blijvende aandacht voor de Caraïben als zijn hernieuwde interesse voor het schrijven van scenario's. In de nabije toekomst kan dit wellicht leiden tot de verfilming van James Baldwins *Giovanni's Room.*

TRADITIE EN VERNIEUWING

Caryl Phillips wordt, zoals bijvoorbeeld ook Salman Rushdie, Hanif Kureishi en vele andere auteurs uit de zogenaamde marge van het voormalige Britse Rijk, erkend als één van de grote figuren van de hedendaagse Engelse literatuur. Hij heeft bijgedragen tot de formele en inhoudelijke vernieuwing van een literaire traditie die overwegend realistisch en bijwijlen tamelijk bekrompen was. Het is het vermelden waard dat originaliteit ook al een kenmerk was van een aantal van Phillips' West-Indische voorgangers in Groot-Brittannië, zoals Wilson

Harris, George Lamming of Sam Selvon, maar Phillips is wel de eerste auteur van Caraïbische afkomst die tot het centrum van het Britse literaire systeem wordt gerekend – met uitzondering dan van de uit Trinidad afkomstige V.S. Naipaul, die veel meer binnen de gevestigde conventies schrijft. In Phillips' romans wordt het traditionele lineaire verhaal vervangen door gefragmenteerde vertellingen die heen en weer schieten door tijd en ruimte en die in hun onderbrekingen een passend medium zijn voor het leven van zijn ontheemde en vaak ontwrichte personages. Waar *The Final Passage* en *A State of Independence* nog eenheid van handeling combineren met flashbacks, bestaan zijn latere romans veeleer uit een nevenschikking van geïsoleerde, vaak lyrische stemmen die van elkaar gescheiden zijn door gender, kleur, sociale klasse en vaak ook tijd. Toch zijn zij verbonden door de gemeenschappelijke ervaring van pijn en een haast instinctieve hoop tegen beter weten in. *Higher Ground* is een vroeg maar verhelderend voorbeeld van deze versplinterde structuur die met elk nieuw boek ingewikkelder wordt. De roman bestaat uit drie afzonderlijke verhalen over drie personages: een naamloze Afrikaanse tolk die werkt voor Europese slavenhandelaars in de achttiende eeuw; Rudi, een militante Afrikaans-Amerikaanse gedetineerde in een zwaar bewaakte gevangenis in de jaren zestig; en Irina, een mentaal kwetsbare Joodse vluchteling in het na-oorlogse London. Hoewel de drie verhalen geschreven zijn in totaal uiteenlopende stijlen ingegeven door de grote verschillen tussen de personages, resoneren ze toch emotioneel en linguïstisch met elkaar, zodat het boek in zijn geheel op een complex web lijkt dat gespannen is tussen deze drie gekwelde zielen die "trachten een reis te overleven" (*Higher Ground*, p. 218).

Phillips' bijdrage aan de hedendaagse Engelse literatuur ligt echter ook op inhoudelijk vlak: hij vergroot en verschuift het blikveld van de Engelse fictie door scherp te stellen op thema's die door de gevestigde orde zijn verdrongen. Daarnaast voert hij personages op die doorgaans uit de traditionele geschiedschrijving worden geweerd. Zijn romans herinneren de lezer niet alleen aan de verborgen geschiedenis van het Westen – met name die van de transatlantische slavenhandel – zij onderstrepen ook de inherente maar lang ontkende heterogeniteit van Engeland. Tot in de jaren negentig zijn in de meeste Engelse romans de slavernij en de 'ander' afwezig of, in het beste geval, onderbelicht bleven. Juist deze aspecten staan centraal in Phillips' werk. Zo vraagt zijn eerste roman, *The Final Passage*, gepubliceerd in het midden van het Thatcher-regime, aandacht voor het lot van de generatie Caraïbische immigranten die, na de Tweede Wereldoorlog, als pioniers met hun komst naar Groot-Brittannië de Britse samenleving voorgoed zouden veranderen. In *Cambridge* en in *Crossing the River* wordt in herinnering gebracht dat slavenhandel en slavernij evenzeer deel uitmaken van de Britse geschiedenis als van die van de Nieuwe Wereld; terwijl *The Nature of Blood* naar voren haalt hoe Europa, Engeland incluis, buitenstaanders die zich er willen vestigen, bij voortduring heeft gemarginaliseerd, of ze nu zwart waren of Joods. In zijn meest recente roman, *A Distant Shore*, neemt Phillips opnieuw het voortouw door zijn blik te richten op Groot-Brittannië als een maatschappij in beweging die worstelt met brandende kwesties rondom het asielzoekersvraagstuk, en door zich af te vragen wat het effect is van deze nieuwkomers op de lokale bevolking en vice versa.

Hoe origineel ook in vorm en inhoud, Phillips' werk verbreekt geenszins alle banden met de literaire en andere invloeden die hem als schrijver gevormd hebben, hetzij door zijn opleiding of zijn persoonlijke voorkeuren. Wel integendeel: zijn werk rust op een complex en uitgebreid intertekstueel web dat ambivalente, subversieve signalen uitzendt maar ook culturele rijkdom toont. Veel van zijn referenties naar andere teksten markeren tegelijkertijd zijn verbondenheid met en zijn gereserveerdheid tegenover bestaande tradities, of die nu Engels, Afrikaans-Amerikaans of Caraïbisch zijn. Zijn herschrijving van *Othello* in *The Nature of Blood*, bijvoorbeeld, bevestigt zijn schatplichtigheid aan Shakespeare, van wie hij enkele stukken regisseerde als student in Oxford. Tegelijkertijd echter geeft hij een onmiskenbaar persoonlijk perspectief op de Moor door hem van binnenuit te laten zien, niet langer als de "extravagante vreemdeling" maar als een man die naar het "centrum" werd gelokt door zijn rol in het Venetiaanse leger en zijn huwelijk met Desdemona. Hij heeft hierdoor elk gevoel van zijn hachelijke positie als een zwarte in een overwegend blanke omgeving verloren. Door een beroep te doen op andere teksten legt Phillips ook de discursieve geconstrueerdheid en uiteindelijke onbetrouwbaarheid van historische bronnen bloot. Dit blijkt het duidelijkst uit *Cambridge*, een roman die deels gebaseerd is op een verzameling bekende slavenverhalen en dagboeken van plantagebezitters en waarin de romanschrijver juist "de mogelijkheid van een definitieve historische constructie zelf in twijfel trekt" (O'Callaghan, p. 46). Phillips' werk vertoont bovendien de sporen van een minder opvallende vorm van intertekstualiteit in de rechtstreekse of onrechtstreekse invloed van auteurs als James Baldwin, J.M. Coetzee, of Shusaku Endo – allen schrijvers die, ongeacht hun afkomst, "dezelfde ambiguë kaarten hebben gekregen" als Phillips zelf en die daarom beschouwd kunnen worden als zijn literaire verwanten (*A New World Order*, p. 4). In een tekst over de Japanse katholieke romancier Endo besluit Phillips dat diens "grote geschenk aan zijn lezers is dat hij de ambiguïteit waardigheid verleent. Dat hij de verwarrende grijze zone viert en er ons aan herinnert dat, in onze moderne wereld, die oude loyaliteiten en zekerheden onderhevig zijn aan fluïditeit en transformatie, ongeacht van wat de autoriteiten boven ons – religieus of anderszins – ons willen doen geloven" ("Confessions of a true believer"). Deze opmerking is duidelijk ook van toepassing op Phillips' eigen werk. Het mag dan al onmogelijk zijn om de precieze invloed van deze verwante geesten, Endo en anderen, op Phillips' werk te meten, hun impact is onmiskenbaar en dient deel uit te maken van elk onderzoek naar zijn interteksten. Een vergelijkbaar affiliatie-effect kan overigens gevonden worden in de allusieve aard van Phillips' titels, die vaak verwijzen naar titels van songs van artiesten die hem cultureel nauw aan het hart liggen, zoals Billie Holiday (*Strange Fruit*), Stevie Wonder (*Higher Ground*) of Curtus Mayfield (*A New World Order*), of met wie hij een aantal van zijn bekommernissen deelt, zoals Billy Bragg (*A Distant Shore*).

Voor een begrip van de complexiteit en de subtiele ironie van zijn romans is kennis van Phillips' intertekst nuttig, maar het is eveneens belangrijk om zijn fictie te lezen met Phillips' eigen essays in het achterhoofd, omdat hierin vaak gelijkaardige thema's worden aangesneden, zij het op minder zijdelingse wijze. Men kan dus stellen dat Phillips een bijzonder consistent corpus heeft opgebouwd, waarmee ik bedoel dat zijn werk in zijn geheel een coherente, maar steeds evoluerende boodschap uitdraagt over de maatschappij waarin we vandaag leven. Met andere woorden, zijn literaire werk en zijn essays kunnen als complementair beschouwd worden, beide doordrongen van een persoonlijke visie op de wereld. Toch staan Phillips' romans zeker op zichzelf en doen ze, los van hun historische of sociale context, een meer dan gemiddeld beroep op de emotionele capaciteiten en de verbeeldingskracht van hun lezers. Niettemin – en het ene sluit het andere niet uit – krijgen zijn romans ook een radicalere kant als ze gelezen worden naast zijn non-fictie, want zijn essays worden gekenmerkt door zelfreflectie en politieke scherpzinnigheid die vaak afgezwakt wordt door de narratieve techniek en de lyrische teneur van zijn fictie. Zo krijgt men bijvoorbeeld een beter beeld van de geacheveerde boodschap van *The Nature of Blood* wanneer men de roman leest naast het vroegere *The European Tribe*, vooral de hoofdstukken "A black European success" (over Othello), "In the ghetto" (over Venetië en het joodse ghetto), en "Anne Frank's Amsterdam", drie teksten die niet alleen de genese van de latere roman bevatten, maar die ook inzicht verlenen in Phillips' eigen ervaring van uitsluiting en die relevant zijn voor zijn Caraïbische identiteit. Omgekeerd ontlenen Phillips' essays ook een toegevoegde overtuigingskracht aan de intensiteit van de individuele ervaring die door zijn fictie wordt geleverd. Zo kan *Crossing the River*, een roman over drie Afrikaanse kinderen die over de wereld verspreid raken omdat hun eigen vader ze als slaven verkoopt, extra slagkracht geven aan het latere boeklange essay *The Atlantic Sound*. Net als de roman is dit werk gesitueerd in Afrika, Amerika en Engeland en laat het zien hoe deze drie gebieden de geschiedenis van de slavernij vergeten zijn of verdoezeld hebben, maar dit vreemde deel van de geschiedenis is nu juist wat Phillips' fictie in meer persoonlijke termen wil herontdekken.

Toch zijn het uiteindelijk zijn fictionele personages die voor mij de wezenlijke coherentie van Phillips' visie het best belichamen. Zijn boeken worden niet gedreven door plot of door ideeën, maar steunen op een gevoelige en tactvolle verkenning van individuele zielen, dus is het niet verwonderlijk dat hierin de sleutel besloten ligt tot de uiteindelijke betekenis van zijn kunst. In wat volgt wil ik daarom de personages in zijn fictie nader bestuderen.

Enkelingen

Phillips heeft herhaaldelijk benadrukt hoe belangrijk de karakterisering van de personages voor zijn schrijfproces is. Voor hij aan het eigenlijke schrijven van een roman kan beginnen, moet hij de stemmen van de personages horen, wat veel onderzoek, tijd, maar ook empathie van zijn kant vergt. De manier waarop Phillips zijn personages verbeeldt en benadert zegt veel over zijn opvattingen over de roman. Hij ziet de roman als een medium dat ons kan helpen "onze geest te verruimen" (Sharpe, p. 160) en ons op die manier emotioneel en spiritueel kan verrijken. Als de romanschrijver "onzichtbaar achter [zijn] mensen" wil blijven, is dat niet enkel uit respect voor hen maar ook omdat hij voelt dat hun levens hem "als het ware zijn toevertrouwd" (Eckstein, p. 37). Hij wil ook dat zijn fictie ons helpt hen te begrijpen in al hun ambiguïteit, zonder dat hij ze beoordeelt of hun ervaring op welke manier dan ook wil sentimentaliseren. De bedoeling van zijn literaire herschepping is aan te tonen dat "individuen uiteindelijk veel gecompliceerder zijn dan historische krachten of historische gebeurtenissen. [...] Door personages in het centrum van deze gebeurtenissen te plaatsen, heb je meteen spanning, omdat personages weerstand bieden aan het sloganeske. Ze wensen zich gewoon niet te gedragen. Ze doen dingen die niet stroken met wat je van hen zou verwachten" (Schatteman, pp. 94-95). Een dergelijke benadering van de personages heeft een groot revisionair potentieel omdat het de auteur in staat stelt "het beeld van de geschiedenis dat mensen hebben te ondermijnen door de lezer aan de personages te binden" (Jaggi, p. 26). Dit veronderstelt tevens aanzienlijke participatie van de kant van de lezer die geacht wordt zijn of haar gevoel en verbeelding te gebruiken om de leemten te vullen die Phillips personage-gerichte, niet-opdringerige narratieve techniek tegen elke prijs wil open laten. Zoals Phillips het zelf zegt: "De leemten zijn er [...] om je de ruimte te laten voor je eigen begrijpen, en je eigen betekenissen, en je eigen verbanden, en je eigen bruggen" (Schatteman, p. 104).

Een goed voorbeeld van de manier waarop Phillips zijn personages gebruikt om betekenis te scheppen, kan gevonden worden in *Cambridge*, zijn vierde roman. Zoals in veel van zijn verhalen draait ook deze roman om een blanke vrouw en een zwarte man die elkaar nauwelijks ontmoeten in het handelingsverloop maar wier verhalen enkel interactief gelezen kunnen worden. Emily Cartwright, de dochter van een landeigenaar die niet op zijn landgoed woont, is naar de Caraïben gekomen om toezicht te houden op haar vaders eigendommen, maar ook om niet uitgehuwelijkt te worden aan een vijftig jaar oude weduwnaar. Cambridge, een goed opgeleide en gekerstende slaaf was als missionaris op weg naar Africa toen hij gevangen werd genomen en als slaaf verkocht aan de Cartwright plantage. In de context van de negentiende-eeuwse slavenhandel zijn beiden duidelijk ongewone figuren, en precies die marginaliteit ontwricht elke vooringenomen visie op de slavenmaatschappij als een zwart-wit tegenstelling tussen meesters en slaven. Hoewel Emily's kleur en klasse haar een comfortabel bestaan hadden kunnen verzekeren, eindigt ze als verschoppeling die een doodgeboren kind baart, als slachtoffer van een paternalistisch systeem dat vrouwen en slaven beschouwt als wat "groot uitgevallen kinderen" (p. 4). Vanaf het begin van de roman wordt de lezer geconfronteerd met het zelfbedrog en de interne tegenstellingen die haar ik-verhaal kleuren, en de lezer heeft dan ook het volste begrip voor Emily's uiteindelijke existentiële verwarring: "Ik weet niet zeker wat ik ben." (p. 179) Ook Cambridge, die geboren is in Afrika onder de naam Olumide, leidt een zeer ongewoon leven dat geteisterd wordt door de hebzucht van anderen. Zijn bekering tot het Christendom is onmiskenbaar een bron van persoonlijke vervulling, maar het vervreemdt hem ook van zichzelf doordat hij gaat geloven dat hij "Engelsman [is], zij het dan een met een wat gevlekte teint!" (p. 147). Hierdoor voelt hij zich verheven boven, in zijn ogen, heidense Afrikanen. Door ons een blik van binnenuit te gunnen op deze twee complexe wezens, vermenselijkt Phillips hen ver voorbij de clichés die ze over elkaar koesteren: "Engelse vrouw" en "minderwaardige slaaf" (pp. 162, 93). Phillips verleent hen op die manier de waardigheid die hen tijdens hun leven grotendeels is ontzegd.

Kunnen we dan het profiel schetsen van een typisch Phillips personage? De onvoorspelbaarheid van het menselijke gedrag dat vervat zit in Phillips' wereldbeeld maakt het weliswaar moeilijk, of zelfs misleidend, om algemene uitspraken te doen, maar toch kan het nuttig zijn een aantal kenmerken uit te lichten die gedeeld worden door het merendeel van zijn personages en vervolgens na te gaan hoe zij passen in de context van zijn werk. Vrijwel alle individuen in Phillips' fictie zijn verregaand geïsoleerd; hun eenzaamheid is het resultaat van omstandigheden waar ze zelf geen greep op hebben, zoals oorlog of deportatie, maar ook van een diepe onmacht om met succes te communiceren, die vaak gepaard gaat met overgevoeligheid. Niet voor niets wemelt het in zijn boeken van de onbeantwoorde brieven en de gesloten deuren, symbolen van de onmogelijkeid om in contact te treden met de buitenwereld. Dit blijkt ook uit de schizofrene of paranoïde waanzin waar vooral zijn vrouwelijke protagonisten aan lijden, zoals Irina in *Higher Ground* of Eva in *The Nature of Blood*, twee vrouwen die hun leven vernield zien door de Joodse Holocaust. Phillips' personages zitten bovendien vaak gevangen, hetzij letterlijk als gedetineerden, zoals Rudi in *Higher Ground*, of figuurlijk als gevangenen van gedragscodes of sociale conventies, zoals in het geval van de Engelse vrouw Joyce in *Crossing the River*, die haar zwarte zoontje afstaat voor adoptie. Nochthans hebben deze mensen een onweerstaanbare behoefte aan contact die nooit vervuld kan worden. Als ze dan al samenkomen leiden hun, in sommige gevallen veelbelovende, ontmoetingen haast nooit tot constructieve verbintenissen, getuige bijvoorbeeld het aantal kinderlozen in Phillips' universum. Er is dus een gevoel van gemiste kansen in menselijke relaties, alsof ze als "twee uit hun koers geslagen schepen [waren] die elkaar 's nachts voorbij varen" (Bell, p. 602). Phillips gebruikt dit beeld voor de mislukte ontmoeting tussen de Poolse Irina en de West-Indische Louis in *Higher Ground*, maar het is net zo goed van toepassing op de Caraïbische immigrant Leila en haar buurvrouw Mary in *The Final Passage* of op de Israeli Stephan en de Ethiopische Malka in *The Nature of Blood*. Ondanks hun verschillende afkomst hebben deze personages veel gemeen, vooral dan hun menselijkheid, zoals Phillips laat zien door de structuur van zijn fictie. Hij plaatst gelijkaardige lijdenservaringen vaak naast elkaar. Niettemin slagen ze er niet in om de grenzen die hen van elkaar scheiden te overschrijden, zodat hun vriendschap, of liefde, uiteindelijk mislukt.

Gebroken gezinnen

De spanning tussen eenzaamheid en ergens thuishoren, per slot van rekening het lot dat alle ballingen delen, komt wellicht het meest dramatisch naar voren in de context van een verstoorde gezinssituatie, nog een gemene deler van Phillips' personages. Veel van zijn protagonisten hebben hun ouders of kinderen verloren, vaak tengevolge van slavernij of deportatie, zoals Martha in *Crossing the River*, die door haar vader in Afrika werd verkocht aan een slavenhandelaar en dan in Amerika haar eigen dochter moet afstaan. Als de protagonisten niet van hun ouders gescheiden zijn, hebben ze er doorgaans een obsessieve haat-liefde verhouding mee die ze hun hele volwassen leven blijft kwellen omdat ze vaak het trieste heden trachten te ontvluchten in herinneringen aan de kindertijd. Toegegeven, surrogaat-gezinsverbanden worden soms aangegaan ter compensatie van de oorspronkelijke breuk, zoals bijvoorbeeld in *Crossing the River*, dat eindigt met het koor van alle kinderen van de Afrikaanse diaspora die "de ontberingen op de ene oever overleven", met inbegrip van het verlies van naaste familie, maar die toch aankomen "op de andere oever van de rivier, bemind." (pp. 235, 273) In veel gevallen echter blijven de nieuwgevormde familiebanden getekend door ambiguïteit, wat lijkt te suggereren dat er voor Phillips noch een magische oplossing is voor de essentiële eenzaamheid van de mens, noch een echte mogelijkheid om opnieuw te beginnen – een hersenschim van nogal wat van zijn ontheemde personages. Een voorbeeld uit vele is de vader-zoon relatie die zich ontspint tussen de voormalige slaaf Nash en zijn meester Edward Williams in *Crossing the River*: Edwards vaderlijke liefde gaat immers gepaard met seksuele begeerte die slechts zijdelings onthuld wordt, ongetwijfeld als suggestie van zijn onbewuste hypocrisie. Ook ontvangen Phillips' personages vaak medische of sociale bijstand wat suggereert dat de beroeringen van het menselijke leven niet zo makkelijk gecompenseerd kunnen worden, en dat de gemeenschap geen bevredigend alternatief is voor het gezin. Ongeacht hun grootmoedigheid kunnen de pogingen tot herstel die Phillips in zijn fictie beschrijft moeilijk een succes genoemd worden, of het nu gaat om de welvaartsstaat in *The Final Passage* en *The Nature of Blood*, de redding van de Ethiopische Falashas door Israel in *The Nature of Blood*, of de rechtsbijstand en de vluchtelingenopvang in *A Distant Shore*. Ofwel zijn ze gekleurd door paternalisme, als gevolg van een oppervlakkige of bevooroordeelde kennis van de 'ander', ofwel hebben ze onvoorziene gevolgen die ironisch genoeg de ondergang of de vervreemding van de personages nog bespoedigen. Dit is het lot van Eva in *The Nature of Blood*, die gered wordt uit een concentratiekamp en, als enige overlevende van haar familie, belandt in een Londense instelling voor geesteszieken waar haar individualiteit in haar ogen miskend wordt. Haar uiteindelijke zelfmoord kan gezien worden als het directe gevolg van het trauma van de kampen en van het verraad van Gerry, een Engelsman die haar een huwelijksaanbod doet maar zelf al getrouwd is. Echter de uiteindelijke druppel is de medische zorg die individuen niet in hun uniciteit beschouwt maar, net als in de kampen, als gevallen binnen een categorie.

Deze gebroken gezinnen kunnen uiteraard tot op zekere hoogte gezien worden als metaforen voor de koloniale onteigening die veel van Phillips' personages raakt. Maar in meer algemene zin representeren zij ook de simultane, vaak paradoxale, combinatie van gehechtheid en onthechting die alle menselijke relaties treft. Een exclusief postkoloniale lectuur van Phillips' werken beschouwt ze enkel als documenten uit de nasleep van de slavenhandel en de kolonialisering. Hoe waardevol en verhelderend ook, een dergelijke interpretatie doet toch geweld aan het "universele" in Phillips' werk, wat voor hem duidelijk is geworteld in het individu, ongeacht kleur, gender of sociale klasse. Deze supranationale en tijdloze dimensie kan misschien geïllustreerd worden aan de hand van zijn laatste roman, *A Distant Shore*, waarin de karakteristieke personages eens te meer bewijzen dat Phillips "geen loyaliteit voelt voor welk ras dan ook – maar tegenover het menselijke ras" ("The Other Voice", p. 87). Afgezien van een beklemmend gedeelte dat plaatsvindt in een niet nader genoemd Afrikaans land, speelt de rest van de roman zich af in het hedendaagse Engeland, twintig jaar nadat Mrs Thatcher de mijnen sloot. De roman handelt duidelijk over de verstoring veroorzaakt door de komst van vluchtelingen in een maatschappij die zichzelf als onveranderlijk beschouwt en waarin, voor de buitenstaander, "alle mensen vreemden zijn voor elkaar" (p. 163). Het vertrekpunt van Phillips' onderneming is echter geen abstract idee maar, zoals altijd, de menselijke stem. Immigratie, één van de vele actuele zaken die in de roman aan bod komen, naast misdaad, onderwijs en armoede, wordt niet bekeken als een algemeen concept maar als een fenomeen dat enkel interessant is in zoverre het concreet impact heeft op individuele levens. Opnieuw haalt Phillips twee personages uit de marge voor het voetlicht. Dorothy Jones, een pas gepensioneerde Engelse vrouw van een goed eind in de vijftig, die zich net heeft gevestigd in het dorp en van wie "het verhaal slechts dat ene woord, verlatenheid, bevat" (p. 203). Ze heeft het net zo moeilijk om in het reine te komen met haar ouder wordende lichaam als met de veranderende samenleving. En er is Solomon Bartholomew, haar Afrikaanse buurman, "een man die gebukt gaat onder een verborgen geschiedenis" (p. 300). Hij is zijn door oorlog geteisterde vaderland ontvlucht om in Engeland asiel te zoeken. Zonder gezinsbanden leiden

Dorothy en Solomon geïsoleerde levens, maar ze doen er alles aan om te ontsnappen aan hun eenzaamheid en hun pijnlijke, complexe verleden. Dorothy gaat wanhopig op zoek naar gezelschap, begint mannen lastig te vallen en te stalken en trekt zich dan terug in haar eigen gedachtewereld; Solomon ontkent zijn identiteit door zijn naam te veranderen en, door 'goede manieren' over te nemen, hoopt hij een volwaardig burger te worden en Dorothy's sympathie te winnen. Het onderbroken en gefragmenteerde verhaal suggereert dat de twee niet de kans krijgen om hun ontluikende vriendschap echt tot bloei te laten komen, maar naast elkaar blijven leven, bevreesd om binnen te treden in het leven van de ander. Uiteindelijk worden ze allebei verslagen – Dorothy mentaal, Solomon lichamelijk door een wereld geobsedeerd door schijn, maar ze leven niettemin verder in de geest van de lezer als twee menselijke wezens die, in de woorden van Billy Bragg, "aanspoelden op een verre kust", en waardige, maar ijdele, pogingen ondernamen om er bij te horen.

Het merendeel van Phillips' romans eindigt op een dergelijke ambigue, maar niet helemaal trieste noot. Het open einde biedt geen makkelijke antwoorden voor de vele problemen die de mens al eeuwenlang plagen en dat ook nu nog doen. Maar zijn personages beklijven; zij zijn door Phillips verweven in een wandtapijt van het menselijke lot, "een koraalbegeleiding van stemmen [...] de disparate stukken [...] gehecht door smart. Nooit zouden ze nog losraken" (*A Distant Shore*, p. 266).

Beknopte bibliografie

Primaire literatuur

Strange Fruit, Ambergate: Amber Lane Press, 1981.

Where There is Darkness, Ambergate: Amber Lane Press, 1982.

The Shelter, Oxford: Amber Lane Press, 1984.

The Final Passage, London: Faber & Faber, 1985.

A State of Independence, London: Faber & Faber, 1986.

Playing Away, London: Faber & Faber, 1987.

The European Tribe, London: Faber & Faber, 1987.

Higher Ground, London: Viking, 1989.

Cambridge, London: Bloomsbury, 1991. (*Cambridge*, vert. Peter Bergsma, Amsterdam: De Bezige Bij, 1996.)

Crossing the River, London: Bloomsbury, 1993. (*De rivier over*, vert. Rene Krupershoek, Amsterdam: De Bezige Bij, 1994.)

The Nature of Blood, London: Faber & Faber, 1997. (*De aard van het bloed*, vert. Rene Krupershoek, Amsterdam: De Bezige Bij, 1997.)

Extravagant Strangers: A Literature of Belonging, red., London: Faber & Faber, 1997.

The Right Set: The Faber Book of Tennis, red., London: Faber & Faber, 1999.

The Atlantic Sound, London: Faber & Faber, 2000. (*Het Atlantisch lied*, vert. Ronald Jonkers, Amsterdam: De Bezige Bij, 2000.)

A New World Order: Selected Essays, London: Secker & Warburg, 2001. (*Een nieuwe wereldorde*, vert. Ronald Jonkers, Amsterdam: De Bezige Bij, 2002.)

A Distant Shore, London: Secker & Warburg, 2003.

"Confessions of a True Believer", *Guardian*, 4 January 2003.

Secundaire literatuur

BELL, C. Rosalind. "Worlds Within: An Interview with Caryl Phillips", *Callaloo* 14,3 (1991), pp. 578-606.

ECKSTEIN, Lars. "The Insistence of Voices: An Interview with Caryl Phillips", *Ariel* 32,2 (2001), pp. 33-43.

LEDENT, Bénédicte. *Caryl Phillips*, Manchester: Manchester UP, 2002.

LOW, Gail. "'A Chorus of Common Memory': Slavery and Redemption in Caryl Phillips's *Cambridge* and *Crossing the River*", *Research in African Literatures* 29,4 (1998), pp. 122-39.

O'CALLAGHAN, Evelyn. "Historical Fiction and Fictional History: Caryl Phillips's *Cambridge*", *Journal of Commonwealth Literature* 29,2 (1993), pp. 34-47.

PHILLIPS, Caryl. "The Other Voice: A Dialogue Between Anita Desai, Caryl Phillips, and Ilan Stavans", *Transition* 64 (1994), pp. 77-89.

SCHATTEMAN, Renée. "Disrupting the Master Narrative: An Interview with Caryl Phillips", *Commonwealth* 23,2 (2001), pp. 93-106.
SHARPE, Jenny. "Of This Time, of That Place: A Conversation with Caryl Phillips", *Transition* 68 (1995), pp. 154-61.
YELIN, Louise. "Caryl Phillips", in: George Stade and Sarah Hannah Goldstein (red.), *British Fiction*, New York: Charles Scribner's Sons, 1999, pp. 379-94.

vertaald door Henriette Louwerse

SALMAN RUSHDIE
(1947-)

Petra VAN DER JEUGHT

Nu Salman Rushdie in New York woont, voldoet het niet meer om hem te omschrijven als een Engelse schrijver die in Indië geboren is. "U ziet hoe dwaas het is om schrijvers in een paspoort te willen vangen", klaagde Rushdie in zijn essay "'Literatuur uit het Gemenebest' bestaat niet". Rushdie houdt niet van nationale tradities en evenmin van etiketten als 'Gemenebest' of 'postkoloniaal'. Hij schrijft in het Engels en hij hoort nergens thuis; hij is een inwoner van het 'tussen-in'. Migrant-zijn is het belangrijkste thema van zijn oeuvre. Migrant-zijn is voor Rushdie geen wreed lot, het is een kans: de migrant kan de wereld dubbel of zelfs caleidoscopisch zien, vanuit verschillende perspectieven. En dit maakt het mogelijk romans te schrijven die de geest van een diffuus tijdperk kunnen vatten. In zijn fictie brengt Rushdie zijn persoonlijke ervaringen samen met de geschiedenis en beweegt hij heen en weer tussen drie continenten: het Indische subcontinent van zijn jeugd in *Midnight's Children* (1981), *Shame* (1983) en *The Moor's Last Sigh* (1995); Europa en vooral Engeland in *The Satanic Verses* (1988); en Amerika in *The Ground Beneath Her Feet* (1999) en *Fury* (2001). Door deze permanente beweging verliest de migrant misschien een gevoel van eigenheid, maar wint hij aan rijkdom en verscheidenheid. Hij 'vertaalt' zichzelf voortdurend, hij cultiveert een culturele schizofrenie en leert spreken met een "gespleten tong". Rushdie is dan ook een groot pleitbezorger van zo'n culturele schizofrenie en van de literatuur van de gespleten tong.

Salman Rushdie is in de jaren tachtig als een komeet in het Britse literaire firmament omhooggeschoten. *Midnight's Children*, zijn tweede roman, deed de in zichzelf gekeerde Britse literatuur naar adem happen. Het was een literair evenement van een ongeziene, exuberante energie die de Europese romantraditie een adrenalinestoot gaf. Hier was een schrijver aan het woord die sprak over het Indische subcontinent in de Europese romantaal van Cervantes, Rabelais, Sterne, Swift en Joyce. Hij draaide de recente geschiedenis door de mangel van de verbeelding en rijmde het fantastische met het satirische, het komische met het politieke, oost met west. *Midnight's Children* won de belangrijke Booker Prize en bezorgde Rushdie literair prestige. In Indië werd hij binnengehaald als een groot auteur van eigen bodem, ook al kreeg hij soms felle kritiek te verduren (onder meer van Indira Gandhi). Voor de Britse literaire markt opende hij de rijke goudader van de Indisch-Engelse roman, vergelijkbaar met de Zuid-Amerikaanse boom van een decennium eerder. Hij plaatste immers een nieuw continent op de literaire kaart van de verbeelding. Met *Shame*, dat zich in Pakistan afspeelt, en *The Satanic Verses* bewees Rushdie dat hij geen auteur-van-één-boek is. In 1994 won hij de "Booker of Bookers" voor de 25ste verjaardag van de Booker Prize. Hij stond ook op de shortlist met *Shame*, *The Satanic Verses* en *The Moor's Last Sigh*.

De authenticiteit van het bastaard-Engels

Rushdie is moeilijk te catalogiseren. Als postkoloniaal, postmodern en politiek geëngageerd schrijver staat hij op een kruispunt in de internationale Engelstalige literatuur. Met de jaren is hij zich steeds meer gaan beschouwen als een Indisch-Engels schrijver, hoewel hij afstand houdt van de indrukwekkende Indische romantraditie. De roman werd in Indië eerst in het Hindi, Urdu en Bengali ontwikkeld. Literatuur in het Engels ontstond pas in de tweede helft van de negentiende eeuw in het zog van het koloniale bestuur en bereikte maturiteit in de twintigste eeuw met auteurs als R.K. Narayan, Khushwant Singh, G.V. Desani en Raja Rao. Rushdie spreekt van een "respectabele stamboom" en van een volwaardige "Indische tak" van de Engelse letteren (*Vaderland in de verbeelding*, p. 65). Maar, zo stelt hij, sommige schrijvers zijn in hun literaire verbeelding nu eenmaal niet gebonden aan een enkele nationale traditie, en Rushdie is één van hen. Zelfs zijn taal bindt hem niet, niet aan Engeland en ook niet meer aan de koloniale macht. Toch krijgt Rushdie vaak het verwijt te horen dat hij door het Engels te gebruiken en door vanuit Londen te schrijven de authenticiteit van Indië verraadt en Indië nog maar eens verknecht in de exotische koloniale stereotypen. De geëmigreerde Indisch-Engelse schrijver zou een bastaardkind van Britse Rijk zijn, "een postkoloniale anomalie" (*Step Across This Line*, p. 148). "Buitenstaander! Indringer!", krijgt de verteller in *Shame* naar de kop geslingerd,

> 'Je hebt geen recht op dit onderwerp! [...] Stroper! Piraat! We verwerpen jouw autoriteit. We hebben je door, met je vreemde taal die je als een gedrapeerde vlag draagt: spreken over ons in jouw gespleten tong, hoe kan je iets anders dan leugens vertellen?' (*Shame*, p. 28)

"Ik geloof niet dat het altijd nodig is om de anti-koloniale of is het postkoloniale strijdbijl tegen het Engels op te nemen", repliceert Rushdie (*Vaderland in de verbeelding*, p. 64). Want het Engels is een Indische taal geworden, een taal die 'genaturaliseerd' is in het subcontinent (*Step Across This Line*, p. 149). Het Engels is ontdaan van de "smet" van haar oorsprong. Het is een wereldtaal, gekneed door de volkeren die haar gebruiken en haar naar hun eigen culturele hand hebben gezet. Het Britse Engels, de oude standaardtaal, zou nooit de overweldigende diversiteit van de Indische ervaring kunnen communiceren. Het is dan ook één van de openbaringen van Rushdies proza, dat hij zijn Engels kleurt met Indische timbres en het de cadans geeft van Indische ritmen, dat hij zijn Engels ongecompliceerd en enthousiast vermengt met Indische talen tot een potpourri, het "Hug-me" waarin fotograaf Rai en popster Vina Apsara zich thuis voelen komen in de taxi in Bombay (*The Ground Beneath Her Feet*, p. 5). Rushdie stelt dat zijn Indische achtergrond zijn literaire taal danig heeft beïnvloed:

> Ik besef dat Hindi-Urdu, het 'Hindustani' van het noorden van Indië, een essentieel onderdeel uitmaakt van mijn zelfbeeld; en dat ik als schrijver gedeeltelijk gevormd ben door de aanwezigheid, in mijn hoofd, van die andere muziek, die ritmen, patronen, en de gedachtensprongen en metaforen van mijn Indische talen. (*Step Across This Line*, p. 152)

Zo werd ook zijn taal een 'tussentaal' die thuis is in verschillende tradities en culturen. Ze reflecteert de volkscultuur, het spontane, het zangerige van traditionele Indische teksten, terwijl ze tezelfdertijd erudiet en gesofistikeerd is. Rushdie behoort daarmee tot een jonge generatie van Indische kosmo- en metropolitische auteurs als Vikram Seth, Anita Desai, Amitav Ghosh, Amit Chaudhuri, Rohinton Mistry en Arundhati Roy. Rushdie vindt het "ironisch" dat "de beste literatuur in Indië sinds de onafhankelijkheid geschreven is in de taal van de vertrokken imperialisten" – een bewering die in Indië niet zonder kritiek blijft (*Step Across This Line*, p. 150). Met de jaren is Rushdie echter een steeds vinniger verdediger geworden van die jonge Indisch-Engelse literatuur, die kosmopolitisch is en intellectueel, maar die, bezweert hij, wel degelijk de vele werelden en realiteiten van Indië probeert weer te geven en een Indisch publiek kan overtuigen. Want ook al bereikt Rushdie met het Engels een wereldpubliek, toch wil hij geen exotische schrijver in het westen zijn. Als Indische auteur ambieert hij ook een Indisch publiek. "Bij *Middernachtskinderen* had ik wel het gevoel dat als de Indische lezers het boek hadden afgekeurd, ik het ongeacht de reactie van het Westen het als een mislukking zou beschouwen. Ik schrijf, zou je kunnen zeggen, 'voor' mensen die affiniteit voelen met 'waarover' ik schrijf" (*Vaderland in de verbeelding*, p. 25). Authenticiteit is geen kwestie van zuiverheid, van taal, stijl, vorm of symbolen, voert Rushdie aan. Zulke parochiale eisen zijn precies de bron van exotisme. In de verhalenbundel *East, West* (1994) verwerpt Rushdie de nette opdeling tussen oost en west. Rudyard Kiplings bewering dat oost en west elkaar nooit zullen tegemoet komen ("East is east and west is west, and never the twain shall meet") vindt Rushdie onzinnig. Zelf zweert hij bij ongegeneerde vermenging. Zijn culturele traditie is die van Disney, Monty Python en Star Trek, van Shakespeare en Blake, maar ook van de Mahabaratha, de Ramayana en Bollywood. Zijn ouders gaven hem zowel *The Wizard of Oz* als *The Arabian Nights* te lezen.

De smeltkroes Bombay

Tijd en plaats zijn niettemin bepalend voor leven en werk van Rushdie. De geschiedenis is nooit ver weg. Salman Rushdie werd geboren in Bombay op 19 juni 1947, nauwelijks vier weken voor de onafhankelijkheid van Indië. In de familie ging het grapje dat zijn geboorte de Engelsen er wel heel snel toe aanzette om te vertrekken. De Rushdies waren migranten, moslims die uit de noordelijk provincie Kashmir waren verhuisd en in de ondernemersstad Bombay buiten het religieuze en etnische tumult konden blijven. Zijn vader Anis Ahmed, een zakenman met een diploma van Cambridge, had een bescheiden fortuin geërfd. In het Rushdie-huishouden werd een mengeling van Urdu en Engels gesproken. Het was niet alleen een rijk maar ook een intellectueel en liberaal milieu dat de culturele blik op Engeland gericht hield. Zijn ouders waren gelovig maar niet dogmatisch, de familie vierde de belangrijkste moslimfeesten maar met kerst stond ook een kerstboom in huis; religie was iets op de achtergrond, getuigt Rushdie in *Vaderland in de verbeelding*.

In dat hectische, multiculturele, multireligieuze en veeltalige Bombay, grootstad van cinematografische pathos, ligt de bron van Rushdies fictie. Bombay is het New York van Indië, vindt Rushdie, "glamoureus, glinsterend, vulgair-chic, een stad van koopmannen, een filmstad, een krottenstad, onwaarschijnlijk rijk, gruwelijk arm" (*Step Across This Line*, p. 185). Rushdies Bombay heeft iets elegisch. Rushdie verliet de stad op dertienjarige leeftijd om op elitaire kostschool te gaan in Rugby, Engeland. Het Bombay dat hij in *Midnight's Children, The Satanic Verses, The Moor's Last Sigh* en *The Ground Beneath Her Feet* portretteert, is het religieus en etnisch 'onzuivere' en verdraagzame Bombay dat in de verdrukking komt door religieuze zeloten, hindoefundamentalisten en enggeestige nationalisten. "Ik groeide op in die tolerante, ruimdenkende stad. Die typische kwaliteit – noem het vrijheid – heb ik sindsdien proberen te beschrijven en te roemen. *Midnight's Children* was mijn eerste poging om literair land terug te winnen" (*Step Across This Line*, p. 180). De romans zijn pleidooien én aanklachten. Het zijn stadsromans die vibreren met het kosmopolitische leven en het politieke ideaal uitdragen van de stad als smeltkroes. *The Moor's Last Sigh* is daarin het meest passioneel.

De kostschool was een gelukkige noch creatieve tijd. Voor het eerst werd Rushdie gebrandmerkt als "Indiër" en ondanks zijn blanke huid kreeg hij af te rekenen met het groeiende racisme in de Britse maatschappij (waartegen hij in essays en in *The Satanic Verses* heftig tekeer zal gaan). Rushdie was een voorbeeldig student en ging net als zijn vader naar Cambridge waar hij geschiedenis studeerde, de geschiedenis van de Arabische en Islamitische beschaving. Het zou hem van pas komen in *The Satanic Verses*. Na Cambridge keerde hij terug naar zijn familie, die na een verblijf in Londen intussen verhuisd was naar Karachi in Pakistan. Hij probeerde even als acteur en producer aan de slag te gaan, maar kwam in aanvaring met surrealistische censuur. Gedesillusioneerd keerde hij terug naar Londen, en in 1970 begon hij werk te maken van zijn ambitie om schrijver te worden, eerst 's avonds en tijdens de weekends, later deeltijds, naast zijn job als copywriter voor verschillende reclameagentschappen. Zijn start als schrijver ging niet altijd even gemakkelijk. In 1971 had hij een roman klaar, *The Book of the Pir*, die door verscheidene uitgeverijen geweigerd werd. Delen ervan werden gerecycleerd in *Midnight's Children* en *The Satanic Verses*. *Grimus* (1975), Rushdies tweede roman, vond wel een uitgever maar geen enthousiaste kritieken. Nog twee andere romans liet de auteur bij projecten.

In die vroege werken al probeerde Rushdie west en oost te vermengen en putte hij uit zijn islamitische roots. *Grimus* is een verheven (en moeilijk verteerbare) allegorie met in de hoofdrol een onsterfelijke blanke Amerikaanse Indiaan, Flapping Eagle, die uit de gemeenschap gestoten is en een queeste onderneemt. Het ingewikkelde verhaal baadt in een science-fiction sfeer met multipele universums, planeten en dimensies. De taal is een ingenieuze *bricolage*. Het eclecticisme is overdadig; culturele en literaire allusies zijn er in overvloed, zowel op westerse klassieken zoals Dante, Vergilius en T.S. Eliot, als op Perzische mythen en op Amerikaanse toestanden. Het boek was geen succes. *Grimus* ging over te veel en was te vrijblijvend. Maar het boek wees vooruit naar Rushdie's monumentale en originele roman *Midnight's Children* die op een veel overtuigender wijze zou aantonen hoe de verbeelding zich kan losweken uit de realiteit en een eigen wereld kan oprichten.

Pleidooi voor de roman

Na *Grimus* voelde Rushdie zich een schrijver zonder onderwerp, zonder thema. Op reis naar Indië en het noordelijke Kashmir, waar hij als kind ook op vakantie ging, drong zich echter een thema aan al zijn zintuigen op. Wilde hij een echt originele stem ontwikkelen, besefte hij, dan moest hij naar zijn eigen leven terugkeren, naar zijn jeugd op een ander en overweldigend continent. Zo werd Rushdie een autobiografisch schrijver die toont hoe persoonlijke en algemene geschiedenissen op elkaar ingrijpen. Rushdie sloeg daarmee een heel ander parkoers in dan die andere gigant uit de Brits-Indische postkoloniale letteren, Nobelprijswinnaar V.S. Naipaul. Toen Naipaul Trinidad verliet met een beurs om in Oxford te gaan studeren, liet hij het eiland aan de Zuid-Amerikaanse kust voorgoed achter zich. Naipaul sneed zich los van zijn wortels en had geen goed woord over voor de culturele en spirituele armoede waarin de Indische gemeenschap, zo ver van het moederland, was verzonken. Ondanks de bijhorende pijn en eenzaamheid, wil Naipaul een schrijver zijn zonder voorouders. In zijn oeuvre heeft hij dan ook verhaald over wat vreemd is en buiten hem staat, over mensen die, zoals hij, vervreemd zijn van religie en traditie en wanhopig zoeken naar een identiteit en een plaats om thuis te komen.

Rushdies werk wordt vaak omschreven als magisch-realistisch; andere critici vinden hem dan weer een naturalistisch schrijver wegens de vele details en feiten die hij incorporeert. Bij Naipaul is het duidelijker. Naipaul, die een schrijver werd van overal en nergens, koos resoluut voor de *feiten*, voor reportage; met de jaren is hij zijn geloof in de roman verloren als genre dat echt relevant is voor deze tijd. Rushdie repliceert met een gepassioneerd pleidooi voor de roman. De roman is allerminst voorbijgestreefd, zo stelt hij, maar slaagt er nog altijd in om "dingen over onszelf te vertellen die we nergens anders horen" (*The Observer*, 18 augustus 1996, p. 16). De roman verkeert trouwens in uitstekende gezondheid, pleit Rushdie, met name de romans die komen uit de 'marge': Indië, Zuid-Amerika, de Caraïben, "Wat doet het ertoe waar de grote romans vandaan komen, zolang ze blijven komen?" Met de roman kiest Rushdie voor de verbeelding. Hij boort daarvoor alle mogelijke bronnen aan, te beginnen bij wat in zijn eigen geheugen ligt opgeslagen, en van daaruit reikt hij naar de wereld, de politiek, de religie, en de geschiedenis. Het belang van de roman ligt, voor Rushdie en voor de romantraditie waarin hij zich plaatst, niet in feitelijkheid, correctheid en zekerheid. De roman schuwt zulke woorden. Rushdie is veel ambitieuzer; hij wantrouwt en twijfelt zijn weg naar de waarheid:

> De romans die mij het meest aanspreken, zijn die waarin wordt gestreefd naar een radicale herformulering van de taal, vorm en ideeën, waarin getracht wordt recht te doen aan het woord *novel*: de wereld opnieuw te bezien. Ik ben me terdege bewust dat die poging verontwaardiging en razernij kan oproepen. (*Vaderland in de verbeelding*, p. 217)

Verontwaardiging en razernij heeft Rushdie bij zowat elk van zijn romans ervaren in de vorm van censuur, verbod, processen wegens laster, en in het geval van *The Satanic Verses*, zelfs een doodvonnis tegen de auteur zelf.

Het boek dat Rushdie de ogen opende voor het immense potentieel van de roman om de wereld te herformuleren was *Die Blechtrommel* van Günter Grass. Het boek is een van zijn "literaire paspoorten" samen met *Tristram Shandy* van Sterne en *Ficciones* van Borges. Wat Grass hem leerde was: "probeer altijd te veel. Zie af van een vangnet. Eerst diep ademhalen en dan praten. Mik op het onbereikbare. Blijf glimlachen. Wees onbarmhartig. Ga met de wereld in debat" (*Vaderland in de verbeelding*, p. 161). Dat is wat Rushdie heeft bereikt in *Midnight's Children*, gepubliceerd in 1981.

Het verhaal van en over de kinderen van middernacht is dwingend. Het is een daad van liefde van de verteller van het boek, Saleem Sinai. Het is Saleems persoonlijke bekentenis. Saleem klampt zich vast aan zijn overtuiging dat de verbeelding realiteit kan worden. Saleem Sinai wordt geboren op 15 augustus 1947, klokslag middernacht, het moment waarop Indië zijn onafhankelijkheid verwerft. Het tijdstip is niet zomaar toeval, het is het lot. Saleem gelooft dat hij "gehandboeid" is aan de geschiedenis (*Midnight's Children*, p. 11). Het moment van zijn geboorte gaf Saleem en de duizend andere kinderen die omstreeks middernacht het leven zagen, magische krachten. Zij, de kinderen van de jonge natie die even verscheiden – en verdeeld, blijkt snel – zijn als de natie zelf, kunnen als in een heuse conferentie met elkaar mentaal communiceren. Door zijn geboorte pal om middernacht is Saleem verbonden met de lotgevallen van Indië. Indië is een idee, een voorstelling, het resultaat van een opperste inspanning van de verbeelding. Saleem is de historiograaf en verteller van dat jonge Indië, gepassioneerd maar hoogst onbetrouwbaar. Zijn eigen lot staat op het spel, hij is – net als Indië – aan het uiteenvallen, letterlijk aan het desintegreren. Zijn vertelling aan zijn toehoorster en geliefde Padma, arbeidster in een picklesfabriek en een vrouw met een nuchtere geest, is een wedren tegen de annihilatie.

In *Midnight's Children* spelen magiërs en tovenaars, clowns en acteurs, slangenmensen en jongleurs, heksen en slangenbezweerders een belangrijke rol. Saleem identificeert zich met hen. De realiteit kan worden gefabriceerd zoals in een Bombay talkie. Zoals Oskar Matzerath in *Die Blechtrommel* zet Saleem letterlijk gebeurtenissen in gang, gebeurtenissen die beslissend blijken voor Indië. De verteller tovert en bezweert, als een straatventer jongleert hij met fragmenten en verhalen. Het allervreemdste wordt mogelijk, het reële krijgt magische trekken, wat een groep critici er heeft toe aangezet Rushdie's werk te analyseren in het kader van het magisch realisme, die fantastische uitvergroting van de realiteit die we ook bij Gabriel Garcia Marquez vinden. Maar het vuurwerk van magie en verbeelding is geen vlucht bij Rushdie. Saleem wendt zich niet af van de realiteit en de geschiedenis. Hij schetst een politieke allegorie over Indië en zijn magie ondersteunt dat politieke project. Hij vertelt het verhaal van de natiestaat Indië via zichzelf. Een individuele vertelling vervangt de officiële historiografie. In zijn zoektocht naar betekenis morrelt Saleem aan de dominante versie van de geschiedenis en politiek van Indië. Hij contesteert de heersende beelden waarin de cultuur van Indië wordt ge(re)construeerd: zowel het koloniale beeld uit de Anglo-Indische literatuur van Rudyard Kipling, E.M. Forster en Paul Scott, als de mist die "De Weduwe", getekend naar de eerste minister Indira Gandhi, over de realiteit van Indië optrekt om haar brutale machtspolitiek te legitimeren. Oude mythes van ongrijpbaar exotisme en nieuwe mythes van etnische en culturele zuiverheid bekampt hij met een lappendekenvertelling met encyclopedische ambities die de onherleidbare verscheidenheid van de Indische realiteiten belichaamt. Het is een hyperbolische onderneming die lijdt aan de "Indische ziekte, de aandrang om de hele realiteit samen te vatten" (*Midnight's Children*, p. 83). Een hecht netwerk van motieven en symbolen, contrasten en dubbelgangers – resultaat van de Indische drang om overal correspondenties en coherentie te vinden – houdt het verhaal samen. Zo kan *Midnight's Children* alleen met de wildste combinaties van genres worden omschreven, als een komisch epos in proza, een fantastische politieke bildungsroman en psychologische familieroman, een historiografische metafictionele parabel. Voor velen – critici en lezers – blijft het Rushdies beste roman.

Midnight's Children eindigt op de bittere toon van ontgoocheling over de beloften die de jonge, seculiere natie niet kon realiseren, maar is niettemin een lofzang op de heterogene vitaliteit van het subcontinent. *Shame* (1983) heeft niets meer van een lofzang. Rushdie trekt naar Pakistan en de roman is een bijtende aanklacht tegen de dwang van schaamte en schaamteloosheid, tegen het religieus fanatisme dat op perverse wijze de macht dient. De verteller, zoals Rushdie een tijdelijke bezoeker aan Pakistan, beschrijft de vete tussen twee families om de macht van Pakistan – de militaire dictatuur van generaal Zia Ul-Haq en zijn politieke tegenstander Zulfikar Ali Bhutto – met de accuraatheid van een sleutelroman. Niettemin beweert hij al met zijn openingszin ("In de afgelegen grensstad Q [...] leefden ooit drie lieflijke en liefdevolle zussen") een fabel te vertellen in een niet nader gespecificeerde tijd en plaats. Realisme, oordeelt hij, is zowel voor de moderne schrijver als voor de lezer moeilijk om te verteren. De realiteit is zo grotesk dat ze alleen geloofwaardig kan overkomen als vreemde fantasie, als een nachtmerrie waarin metaforen letterlijk worden. Schaamte is de allesoverheersende metafoor die wordt uitgewerkt in verpletterende contrasten, het ascetische en het hoerige, god en duivel. De hoofdpersonages, Omar Khayyam Shakil en Sufyia Zinobia, zijn de verpersoonlijking van schaamteloosheid en van verinnerlijkte schaamte, zowel persoonlijke schaamte als die van het land. Een regime van hypocrisie, corruptie, repressie en despotisme leidt tot monsterachtige transformaties. Sufyia wordt een roofzuchtige witte panter die mannen onthoofdt. Het juk van culturele onderdrukking in een natie die, in tegenstelling tot de seculiere droom van Indië, geboren is uit een streven naar religieuze zuiverheid, maakt de realiteit surreëel. Wat verdrukt is, borrelt en kookt onderhuids, en ontploft letterlijk in een apocalyptisch slot. *Shame* is een donker en weinig optimistisch boek, het portretteert mensen die op de dool zijn en geïsoleerd raken, en het schetst een cultuur die door religieus fanatisme degradeert in leugens en verval. *Shame* werd dan ook in de ban geslagen in Pakistan.

De nachtmerries van *Shame* dijen in *The Satanic Verses* uit tot wisselende bewustzijnstoestanden, koortsachtige dromen, mythische verhalen en parabels. *The Satanic Verses* is een ambitieuze roman; romantechnisch Rushdies meest vernieuwende en complexe. Hij vormt het derde deel van Rushdies trilogie over het Indische subcontinent. Het werd een portret van de Indische, Pakistaanse en Bengaalse migrantengemeenschap in Londen, het hart van het oude Rijk. Meer dan een politieke aanklacht tegen het almaar xenofober wordende Groot-Brittannië is het een heel persoonlijke roman over het migrantschap, het gevoel van ontworteling, van metamorfose, van verlorenheid en gespletenheid en de kans om die ervaring tot verrijking te maken. Het is het boek dat het meest expliciet de ideeën exploreert die centraal staan in het oeuvre van Rushdie:

> *De Duivelsverzen* is een lofzang op de vermenging, onzuiverheid, gedaanteverwisseling die voortkomt uit nieuwe en onverwachte combinaties van mensen, culturen, ideeën, politieke opvattingen, films, liedjes. Het bejubelt de kruising en vreest het absolutisme van de Zuiverheid. Door mengelmoes, allegaartje, een beetje van dit en een beetje van dat, komt het nieuwe in de wereld. [...] *De Duivelsverzen* is een pleidooi voor verandering-door-fusie, verandering-door-verbinding. Het is een ode op ons bastaard-ik. (*Vaderland in de verbeelding*, p. 218)

The Satanic Verses maakt echter ook duidelijk dat het bastaard-ik een moeilijke identiteit is, waarbij men af te rekenen krijgt met pijn, verlies, verscheurdheid, twijfel, geweld en racisme.

HOE RUSHDIE EEN AFFAIRE WERD

Het waren niet de Londense avonturen van Gibreel Farishta, beroemd Bollywood acteur, en Saladin Chamcha, copywriter en stemmenimitator, die de wereldwijde verontwaardiging van moslims veroorzaakten en Ayatollah Khomeini op 14 februari 1989 de fatwa deden uitspreken tegen Salman Rushdie. De beschuldiging van godslastering en ketterij ging over een ijldroom van Gibreel Farishta. Farishta onderging een geloofscrisis die hem schizofreen en paranoïde maakte, en die uiteindelijk tot zelfmoord zou leiden. Hij hallucineerde dat de profeet Mahound (een verbastering van Mohammed), die volgens de islam de Koran via de engel Gabriel rechtstreeks van Allah kreeg gedicteerd, ook enkele 'slechte' verzen opschreef. Die verzen kwamen uit de mond van de duivel die voor de gelegenheid de gedaante van Gabriel aannam. Ze leken de goddelijke status te aanvaarden van drie heidense godinnen die populair waren bij het gewone volk, een ware revolutie in de monotheïstische islam. Mahound twijfelde. Daarom identificeerde de vertwijfelde Farishta zich met hem. "Ik vond dat het verhaal de Profeet menselijker maakte", verdedigde Rushdie zich in 1993, toen hij nog altijd ondergedoken leefde. "Het maakte hem toegankelijker, en begrijpbaarder voor een moderne lezer, voor wie twijfel en menselijke imperfectie in de persoonlijkheid van een groot man die geest en persoonlijkheid alleen maar aantrekkelijker maakt" (*Step Across This Line*, p. 230). Het verhaal heeft een historische basis in de islam-exegese maar is gecontesteerd. Terloops liet

Rushdie ook het woord van Allah in de Koran zelf aanvreten door creatieve twijfel. De scriptor – ironisch Salman de Perziër genoemd – die voor de profeet de woorden neerpende, veranderde hier en daar een woordje. De profeet merkte het nooit op.

Sommige moslim critici wijzen erop dat *The Satanic Verses* een bij uitstek islamitisch boek is. Rushdies ambivalente houding tegenover de islam maakt deel uit van een lange traditie van islamitische teksten. Toch gaf de roman aanleiding tot onuitgegeven protest en discussie op mondiale schaal. De roman werd het belangrijkste nieuwsfeit van het jaar. Bij betogingen in Islamabad, Kashmir en Bombay vielen tientallen doden; in alle moslimlanden werd het boek verboden. De fatwa bleek meer dan een symbolische dreiging; in 1991 werd de Japanse vertaler doodgestoken, een Italiaanse vertaler en een Noorse uitgever overleefden gelijkaardige aanslagen. Rushdie dook onder. Hij en zijn boek waren ook in Groot-Brittannië gecontesteerd; hem werd ongevoeligheid, arrogantie en opportunisme verweten, ook door zijn echtgenote, de romanschrijfster Marianne Wiggins die van hem scheidde en hem laf noemde. Voor degenen die protesteerden gold de Rushdie-affaire als een voorbeeld van cultureel neokolonialisme en van het westerse dédain tegenover de islam. Rushdie slaagde erin om zijn zaak te depersonaliseren en tot een symbool te maken voor vrije meningsuiting en tegen censuur. Vastberaden voerde hij jarenlang campagne bij regeringen, politici en intellectuele drukkingsgroepen in Europa en Amerika om steun te verzamelen en de politieke en economische druk op Teheran op te voeren. Pas na zeven jaar, op 14 februari 1996, kon Rushdie weer een publiek leven leiden.

Schrijven in het strijdgewoel

De fatwa scherpte Rushdies kritische en journalistieke pen. Hij is een polemicus, een bedrijvig criticus die zich niet aan de grenzen van fictie, literatuur en film houdt – kritieken waarmee hij een breed portret schetst van zijn invloeden. Op de opiniepagina's van de wereldpers hekelt hij totalitarisme, religieuze intolerantie en imperialistisch denken. Het was ook al voor de fatwa Rushdies overtuiging dat een schrijver niet mag lijden aan defaitisme, dat hij zich niet "uit het strijdgewoel" mag terugtrekken maar luidkeels moet protesteren (*Vaderland in de verbeelding*, p. 87). In zijn proza hoort een schrijver de taal te beschermen tegen totalitair misbruik, dat is de plicht van een satiricus. Elke schrijver is een partizaan van het vrijdenken.

In de jaren tachtig trok Rushdie van leer tegen de machtswellust van Thatcher en Indira Gandhi, de terreur van de Zia ul-Haq en de hypocrisie van Benazir Bhutto. Onder de fatwa nam hij het op voor de moslims in Bosnië, pleitte voor nuance in de Palestijns-Israelische kwestie, hekelde het groeiende sektaire fundamentalisme in Indië, en kwam op voor bedreigde schrijvers, journalisten en kunstenaars in onder meer Turkije, Algerije, Egypte, Iran, Pakistan en Bangladesh. Na de aanslagen van 11 september 2001 koos hij resoluut de zijde van de Verenigde Staten. Hij riep de moslimwereld op om een "waarachtig debat" te houden over de manier waarop het terrorisme de hele moslimwereld dreigt te kapen, en ging in de contramine met vooral linkse stemmen die naar een rechtvaardiging voor de aanslagen zochten – echter niet zonder uitgebreid het Amerikaanse neo-imperialisme te hekelen. Rushdie blijft een man van links, die na een reis door Nicaragua grote sympathie voelde voor de Sandinistische revolutie en er het reisboek *The Jaguar Smile: A Nicaraguan Journey* (1987) over schreef.

Rushdie overleefde de fatwa ook als schrijver. Vrij snel bracht hij *Haroun and the Sea of Stories* (1990) uit, een poëtisch kinderverhaal dat hij voor zijn zoon Zafar schreef en dat, uitzonderlijk voor Rushdies oeuvre, goed eindigt. De slechteriken worden verslagen, de verhalenbron wordt opnieuw vrij gemaakt, de wereld is gelouterd en verzoend.

The Moor's Last Sigh is dan weer een volbloed Rushdie-roman. Rushdie keert terug naar Bombay, dat intussen verteerd is door corruptie en etnisch-religieuze haat en opportunisme. Hoofdpersonage en verteller, Moraes Zogoiby alias Moor, probeert (zoals Saleem in *Midnight's Children*) zijn dood uit te stellen door verhalen te vertellen. Als zoon van de grootste maffiabaas van Bombay heeft hij een leven in dienst van de hindoe-extremisten achter de rug. Moor is nochtans de ultieme bastaard, afstammeling van Boabdil, de laatste Moorse heerser van Spanje, en familie van ontdekkingsreiziger Vasco da Gama. Zijn vader is joods, zijn moeder katholiek. Rushdie geeft met *Moor* nogmaals zijn boodschap mee: extremisme laat niemand moreel intact. Grenzen en afbakeningen zijn artificieel. Tegenover zuiverheid plaatst Rushdie versmelting. Het boek eindigt visionair. Extremisten blazen drie wolkenkrabbers in Bombay op; enige loutering is verder af dan ooit. Als een Cassandra bleef Rushdie in zijn essays waarschuwen tegen het gevaar van fundamentalisme.

Na *The Moor's Last Sigh* slaat Rushdie fictioneel andere wegen in. Met *The Ground Beneath Her Feet* betreedt hij in zijn verbeelding de 'nieuwe wereld'; en hij verhuist ook zelf naar New York. Zijn fictie vindt een nieuwe energie, zijn taal een ander ritme. De nauwe band met Indië en met de geschiedenis van het subcontinent wordt gevierd, stijl en thema worden poppy en hip. Rushdie leeft zich uit in de rockcultuur van de jaren zestig, de oorlogsjournalistiek van de jaren zeventig, de zapcultuur van de jaren tachtig en negentig. Maar de moderne mythes blijken broos en zijn literair niet altijd even overtuigend. Samenhang krijgt het boek vooral dankzij een doorwrocht netwerk van referenties aan de Orpheusmythe.

Fury (2001) is een sprookje met een moraal. Als een moderne Alexis de Tocqueville maakt Rushdie aantekeningen bij het Amerikaans continent dat hij net heeft leren kennen. Het boek werd eerst in het Nederlands gepubliceerd: Rushdie schreef de roman als geschenk voor de Boekenweek in Nederland in 2001. In *Fury* staat de angst centraal. Malik Solana, professor en bedenker van een razend populaire poppenshow, ondergaat een midlife-crisis, verliest de pedalen en verdwaalt in het ondergronds labyrint van zijn verbeelding. Het bestaan in *Fury* is rusteloos, energiek, furieus. Het hectische New York van grenzenloze verwachtingen en beurshausses voelt gedateerd aan.

Hoewel zelden echt ongunstig onthaald, worden de laatste boeken van Rushdie veel minder en ook minder grondig besproken in de literaire en academische kritiek. De romans maken een minder originele indruk, de scherpte van hun uitdaging lijkt afgebot. Het blijft afwachten hoe Rushdies oeuvre verder evolueert. In elk geval heeft Rushdie een stem gegeven aan de ervaring van de marge, het tussen-in, een ervaring die vanzelfsprekend niet met zijn generatie begon, maar die hij met een grote vrijheid ten opzichte van de traditie en ten opzichte van beide culturen kon vorm geven in proza dat een ongeëvenaarde vitaliteit bezit.

Beknopte bibliografie

Primaire literatuur

Grimus, London: Panther Books, 1975.

Midnight's Children, London: Jonathan Cape, 1981. (*Middernachtskinderen*, vert. Max Schuchart, Utrecht: Veen, 1985.)

Shame, London: Picador, 1983. (*Schaamte*, vert. J. en H.M. Verheydt, Utrecht: Veen, 1984.)

The Jaguar Smile. A Nicaraguan Journey, London: Pan Books, 1987. (*De glimlach van een jaguar. Een reis naar Nicaragua*, vert. Martine Vosmaer, Utrecht: Veen, 1987.)

The Satanic Verses, London: Viking, 1988. (*De duivelsverzen*, vert. Marijke Emeis, Utrecht: Veen, 1989.)

Haroun and the Sea of Stories, London: Granta, 1990. (*Haroen en de zee van verhalen*, vert. Marijke Emeis, Utrecht: Veen, 1990.)

Imaginary Homelands. Essays and Criticism 1981-1991, London: Granta, 1991. (*Vaderland in de verbeelding*, vert. Marijke Emeis, Amsterdam: Veen, 1991.)

East, West, London: Vintage, 1994. (*Oost, West*, vert. Eugène Dabekoussen en Tilly Maters, Amsterdam: Contact, 1998.)

The Moor's Last Sigh, London: Jonathan Cape, 1995. (*De laatste zucht van de Moor*, Amsterdam: Contact, 1995.)

The Ground Beneath Her Feet, London: Jonathan Cape, 1999. (*De grond onder haar voeten*, vert. Marijke Emeis, Amsterdam: Contact, 1999.)

Fury, London: Jonathan Cape, 2001. (*Woede*, vert. Karina van Santen et.al., Amsterdam: CPNB, 2001.)

Step Across This Line, New York: Random House, 2002.

Secundaire literatuur

BRENNAN, Timothy. *Salman Rushdie and the Third World: Myths of the Nation*, New York: St. Martin's Press, 1989.

CHAUCAN, Pradyumna S. (red.). *Salman Rushdie Interviews. A Sourcebook of His Ideas*, London: Greenwood Press, 2001.

DHAWAN, R.K. *The Novels of Salman Rushdie*, New Delhi: Indian Society for Commonwealth Studies, 1992.

GORRA, Michael. *After Empire. Scott, Naipaul, Rushdie*, Chicago: The University of Chicago Press, 1997.

GRANT, Damian. *Salman Rushdie*, Plymouth: Northcote House, 1999.

GRAHAM SWIFT
(1949-)

Stef CRAPS

In de werkelijkheid die Graham Swift ons presenteert in zijn romans en verhalen, is het niet goed toeven. Zij is een steen waaraan de personages zich stoten, een onbeheersbare realiteit die zij niet kunnen verdragen. Zij is onherbergzaam, niet assumeerbaar of verwerkbaar. Om ze leefbaar en hanteerbaar te maken, trachten Swifts figuren ze te omzwachtelen, toe te dekken, met een weefsel van verhalen. Het liefst van al zouden ze vergeten dat er achter die door de taal gekende werkelijkheid nog een werkelijkheid *an sich* ligt, die in haar sublieme, onherleidbare vreemdheid ontsnapt aan elke poging tot domesticatie en appropriatie. De miskenning van deze traumatische realiteit, die meedogenloos al hun zekerheden, overtuigingen en verwachtingen teniet doet, blijkt echter steevast desastreuze gevolgen te hebben. De uitdaging waarvoor de personages zich geplaatst zien, is om een relatie met de werkelijkheid tot stand te brengen die bescherming biedt tegen de brute, destructieve kracht van het trauma zonder ze evenwel te willen neutraliseren of elimineren.

Swifts protagonisten, die in de meeste gevallen ook als verteller optreden, zijn doorgaans kleine, onheroïsche, kwetsbare oude mannen, werkzaam als (amateur-)historicus, archivaris, fotojournalist of detective, die door een crisissituatie in hun persoonlijke leven worden gedwongen de confrontatie met een traumatisch individueel en collectief verleden aan te gaan. Typische ingrediënten van dat verleden zijn oorlog, terrorisme, abortus, moord, zelfmoord, dood, waanzin, incest en verkrachting. De hoofdfiguren voelen de fundamenten allengs onder zich wegglijden waaarop zij, en de gemeenschap waartoe ze behoren, hun bestaan hebben gebouwd, en met behulp waarvan ze het trauma hebben trachten te bezweren. Wat zij aanzagen voor vaste grond, blijkt slechts moerasland – *waterland.* De vraag die hen bezighoudt, is hoe het nu verder moet: valt er te leven met de afwezigheid van fundamentele betekenismodellen en verklaringsgronden?

De moeizame omgang met de ervaring van verlies, hetzij van een reëel hetzij van een symbolisch goed, vormt een constante in Swifts oeuvre. De auteur is gefascineerd door personages die tussen twee werelden zweven, in het niemandsland tussen een teloorgegane en gediscrediteerde traditionele wereld en een nieuwe, onzekere maar hopelijk betere toekomst, waarvan de contouren evenwel nog niet duidelijk zijn (en dat voor sommige personages ook nooit worden). De problematiek van rouw en melancholie, die Swift behandelt met betrekking tot het leven van een of hooguit enkele individuen, kan steeds worden gerelateerd aan de ruimere culturele conditie van een natie of zelfs een tijdperk. Het belang van zijn werk ligt precies in de originele wijze waarop het de problematische verwezenlijking van het project van de moderniteit verbindt met onwil of onvermogen om in het reine te komen met geleden verliezen. Swift analyseert de excessen van het verleden veelal als symptomen van een nefast melancholisch streven naar een illusoir ideaal van heelheid en verlossing. Hij insisteert op de noodzaak om die fatale fixatie te doorbreken en gezonde vormen van rouw te ontwikkelen gebaseerd op erkenning eerder dan ontkenning van een traumatisch verlies. Slechts op die manier kan een waarlijk nieuwe toekomst ontstaan, een authentieke (post)moderniteit waarin openheid en respect voor alteriteit geen loze woorden meer zijn.

Dit ambitieuze programma brengt de auteur ten uitvoer in een oeuvre dat inmiddels meer dan twee decennia bestrijkt. Swift behoort tot een generatie van getalenteerde romanschrijvers die op de voorgrond trad omtrent het begin van de jaren tachtig. Zijn naam wordt vaak in een adem genoemd met die van schrijvers als Peter Ackroyd, Martin Amis, Julian Barnes, Kazuo Ishiguro en Salman Rushdie: samen met nog enkele anderen zouden zij een 'nieuwe golf' vertegenwoordigen in de Britse letteren. Hun gezamenlijke literaire productie, die dikwijls als postmodern wordt bestempeld, wordt gekenmerkt door zelfbewustzijn, raffinement, eclecticisme en een kritische ingesteldheid tegenover allerhande traditionele categorieën. Hun romans ondermijnen literaire conventies, maken veelvuldig gebruik van intertekstualiteit en mengen zich in het contemporaine literairtheoretische debat. Allen problematiseren zij in meerdere of mindere mate de relatie tussen representatie en werkelijkheid. De gebruikelijke epistemologische benadering van deze kwestie wordt in Swifts oeuvre evenwel omgebogen naar een eerder ethische vraagstelling. De vraag naar de mogelijkheidsvoorwaarden van kennis lijkt er ondergeschikt te zijn aan de vraag hoe een traumatische werkelijkheid verwerkt kan worden. Belangrijker dan het waarheidsgehalte van de historische representatie is het performatieve, therapeutische en ethisch-politieke effect dat zij sorteert of zou kunnen sorteren.

Ondanks een duidelijke tendens tot zelfreflexiviteit, blijft het Britse postmodernisme dat Swift en zijn generatiegenoten geacht worden te belichamen, stevig verankerd in de historische werkelijkheid. Dat is bij uitstek het geval in het oeuvre van Swift, dat ontegensprekelijk getuigt van een laat-twintigste-eeuwse sensibiliteit, maar tegelijk weigert om de traditionele preoccupaties van de Engelse roman zonder slag of stoot op te geven. Zijn romans en verhalen dienen zich aan als subtiele psychologische portretten, waarin veel aandacht gaat naar de tekening van de personages en naar de evocatie van de omgeving. Die gehechtheid aan de notie van referentialiteit verklaart wellicht waarom de auteur soms wordt gerecupereerd als een goede ouderwetse realist, die klassieke humanistische waarden propageert en zich verre houdt van de bloedeloze vormexperimenten en de futiele Spielereien waaraan de postmodernen zich zouden overgeven. Die vermeende ouderwetsheid wordt hem echter ook wel eens ten euvel geduid: enkele critici verwijten Swift een nostalgische of zelfs ronduit reactionaire ingesteldheid, die vooral zou moeten blijken uit het feit dat hij in *Last Orders* (1996), een geïnspireerde herschrijving van William Faulkners *As I Lay Dying*, een traditionele Londense gemeenschap portretteert die weinig of geen uitstaans heeft met de multiculturele realiteit van de hedendaagse grootstad.

Deze nogal gratuite kritiek werd geuit naar aanleiding van de toekenning van de prestigieuze Booker Prize aan *Last Orders* in 1996. Hoewel hij inmiddels zeven romans en ongeveer dubbel zoveel verhalen op zijn actief heeft, is Swift vooral bekend als de auteur van die succesroman én van één andere bestseller: het magistrale *Waterland* (1983), dat algemeen wordt aanzien als een van de hoogtepunten uit de naoorlogse Engelse literatuur. Beide romans zijn ook verfilmd: *Waterland* in 1992 door Stephen Gyllenhaal, die Jeremy Irons en Ethan Hawke wist te strikken; *Last Orders* in 2001 door Fred Schepisi, die zich liet omringen door het kruim van het Britse acteursgild (onder anderen Michael Caine, Bob Hoskins en David Hemmings). Behalve in de erkenning die hij krijgt van de literaire kritiek, die hem beschouwt als een van de belangrijkste hedendaagse Engelse auteurs, mag Swift zich ook verheugen in de belangstelling van een ruim lezerspubliek: zijn werk is vertaald in meer dan twintig talen, waaronder het Nederlands. In wat volgt, zal ik een beknopt overzicht bieden van Swifts carrière, waarbij ik iets uitvoeriger zal ingaan op de twee genoemde werken en op de wat onderschatte roman *Ever After* (1992), een persoonlijke favoriet.

WATERLAND, OF DE WERKELIJKHEID ALS TRAUMA

Swifts literaire ster begon te rijzen in 1983, het jaar waarin *Waterland* uitkwam en waarin hij in een profetische, legendarisch geworden aflevering van het tijdschrift *Granta* werd uitgeroepen tot een van de twintig beste jonge Britse auteurs. Op dat moment had hij al twee romans en een verhalenbundel gepubliceerd. In zijn veelbelovende debuutroman, *The Sweet Shop Owner* (1980), evoceert Swift de laatste dag uit het leven van een vereenzaamde winkelier wiens vrouw is overleden en die vervreemd is van zijn dochter. Het is een somber verhaal over de noodlottige gevolgen van onverwerkte trauma's uit het verleden, dat eindigt met de zelfmoord van de protagonist. Hoewel *The Sweet Shop Owner* op velerlei wijzen de toon zet voor Swifts latere werk, is het zijn enige roman die gebruik maakt van een derde-persoonsverteller. *Shuttlecock* (1981), zijn tweede roman, is een psychologische thriller waarin de hoofdpersoon, die als ambtenaar in een Londens politiearchief verbanden probeert te leggen tussen verschillende dossiers, de waarheid tracht te achterhalen omtrent zijn vaders wederwaardigheden als Brits spion in het door de Nazi's bezette Frankrijk. De voornaamste thema's die erin behandeld worden, zijn macht, kennis, wreedheid en obsessie. In 1982 verscheen *Learning to Swim and Other Stories*, een bundel van elf verhalen, het merendeel daterend uit het prille begin van Swifts schrijverscarrière. Het zijn voornamelijk "slices of life", verhalen met een vrij minimale plot die erin slagen een personage ten voeten uit te tekenen of de essentie van een complexe situatie te vatten door in te zoomen op een paar pregnante momenten. De bundel als geheel heeft een uitgesproken experimentele *feel*, en veel van de motieven en technieken die in de individuele verhalen aan bod komen, zien we op een meer geïntegreerde manier terugkeren in Swifts romans.

Het succes van *Waterland*, zijn volgende boek, stelde hem ertoe in staat voltijds schrijver te worden. Tot dan toe had hij de eindjes aan elkaar geknoopt als leraar Engels (in Londen en gedurende een jaar in Griekenland), en tijdelijk ook als veiligheidsagent en als verpleeghulp in een instelling voor mentaal gehandicapten. Die ervaringen hebben duidelijke sporen nagelaten in zijn werk, bijvoorbeeld de vele zwakzinnigen(gestichten), de onderwijssituatie in *Waterland* en de deels Griekse setting van *Out of this World* (1988). Tot verbazing van veel lezers, die hem spontaan associëren met de Fens, het ingepolderde veengebied ten noorden van Cambridge dat hij zo indringend beschrijft in *Waterland*, is Swift in feite afkomstig uit Londen, waar hij nu nog altijd woont en waar veel van zijn romans zich ook afspelen. De Fens leerde hij kennen tijdens zijn studies Engelse literatuur in Cambridge – een locatie die we op haar beurt terugvinden in *Ever After*.

Het verhaal dat Swift in de Fens situeert, draait rond een aantal traumatische gebeurtenissen uit de jeugd van Tom Crick, een geschiedenisleraar die een persoonlijke en professionele crisis doormaakt. Zijn echtgenote is gearresteerd door de politie en naar een psychiatrische inrichting overgebracht wegens de kidnapping van een baby, een gebeurtenis met diepe wortels in de familiegeschiedenis. Daarbovenop wordt hijzelf gedwongen met pensioen te gaan, en dreigt het vak geschiedenis op zijn school geschrapt te worden tengevolge van een rationaliseringsoperatie. Crick laat het officiële leerplan links liggen en begint verhalen te vertellen tijdens zijn lessen, onder meer over zijn voorouders, die betrokken waren bij de drooglegging van de Fens, en over zijn jeugd, die werd overschaduwd door de gewelddadige dood van een speelkameraad, de abortus van zijn toenmalige vriendin en latere echtgenote, en de zelfmoord van zijn achterlijke broer.

Bovenal echter bezint hij zich over het statuut van de geschiedenis. Bijna talloos zijn de analyses van de roman waarin wordt gewezen op de manier waarop de tekst het klassieke onderscheid tussen geschiedenis en verhaal, waarheid en fictie, op de helling zet. Het metaforische potentieel van het hybride landschap uit de titel, dat de overschrijding van categorieën als het ware incarneert, wordt ten volle aangewend om deze en andere vastgeroeste opposities te deconstrueren. De tekst ondergraaft de waarheidsclaims van de traditionele geschiedschrijving door haar te herleiden tot een conglomeraat van fictionele verhalen, die geen andere functie hebben dan verhaaltjes voor het slapengaan: ze zijn bedoeld om onze angst voor het donker te sussen. *Waterland* insisteert op de nood die mensen hebben aan verhalen om de werkelijkheid, die wordt afgeschilderd als fundamenteel ondraaglijk, aan te kunnen. De verteller huldigt een theorie volgens welke de werkelijkheid in essentie uit een serie catastrofale gebeurtenissen bestaat. Ze zou een aaneenschakeling zijn van traumatische confrontaties met het "Hier en Nu", dat wordt voorgesteld als een mes dat het dunne weefsel van de geschiedenis openrijt (*Waterland*, p. 36). Het Hier en Nu komt steeds onaangekondigd en is altijd anders dan de voorstelling die we ons ervan maken. "Gehuld in terreur" voert het "verrassingsaanvallen" uit die ons leven grondig door elkaar schudden (pp. 51, 61). Behalve met het Hier en Nu associeert Crick het reële ook met de verwante notie van het niets, dat wordt belichaamd door het desolate veenlandschap: "De realiteit staat gelijk aan de afwezigheid van voorvallen, aan leegte, vlakheid. De realiteit is dat er niets gebeurt" (p. 40). Het vertellen van verhalen – die orde scheppen en betekenis stichten – wordt gepresenteerd als een noodzakelijke vorm van verweer tegen de onleefbare chaos en de radicale afwezigheid van zin en betekenis die de essentie van de werkelijkheid uitmaken. Crick definieert de mens zelfs als "het dier dat verhalen vertelt":

> Waar hij ook gaat, hij wil geen chaotisch kielzog achterlaten, geen lege ruimte, maar de geruststellende markeringsboeien en spoortekens van verhalen. Hij moet verhalen blijven vertellen. Hij moet voortdurend nieuwe verzinnen. Zolang er een verhaal is, is het goed. (pp. 62-63)

En toch is *Waterland* geen onversneden lofzang op de werkelijkheidsverhullende en levengevende kracht van verhalen. Hoewel dat aspect inderdaad sterk wordt benadrukt, vestigt de tekst anderzijds de aandacht van de lezer telkenmale op de rampzalige gevolgen van een naïef geloof in de verlossende werking van verhalen. De verteller poneert een cyclische geschiedenisopvatting die suggereert dat verhalen ons nooit definitief kunnen beschermen tegen de dodelijke absurditeit van het reële. Elke vooruitgang die wordt geboekt in de loop van de geschiedenis brengt volgens hem weer nieuwe verschrikkingen met zich mee. De mens lijkt wel gedoemd tot een periodieke terugval in de afgrond van het niets. De verhalen waarmee wij ons leven zin en richting trachten te geven, leiden paradoxaal genoeg slechts tot een hernieuwde confrontatie met de terreur en de zinloosheid van het reële. "Waarom vereist de geschiedenis van tijd tot tijd een bloedbad, een holocaust, een armageddon?" (p. 141), vraagt Crick zich af. De kern van het probleem lijkt te zijn dat het narratieve streven naar vastomlijnde betekenis en finale zekerheid de kwalijke neiging vertoont om al datgene te elimineren wat niet conform is met het gezochte antwoord. De algemeen menselijke zucht naar betekenis verwordt algauw tot een minder onschuldig verlangen naar een monopolie op de definitie van de wereld dat geen enkele vorm van kritiek of tegenstand duldt. Wie er aanspraak op maakt het enige juiste verhaal te kennen, gaat makkelijk over tot uitsluitingen en zuiveringsacties, die in het uiterste geval soms apocalyptische proporties kunnen aannemen.

De tendens tot totalisering van narratieve constructies en het eruit resulterende bloedvergieten kunnen we tegengaan, zo stelt de verteller, door onze aangeboren nieuwsgierigheid te cultiveren. Nieuwsgierigheid is immers hetgeen ons ertoe aanzet om nooit vrede te nemen met het status quo maar telkens weer op zoek te gaan naar nieuwe en betere antwoorden. Deze subversieve eigenschap wordt volgens Crick miskend door alle ideologieën die zich de pretentie aanmeten de wereld definitief en exhaustief te kunnen verklaren. Op die manier delven zij in feite hun eigen graf:

> Heb je er ooit bij stilgestaan dat de reden waarom zoveel historische bewegingen, en niet alleen revolutionaire, mislukken, in de kern mislukken, is dat ze verzuimen rekening te houden met de complexe, onvoorspelbare vormen van onze nieuwsgierigheid? Die niet per se vooruit wil, die altijd wil zeggen: Hé, dat is interessant, laten we even stoppen, laten we een kijkje nemen, laten we nog even teruggaan – laten we een andere richting in slaan? Waarom die haast? Waarom dat geren? Laten we *onderzoeken*. (p. 194)

Om bloederige excessen te voorkomen, zou de geschiedenis de vrije loop moeten laten aan de gave van de nieuwsgierigheid, die wars van gevestigde waarheden tracht door te dringen tot de traumatische kern van de werkelijkheid. Een context waarin nieuwsgierigheid kan gedijen, is volgens Crick een basisvoorwaarde voor beschaving, een fragiel maar onontbeerlijk goed dat nooit definitief is verworven maar blijvend moet worden bevochten. Om de fatale herhalingsdwang van de geschiedenis te doorbreken, is het dus van het grootste belang dat we ons voortdurend kritisch bezinnen over de dreigende verstarring van de verhalen waarmee wij de werkelijkheid leefbaar trachten te maken.

Ever After, of de val van de melancholie

Veel van de bekommernissen die in *Waterland* naar voren worden gebracht, resoneren ook in de rest van Swifts oeuvre, dat in 1988 werd uitgebreid met de roman *Out of this World*. Zoals enigszins te verwachten was na het fenomenale succes dat *Waterland* te beurt was gevallen, werd *Out of this World* door de band genomen minder enthousiast ontvangen dan zijn illustere voorganger. In deze roman, die afwisselend wordt verteld door een gewezen fotojournalist en diens vervreemde dochter, passeren zowat alle belangrijke gebeurtenissen van de twintigste eeuw de revue, waaronder de twee wereldoorlogen, de processen van Nuremberg, de oorlog in Vietnam, de maanlanding en het Falklandconflict. De tekst brengt niet alleen verslag uit van een – wat clichématige – dubbele poging tot verwerking van een traumatisch verleden, maar mediteert ook uitgebreid over de ethiek van de fotografie en over de relatie tussen werkelijkheid en representatie, woord en beeld, tonen en vertellen.

In 1992 liet Swift opnieuw van zich horen met de knappe roman *Ever After*, over een literatuurprof, Bill Unwin, die op korte tijd drie naasten heeft verloren en herstellende is van een mislukte zelfmoordpoging. Anderhalf jaar voor het begin van het verhaal beroofde Unwins terminaal zieke vrouw Ruth zich van het leven. Zij was een gevierde actrice, wier carrière Unwin als manager had begeleid. Enige tijd later stierf Unwins flamboyante moeder, en haar overlijden werd gevolgd door dat van "Uncle Sam", zijn karikaturaal geportretteerde Amerikaanse stiefvader. Na de onopgehelderde zelfmoord van zijn vader, die een abrupt einde stelde aan Unwins paradijselijke kindertijd in het pas bevrijde Parijs, was zijn moeder namelijk hertrouwd met haar toenmalige minnaar. Die stiefvader, die fortuin heeft gemaakt als plasticfabrikant, heeft kort na Ruths dood de leerstoel bekostigd die Unwin als eerste bekleedt, ondanks zijn schamele academische palmares. Unwin gebruikt zijn professoraat voornamelijk om onderzoek te verrichten naar ene Matthew Pearce, een Victoriaanse voorouder wiens dagboek hij heeft ontdekt in de nalatenschap van zijn moeder. Deze landmeter en amateur-bioloog, die de geloofscrisis van de negentiende eeuw aan den lijve heeft meegemaakt, oefent een bijzondere fascinatie uit op zijn verre nazaat, die zelf ook alle houvast kwijt is.

Het wordt de lezer al snel duidelijk dat Unwins ontreddering veel zoniet alles te maken heeft met zijn levenslange radicale weigering om geleden verliezen onder ogen te zien. In psychopathologische termen gesteld, lijdt Unwin aan melancholie, een aandoening die volgens Freud dient onderscheiden te worden van het echte rouwen. Waar het rouwproces toewerkt naar de uiteindelijke aanvaarding van een verlies, impliceert melancholie een feitelijke ontkenning ervan. De melancholicus zoekt zijn toevlucht in narcistische fantasieën over volkomenheid en integriteit die het verlies trachten toe te dekken en daardoor een zware hypotheek leggen op de mogelijkheid van persoonlijke vernieuwing. Dat is precies de toestand waarin Unwin zich bevindt: de zelfmoord van zijn vader, die hem als kind overviel, heeft hij nooit kunnen verwerken, met als gevolg dat hij zich zijn hele leven lang op allerlei verlossingsideologieën heeft gestort die hem hebben toegelaten de dimensie van verlies en afwezigheid, die inherent is aan het leven, te ignoreren. Uiteindelijk wordt Unwin echter gedwongen het failliet van elk van die ideologieën in te zien, met zijn eigen zelfmoordpoging tot gevolg.

De eerste ideologie die Unwin tot de zijne maakt, en die hij krampachtig blijft verdedigen, is die van de Literatuur, die hij een bijna religieuze status toedicht:

> [...] de woorden houden ons in hun greep met hun stabiliteit, hun zwaarte – hun schoonheid. Ze boeien ons en spreken tot ons met hun eloquentie en hun evenwicht, en heel even [...] krijgt het vanzelfsprekende een heldere glans, evenaart het licht de duisternis, en verzoent het leven zich met de dood. (*Ever After*, p. 71)

De aantrekkingskracht van de literatuur schuilt in haar belofte het evenwicht te herstellen dat ruw is verstoord door het plotse overlijden van Unwins vader. Zij wordt er zonder meer toe in staat geacht de duisternis en de dood te overwinnen waarin zijn jeugdige leven is ondergedompeld. Het literaire werk waar Unwin zich het sterkst door aangesproken voelt, is *Hamlet*, niet toevallig een stuk waarin de verlossingsgedachte prominent aanwezig is. Unwin identificeert zich volledig met de Deense prins, en voert gedurende vele jaren een wat halfslachtige vendetta tegen zijn nietsvermoedende stiefvader. Tot zijn verbijstering blijkt die geruststellende identificatie, die altijd al problematisch was, uiteindelijk compleet onhoudbaar. Een ander metaverhaal waaraan Unwin zich vastklampt, is dat van de romantische liefde. Hij is er vast van overtuigd dat de ware liefde, die hij meent te beleven in zijn relatie met Ruth, redding brengt: "En ze leefden nog lang en gelukkig." Gaandeweg wordt hij er zich echter van bewust dat die notie slechts een culturele constructie is, een fictief scenario dat geen enkele basis heeft in de realiteit. In een ultieme poging om de paradijselijke staat van ongerepte heelheid te herwinnen, wendt Unwin zich tot de geschiedenis. Hij koestert de hoop het verleden als fundering voor een stabiele persoonlijke identiteit te kunnen gebruiken door zijn negentiende-eeuwse voorouder al schrijvende tot leven te wekken. Ook dit streven blijkt echter tot mislukken gedoemd: hoewel hij de hele trukendoos van de realistische roman opentrekt, slaagt Unwin er maar niet in Matthew op een bevredigende wijze aanwezig te stellen in de tekst. Het besef dringt zich aan hem op dat zijn representatie maar een artificiële constructie is die de verleden werkelijkheid onmogelijk exact kan reproduceren, met als gevolg dat dat verleden dus niet als bron van betekenis kan fungeren voor het heden.

De tekst suggereert dat Unwin het over een andere boeg tracht te gooien na zijn mislukte zelfmoordpoging, die de finale onleefbaarheid van zijn narcistische dromen lijkt te symboliseren. Tijdens zijn herstel gaat hij aarzelend op zoek naar een nieuwe modus vivendi, een vorm van authentieke rouw die breekt met de sinistere solipsistische fantasieën waarin hij zich placht te vermeien, en een ethische, niet-totaliserende relatie met de wereld nastreeft. Die voorzichtig optimistische noot, die zo goed als afwezig was in Swifts vroegste werk, klinkt nog veel luider door in zijn meest recente romans, *Last Orders* en *The Light of Day* (2003), waarin de personages een tweede kans wordt aangeboden nadat zij een tragisch verleden te boven zijn gekomen.

Last Orders, of het einde van de tunnel

Behalve naar de gewijde woorden waarmee een pub-houder zijn cliënteel attent maakt op het naderende sluitingsuur, verwijst de titel van *Last Orders* ook naar de laatste wens van de aan maagkanker overleden slager Jack Dodds, namelijk dat zijn as verstrooid zou worden in de zee bij Margate (een armtierig plaatsje aan de Kentse kust). Zijn vrienden – Ray, een gepensioneerde verzekeringsagent, Vic, begrafenisondernemer, Lenny, kruidenier, en Vince, handelaar in tweedehandsauto's en Jacks geadopteerde zoon – besluiten de taak op zich te nemen. De roman, die het verslag is van hun meanderende autotocht van hun stamkroeg in de Londense arbeiderswijk Bermondsey naar de pier van Margate, beslaat een tijdsspanne van nauwelijks één dag. Aan de hand van de herinneringen van de diverse personages, wier leven innig verweven was met dat van de overledene, wordt echter een periode van ruim vijftig jaar in beeld gebracht.

Een typisch stijlkenmerk van Swift, dat zich bij uitstek in *Last Orders* laat opmerken, is de aposiopese. Het boek staat bol van onafgemaakte zinnen, die de lezer geacht wordt in gedachten zelf aan te vullen. Een groot deel van die zinnen gaat over de dood, een gespreksthema waar de personages van deze funeraire roman uiteraard moeilijk omheen kunnen, maar waar ze zich niettemin allesbehalve comfortabel bij voelen: "Een paar dagen voor hij–"; "Zou die volgens jou komen, als jij op– Ik bedoel, denk je dat die op zou komen dagen?"; "Daar gaan mensen heen als" (*Last Orders*, pp. 13, 47, 124). Deze weigering om de dood uit te spreken, die lijkt ingegeven te zijn door de ijdele hoop het lot op die manier te kunnen bezweren, stelt haar paradoxaal genoeg op heel directe wijze aanwezig in de tekst. Een zin die plots afbreekt, imiteert immers perfect de impact van de dood, die de levenslijn brutaal afsnijdt. In Swifts werk wordt een traumatische ervaring overigens wel vaker voorgesteld als een onaangekondigde vrije val in het niets of als een bodemloos gat dat wordt geslagen in de normaliteit: "Hij voelt iets opengaan van binnen, waardoor hij wijder en leger is dan hij zich ooit had voorgesteld, en hij voelt hoe hij in zichzelf omlaag valt" (*Ever After*, p. 101); "Er gebeurt iets met de normaliteit. Daar wordt een gat in geblazen. Een gat dat geen bodem heeft" (*Out of this World*, p. 109). Het stokkende spreken, het gat dat valt in de tekst, fungeert dus als mimetische reproductie van een traumatisch gebeuren.

De aposiopese confronteert de lezer of toehoorder echter niet alleen met een onvoorzien semantisch gemis, maar daagt hem of haar ook uit om de afgebroken zin voort te zetten. Zo functioneert ook de dood van Jack in *Last Orders*: enerzijds is zij een abrupt, betekenisloos einde dat het gewone reilen en zeilen van de lokale gemeenschap doorkruist, anderzijds roept zij de nabestaanden via Jacks laatste wilsbeschikking op om de draad van het leven, die zij in zekere zin ook zelf kwijt zijn, weer op te nemen. Uit de monologen van de personages, die elk beurtelings een deel van het verhaal vertellen, kunnen we opmaken dat er heel wat is misgelopen in hun leven, en dat veel familie- en vriendschapsrelaties grondig zijn verziekt door rancune, jaloezie, bedrog en verraad. Die onderhuidse spanningen komen allemaal aan de oppervlakte tijdens de rit naar Margate, die een ware catharsis lijkt te bewerkstelligen. In de loop van het verhaal verwerven alle personages, ook Jacks opvallend afwezige echtgenote, inzicht in de fouten die ze hebben gemaakt in het verleden en nemen ze zich voor om de conflicten op te lossen die hun leven hebben vergald: "Volgens mij heeft hij spijt, dat is het. Volgens mij probeert hij wat goed te maken. Dat hebben we allemaal wel als je over de jaren terugkijkt" (*Last Orders*, p. 203). Het is alsof ze een collectief rouwproces doormaken dat hen toelaat de inertie en stilstand van het verleden te overwinnen, de verbroken banden te herstellen en nieuwe mensen te worden: "Het lijkt wel of we niet dezelfde mensen zijn die vanochtend uit Bermondsey weg zijn gegaan, vier man met een bijzondere bestelling. Het lijkt wel of we ergens onderweg zomaar reizigers zijn geworden" (pp. 193-94).

De kans op persoonlijke vernieuwing, iets waar zowat al Swifts getourmenteerde personages naar snakken, werd nooit eerder zo positief ingeschat als in *Last Orders. The Light of Day*, Swifts jongste roman, die op vele punten terugverwijst naar zijn debuut, bouwt voort op het optimisme van zijn directe voorganger. Ook al heeft de roman zeker zijn donkere kanten en ook al is hij eerder ingetogen en elegisch van toon, toch overheerst duidelijk het positieve. Nadat hij is ontslagen uit het Londense politiekorps en zijn vrouw hem heeft verlaten, krijgt de hoofdpersoon een tweede kans. Zijn vervreemde dochter keert terug en helpt hem er weer bovenop. Hij begint een succesvolle praktijk als privé-detective, en beleeft zelfs een nieuwe liefdesrelatie, met een voormalige cliënte die een gevangenisstraf uitzit wegens moord op haar overspelige echtgenoot. Waar *The Sweet Shop Owner* nog eindigde in volstrekte duisternis, troosteloze verlatenheid en zelfmoord, loopt *The Light of Day* uit op een hoopgevende droom waarin de verteller zijn geliefde het volle daglicht ziet tegemoettreden vanuit de duisternis van de gevangenis.

Van het duister naar het licht: zulks is het traject dat Swifts werk lijkt te volgen. Niet alleen de globale evolutie van zijn droefgeestige debuut tot zijn meer optimistische recente romans laat zich in dergelijke termen vatten, maar ook de dynamiek die zich ontwikkelt in elke afzonderlijke tekst. Keer op keer voert de auteur personages ten tonele die verlamd zijn door de confrontatie met een traumatische werkelijkheid of die opgesloten zitten in de al even wrede gevangenis van ontkenning en verdrukking. De verlossing waar zij met zijn allen vertwijfeld naar op zoek zijn, veronderstelt een kritisch, diepgaand engagement met de trauma's die hun leven hebben gedetermineerd. In dat rouwproces ligt de kans op authentieke persoonlijke en maatschappelijke vernieuwing besloten. De bijzondere relevantie van Swifts indringende rouwverhalen voor een tijd die dermate is bepaald door historische catastrofes als de onze, behoeft wellicht geen verder betoog.

BEKNOPTE BIBLIOGRAFIE

Primaire literatuur

The Sweet Shop Owner, London: Allen Lane, 1980.

Shuttlecock, London: Allen Lane, 1981. (*Vederbal: Een psychologische thriller*, vert. Rien Verhoef, Amsterdam: De Bezige Bij, 1985.)

Learning to Swim and Other Stories, Londen: London Magazine Editions, 1982.

Waterland, London: Heinemann, 1983. (*Waterland*, vert. Rien Verhoef, Amsterdam: De Bezige Bij, 1984.)

& David Profumo (red.), *The Magic Wheel: An Anthology of Fishing in Literature*, London: Picador/Heinemann, 1985.

Out of this World, London: Viking, 1988. (*De wereld uit*, vert. Rien Verhoef, Amsterdam: De Bezige Bij, 1988.)

Ever After, London: Picador, 1992. (*Lang en gelukkig*, vert. Gerrit de Blaauw, Amsterdam: De Bezige Bij, 1992.)

Last Orders, London: Picador, 1996. (*Laatste ronde*, vert. Rien Verhoef, Amsterdam: De Bezige Bij, 1997.)

The Light of Day, London: Hamish Hamilton, 2003. (*Het volle daglicht*, vert. Else Hoog, Amsterdam: De Bezige Bij, 2002.)

Secundaire literatuur

BÉNYEI, Tamás. "The Novels of Graham Swift: Family Photos", in: Richard J. Lane, Rod Mengham en Philip Tew (red.), *Contemporary British Fiction*, Cambridge: Polity Press, 2003, pp. 40-55.

BERNARD, Catherine. *Graham Swift: La parole chronique*, Univers anglo-américain, Nancy: Presses universitaires de Nancy, 1991.

COOPER, Pamela. *Graham Swift's* Last Orders*: A Reader's Guide*, New York: Continuum, 2002.

DECOSTE, Damon Marcel. "Question and Apocalypse: The Endlessness of *Historia* in Graham Swift's *Waterland*", *Contemporary Literature* 43,2 (2002), pp. 377-99.

MECKLENBURG, Susanne. *Martin Amis und Graham Swift: Erfolg durch bodenlosen Moralismus im zeitgenössichen britischen Roman*, Heidelberg: Universitätsverlag C. Winter, 2000.

MOREL, Michel (red.). *Graham Swift ou le temps du récit*, Paris: Ed. Messene, 1996.

POOLE, Adrian. "Graham Swift and the Mourning After", in: Rod Mengham (red.), *An Introduction to Contemporary Fiction: International Writing in English since 1970*, Cambridge: Polity Press, 1999, pp. 150-67.

WHEELER, Wendy. "Melancholic Modernity and Contemporary Grief: The Novels of Graham Swift", in: Roger Luckhurst en Peter Marks (red.), *Literature and the Contemporary: Fictions and Theories of the Present*, Harlow: Pearson, 1999, pp. 63-79.

OVER DE AUTEURS

Stef CRAPS is doctorassistent aan de Universiteit Gent. Als aspirant van het Fonds voor Wetenschappelijk Onderzoek – Vlaanderen schreef hij aan de Katholieke Universiteit Leuven een proefschrift over trauma en ethiek in de romans van Graham Swift.

Martine DE CLERCQ is Hoogleraar Vergelijkende Europese en Engelse literatuur aan de Katholieke Universiteit Brussel. Ze is co-redacteur van de *Nieuwe literatuurgeschiedenis* (1994) en medewerker aan het Tempus-project *A new Curriculum for English Studies* (2001). De Clercq publiceerde verschillende artikels over het motief van de stad in kunst en literatuur.

Elke D'HOKER is als postdoctoraal onderzoeker van het Fonds voor Wetenschappelijk Onderzoek – Vlaanderen verbonden aan de Katholieke Universiteit Leuven. Ze promoveerde op een proefschrift over John Banville, dat zal verschijnen bij Rodopi in 2004 als *Visions of Alterity in the Works of John Banville*. Haar huidig onderzoeksgebied is de hedendaagse Britse en Ierse literatuur.

Bart EECKHOUT doceert Engelse en Amerikaanse literatuur aan de Universiteit Gent en de Katholieke Universiteit Brussel. Hij is de auteur van *Wallace Stevens and the Limits of Reading and Writing* (2002) en *Voorspel: gids voor een klassieke cd-collectie* (1997). Als redacteur verzorgde hij het zilveren jubileumnummer van *The Wallace Stevens Journal* (herfst 2001), een anthologie met internationale stadsverhalen, *City Life: verhalen uit de grote stad* (1996) en (samen met Bart Keunen) *Literature and Society: The Function of Literary Sociology in Comparative Literature* (2001).

Aleid FOKKEMA is als hoofddocent verbonden aan de opleiding Engels aan de Universiteit Utrecht. Haar onderzoek bevindt zich op het gebied van identiteit in relatie tot de metropool in het modernisme, postmodernisme en postkolonialisme.

Guido KUMS promoveerde aan de Katholieke Universiteit Leuven met een proefschrift over metafictie. Hij is hoogleraar Engelse literatuur en cultuur aan de Universiteit Antwerpen (UFSIA). Hij heeft verscheidene artikels gepubliceerd over modern Brits proza en poëzie.

Bénédicte LEDENT promoveerde aan de Université de Liège met een proefschrift over Caryl Phillips, uitgegeven bij Manchester University Press (2002). Ze doceert Engelse taal en grammatica evenals Commonwealth literature aan de Université de Liège. Haar onderzoeksgebied omvat hedendaags Caribisch proza, zogeheten 'Black British writing' en de literaire diaspora. Samen met Hena Maes-Jelinek schreef ze een hoofdstuk over de Caribische roman na 1970 voor de *History of Literature in the Caribbean* (1997).

Hedwig SCHWALL is docente Engelse Literatuur aan de Katholieke Universiteit te Leuven en Kortrijk en aan de Hogeschool Gent. Haar onderzoeksdomein omvat de Ierse Literatuur en de psychoanalytische literatuurtheorie en ze publiceert ook over religieuze thema's in de Europese literatuur. Ze is secretaris van EFACIS, de 'European Federation of Associations and Centres of Irish Studies'.

Richard TODD is docent aan de Vrije Universiteit Amsterdam. Hij is de auteur van *Consuming Fictions: The Booker Prize and Fiction in Britain Today* (1996), *Iris Murdoch* (1984), *Iris Murdoch: The Shakespearean Interest* (1979) en een korte monografie over A.S. Byatt. Hij publiceert ook over zestiende- en zeventiende-eeuwse lyriek en is coredacteur van de Variorum Edition van de poëzie van John Donne.

Tom TOREMANS is werkzaam als assistent Engelse literatuur en algemene literatuurwetenschap aan de faculteit Germaanse Talen van de Katholieke Universiteit Brussel. Tevens bereidt hij een doctoraat voor over Thomas Carlyles ethische en socio-politieke dynamisering van het literaire discours, met bijzondere aandacht voor de (post-) marxistische kritiek van zijn werk. Voorts publiceerde hij artikelen over hedendaagse Schotse literatuur en recente ontwikkelingen in de literaire theorie.

Petra VAN DER JEUGHT promoveerde aan de Universiteit Gent met een proefschrift over Salman Rushdie: "Representation in Salman Rushdie's Novels of Memory: A Reading of *Midnight's Children, The Moor's Last Sigh*, and *The Ground Beneath Her Feet*".

Dirk VAN HULLE is doctorassistent aan de Universiteit Antwerpen, waar hij verbonden is aan het James Joyce Center. Hij is redacteur van het online tijdschrift *Genetic Joyce Studies* en auteur van *Textual Awareness: A Genetic Study of Late Manuscripts by Joyce, Proust, and Mann* (University of Michigan Press). Hij werkt op dit ogenblik aan een genetische editie van Samuel Becketts *Stirrings Still.*

Steven VERVAET is assistent Engelse literatuur aan de Katholieke Universiteit Leuven en bereidt een proefschrift voor over de doorwerking van romantische tradities in het werk van Joseph Conrad, met bijzondere aandacht voor ethiek en literaire representatie.

PRINTED ON PERMANENT PAPER • IMPRIME SUR PAPIER PERMANENT • GEDRUKT OP DUURZAAM PAPIER - ISO 9706
N.V. PEETERS S.A., WAROTSTRAAT 50, B-3020 HERENT